제대로 공부하는
중국어 필수단어

제대로 공부하는
중국어 필수단어

초판 1쇄 발행 2018년 8월 25일

위윤원 · 최혜선 · 이고운 지음

펴낸이 | 송민아
펴낸곳 | 인크미디어 (인크라이스트 미디어 편집부)

디자인 · 편집 | 쏘울기획
교정 · 교열 | 홍성아
기획 · 편집 | 김윤선
출판등록 | 2016년 7월 21일 제 2016-000093호
주소 | 경기도 성남시 분당구 대왕판교로645번길 12, 9층
전화 | 031-263-0721   **팩스** | 031-264-0721
인스타그램 | inchrist_book
인쇄 | 예림인쇄
ISBN 979-11-959439-1-3(13720)
값 18,000원

이 도서의 국립중앙도서관 출판예정도서목록(CIP)은 서지정보유통지원시스템 홈페이지(http://seoji.nl.go.kr)와 국가자료공동
목록시스템(http://www.nl.go.kr/kolisnet)에서 이용하실 수 있습니다.(CIP제어번호: CIP2018021299)

제대로 공부하는 중국어 필수단어

원리 이해
체계적 학습
어휘 필독서

위윤원 · 최혜선 · 이고운 지음

新HSK 및 실용 **필수 어휘** 5,000 단어!
한국–중국 공통단어로 자연스러운 암기효과!

인크라이스트미디어
INCHRIST MEDIA

🐼 중국어를 공부한다는 것

초등학교 때 읽던 삼국지부터일 수도 있고, 중학교 때 읽던 무협지부터일 수도 있다. 중국은 언제나 그렇게 내 곁에 있었다. 40세 언저리에서 공부를 해 보겠다고 마음먹은 후에도 나도 모르는 사이에 다시 중국에 머무르게 되었다. 중국의 고전, 역사, 사상, 문화, 경제, 법률까지 흥미진진하지 않은 것이 없었다.

중국을 공부할수록 필요한 것이 있었다. 바로 중국어였다. 중국어를 처음 배우면서 놀랐던 건 내가 이미 중국어를 너무 많이 알고 있다는 것이었다. 난 중국어를 시작하기도 전에 중국어 숫자를 모두 이해할 수 있었고, 심지어 병음까지도 비슷하게 읽을 수 있었다.

중국을 '중궈'라고 하고, 건배를 '간베이'라고 하고, 의자를 '이즈'라고 읽으면 되다니 이렇게 쉬울 수가 있나. 축복과도 같았다. 이미 오랜 기간 법학을 하면서 한자에 익숙했던 내게 중국어 간체를 이해하는 것은 그리 어려운 일이 아니었다. 굳이 외우지 않아도 기억에 남는 언어가 중국어였다.

이건 나에게만 특별하게 주어진 것이 아니다. 여러분도 한국 사람이라는 이유만으로 충분히 공유할 수 있는 것이다. 당장 자신감을 가지고 시작해도 좋다. 서양인들이 중국어를 배우는 모습을 볼 기회가 있다면 바로 감사한 마음이 들지 모른다. 그들에게 한자는 글자가 아닌 그림이다.

🐼 중국어를 대하는 자세

중국어는 영어와 다르다. 표의문자인 중국어와 표음문자인 영어는 중국과 미국 사이의 거리와 사고방식만큼이나 다르다. 중국어 공부를 시작하기에 앞서 기존의 중국어 교육의 실패는 영어를 공부하는 방식으로 중국어에 접근하기 때문이라고 생각한다. 처음 중국어를 공부할 때 한자 설명은 생략한 상태에서 nǐ hǎo부터 배우고, 거기에 3성+3성의 성조를 섞는 순간부터 중국어와의 짧은 만남과 영원한 이별은 이미 예정된 수순이다.

중국어는 성조를 배우기 전에 먼저 중국식 한자를 이해해야 한다. "안녕하세요."라는 말을 nǐ hǎo라고 외우고 그 뜻을 외우는 것과 한자 好를 hǎo라고 읽고 좋다는 의미인지를 알면서 공부하는 것은 차원이 다른 것이다. 더구나 우리는 이미 우리식 한자 교육을 통해 好가 '좋을 호'라는 사실을 이미 알고 있으므로 굳이 중국식 한자 好를 따로 공부하거나 외울 필요도 없는 것이다. 그렇다면 우리는 好를 hǎo라고 읽는 단 한 가지에 집중하면 된다.

영어는 파닉스의 원리를 이해하고 나면 처음 보는 글자라도 얼추 비슷하게 읽을 수 있지만, 중국어는 개별 한자가 암기되어 있지 않으면 단 한 글자도 읽을 수 없다. 분명히 중국어를 공부했는데 중국으로 여행을 가면 표지판도 읽을 수 없고, 식당 메뉴판조차 읽을 수 없어 어렵게 배운 중국어가 무용지물인 상황에 빠지게 되는 것이다. 또한 중국 국내 방송이나 국내 개봉 영화를 보면 자국민들을 상대로 하는 영상물임에도 한자 자막을 깔아 주는 친절함을 확인할 수 있다. 이는 워낙 지역이 넓고 다양한 방언들이 존재하는 사정에 기인한 측면도 있으나 한자와 연결이 되어야 그 뜻이 명확히 전달되는 중국어의 특징에 기인한 측면도 있다. 이처럼 중국어는 영어와 전혀 다르다는 사실을 인식하고, 접근 방식을 달리해야 한다.

결국 중국어 학습은 중국식 한자 즉 간체를 익히고 외우는 데서 출발해야 한다. 간체한 글자 한 글자가 익숙해지면 글자의 조합인 중국어 단어는 자연스럽게 딸려 오게 되어 있다. 그 누구도 간체를 외우지 않고 중국어를 공부하는 방법을 알려 줄 수는 없지만 간체를 쉽게 외울 수 있는 방법은 존재한다. 그것이 바로 부수와 기본글자를 활용한 이 책의 학습법이다.

🐼 중국어를 쉽게 이해하는 원리

간체도 한자의 변형일 뿐이다. 그것도 상당 부분 복잡한 한자 횟수를 확 줄여 놓아 더 만만하다. 한자인 이상 표의문자이고, 글자 한 자 한 자가 각기 뜻을 가지고 있다. 상형문자인 경우 그 자체가 형상화한 대상을 가리키는 뜻이 있다. 한자의 대부분을 차지하는 형성문자의 경우 부수가 그 뜻을 책임지고, 하나의 기본글자에 부수가 서로 자리를 바꿔 작용하면서 뜻이 춤추듯 달라진다. 그러면서 기본글자가 가지고 있던 음은 그대로 유지되기도 하고 유사한 형태로 변화되기도 한다.

이게 한자의 조성 원리이고, 중국어도 이 방식에서 벗어날 수 없다. 그렇다면 기본적으로 알아야 할 것은 부수와 기본글자이다. 기본글자를 이해하고 난 뒤 기본글자에 부수가 붙으면서 변형되는 글자들을 공부한다. 기본글자는 발음의 기본이 되어야 하고 변형글자들은 기본글자와 발음이 같거나 유사성을 잃지 않는다. 이 책은 그것들을 분류하고 유형화한 책이다.

이와 같은 방식은 사실 독창적인 것은 아니고 한자 학습에는 익숙한 방식이다. 하지만 애석하게도 아직까지 이런 중국어 서적을 본 적이 없다. 그렇다고 한자 방식을 가져와 바로 적용할 수는 없다.

한자와 중국어는 비슷하면서도 다르다. 단순히 비슷하게 생긴 글자들만 모아 놓는다고 해서 도움이 되는 것도 아니다. 글자들 사이에 스토리가 형성되어야 한다. 암기의 고통이 시작되기 전에 먼저 이해시키고 중국어와 소통할 수 있도록 도와주어야 한다. 그것이 이 책의 독창적인 특징이다.

🐼 한국어와 중국어의 공통점에 주목

글자만 외우면 무슨 의미가 있는가? 아무짝에도 쓸모가 없다. 결국 단어가 만들어져야 의미가 생긴다. 그런데 한국어와 중국어는 이미 여러분들 생각보다 많은 단어들을 공유하고 있다. 그 말은 굳이 외우지 않아도 한국식 단어를 중국어로 읽기만 하면 되는 단어들이 널려 있다는 의미이다.

여러분은 자신도 모르는 사이에 이미 많은 중국어 단어들을 암기하고 있다. 이 책을 읽다 보면 자신도 미처 몰랐던 숨은 단어 실력에 깜짝 놀랄 것이다. 중국어와 한국어 단어의 공통점을 찾는 과정은 아주 지루하고 많은 시간과 노력을 요하는 작업이었다. 그래도 완성하고 나니 다행히 책 내용이 훨씬 풍성해졌다. 많은 도움 되기를 바란다.

내가 중국어를 공부하면서 가장 답답했던 것이 HSK 단어를 급수별로 모아 놓고 외우라는 것이었다. 중국어를 시작할 때 성조부터 가르치는 것과 초 · 중급자 시절에 급수별 단어 암기는 중국어에 관심이 있어 공부해 보려던 사람들에게 가장 빠르고 확실하게 정떨어지게 하는 방법이라고 생각한다. 하지만 이 책에 정리된 단어들을 공부하다 보면 암기 지옥에서 벗어나 단시간에 많은 수의 단어가 머릿속에 정리될 것이고, 더불어 물 흐르듯 자연스럽게 간체의 활용에 익숙해 질 것이다.

이 책에 담은 내용보다 훨씬 많은 자료를 정리해 두었으나 지면 관계상 상당 부분을 덜어낼 수밖에 없어 안타까웠다. 결국 단어로 활용할 수 있는 글자 수가 4개 이상인 것만 살아남았다. 이 책이 성원을 얻는다면 미처 빛을 보지 못한 많은 3개짜리들도 빛을 볼 날이 올 것이다.

🐼 감사의 말

이 책은 올해 고등학생이 되는 아들의 중국어 공부를 위해 틈틈이 정리해 둔 것에서 비롯되었다. 개인적으로 아버지의 책으로 아들을 가르치고 싶은 꿈이 있었다. 하지만 불행하게도 아들은 수학이 좋다면서 다른 길로 떠났다. 모든 일이 뜻대로 되는 것은 아니다.

다들 그렇듯 나도 인사를 남겨야 한다. 남편을 이해하는 마음이 늘 하해와 같으신 정석인 님 언제나 사랑합니다. 아들 위재영 고등학교 졸업하면 이 책으로 공부해야지.

이 책에 많은 도움을 준 두 분 최혜선 님, 이고운 님 행복한 가정 이루시길. 이 책에 이름을 올리진 못했지만 막판 힘이 빠져갈 때 기꺼이 도와준 박혜림 님, 중국에서 잘 사용되지 않는 단어들을 걸러준 중국인 친구 장영영 님에게도 감사 인사 전한다.

이제는 다음 10년을 준비하는 위윤원

먼저 좋은 책 한 권을 집필하기 위해 오랜 기간 동안 가장 많은 심혈과 노고를 기울이신 제1저자 위윤원 변호사님께 감사드린다. 대학원에서의 인연으로 서로의 생각과 지식을 공유하던 중 위 변호사님의 책과 관련한 아이디어에 공감이 되어 본 작업에 참여하게 되었다.

필요한 단어를 수록하기 위해 넣고 빼는 반복적인 작업을 수없이 진행했다. 때로는 단어를 어디로 분류해야 할지에 대한 고민과 갈등으로 한 단어에만 몇 시간째 매달린 적도 있다. 이러한 수고가 헛되지 않기를 바라며 단어 작업을 함께 도와준 공동저자 이고운 님께도 감사드린다.

중국어를 전공하면서 특별한 규칙이나 체계적인 방법이 없이 접하게 된 단어를 쓰거나 암기 위주로 외우고 기억해야만 했던 다소 힘겨운 나의 공부 방식 대신 독자들은 이 책에서 제시된 설명과 단어들을 통해 단어의 의미와 관계를 보다 더 잘 이해하고 기억할 수 있기를 바란다.

이 책은 크게 중국에서 쓰이는 단어 중에서 한국에서도 같은 글자로 쓰이는 단어가 분류되어 있다. 이 책을 통해 많은 독자들이 해설을 통해 단어를 쉽게 이해하고 또한 이미 '아는 한국어'를 외우지 않고도 '아는 중국어'가 되는 효과를 얻을 수 있기를 기대한다.

최혜선

중국어 강사를 하면서 힘들었던 것은 수강생들에게 한자의 뜻과 발음을 가르치는 것이었다. 손짓, 발짓, 몸 개그까지 하며 한자를 외우게 하려고 했지만 역시 그때뿐 한계가 있었다.

중국어를 접하기 전 나 또한 '한문'이란 과목을 가장 기피했기에 공감은 갔지만 그렇다고 강사의 입장으로 학생들에게 과감하게 한자를 포기하라고 할 수도 없는 노릇이었다. 마침 대학원 동기였던 위윤원 변호사님께서 먼저 쉽게 외울 수 있는 중국어책을 만들어 보자고 제안하셨고, 기쁜 마음으로 집필에 참여했다.

고진감래라고 했던가. 드디어 완성본이 나와 기쁘기 그지없다. 가장 많이 애쓰시고 힘쓰셨던 위 변호사님과 끝까지 함께해 준 최혜선 님께 감사를 표한다.

이 책이 누군가에게는 가르치는 교본으로 누군가에게는 독학 교재로 사용될지 모르겠다. 하지만 분명한 것은 이 책이 무식하게 외우고 머릿속에 마구 입력하는 중국어가 아닌 마인드맵처럼 체계적으로 한자의 의미를 알아가며 한 글자만 보아도 이 글자의 뜻과 발음이 생각나게 하는데 큰 도움이 될 것이다.

사용된 단어 또한 끊임없는 필터링 작업을 통해 채택된 단어들로 중국에서 실질적으로 많이 사용되는 단어, 유행어 등으로 구성되어 있다. 아는 만큼 보인다고 한다. 이 책을 읽는 모든 독자들이 그동안 몰랐던 한자의 뜻을 알아가며 더 쉽고 깊이 있는 중국어 공부에 도움이 되길 바란다.

이고운

이 책의 사용 팁

이 책은 중국 간체자의 조성원리를 세로줄로, 중국어와 한국어의 공통점을 가로줄로 엮었습니다.

먼저 간체자 중 비슷한 모양과 비슷한 소리를 내는 글자들을 하나하나 분류하고 유형화했습니다. 분류된 글자 중 기본소리를 담당하는 글자를 기본글자로 정한 후 기본글자에 부수가 결합하여 뜻과 음이 변형되는 형태를 알기 쉽게 설명했습니다. 이런 과정을 통하여 기본글자 하나만 알면 자연스럽게 변형되는 글자를 적게는 3개, 많게는 10여 개까지 익힐 수 있습니다.

각 기본글자와 변형글자의 활용은 단어를 통해 연습할 수 있도록 단어를 선별했습니다. 기본적으로 중국어와 한국어에서 공통으로 사용되고 그 뜻도 동일한 단어들을 '한국어' 항목에서 최대한 많이 예시했습니다. 중국어와 한국에서 공통으로 사용된다는 말은 굳이 외우지 않아도 우리가 이미 알고 있는 단어라는 의미입니다.

이렇게 공부하면 중국어 초급자들은 무작정 단어를 암기하는 고통에서 벗어나 좀 더 친숙하게 중국어에 접근할 수 있고 중국어 중·상급자들은 뒤죽박죽 헝클어져 있던 중국어가 한꺼번에 질서 정연하게 정리되는 효과가 있습니다.

다만 중국어와 한국어가 모든 한자들을 공유하는 것은 아니므로 글자에 따라서는 공통단어가 없는 경우도 상당수 존재합니다. 그리고 한국에서 쓰는 단어와 의미는 같지만 앞뒤가 바뀌거나 단어가 조금씩 변형되는 경우도 많습니다.

물론 가장 많은 경우는 중국어에서만 사용되는 단어이겠지만 이 책에서 모든 단어를 전부 다룰 수는 없으므로 공통단어로 분류할 수 없는 단어는 별도로 '중국어' 항목으로 분류하면서 그 범위는 HSK 단어이거나 국가명, 동식물, 외래어 등 쉽게 인지할 수 있는 단어로 범위를 한정했습니다.

🐼 1部分 부수연습

한국에서 사용되는 한자 부수는 대략 214개 정도입니다. 그중 중국어에서도 자주 사용되고 의미 있는 부수만 94개를 간추려 그 뜻을 설명했고 변형된 부수를 적용하는 경우에는 변형 부수를 표기했습니다.

🐼 2部分 기본글자

이 책에서 정한 기본글자는 137개입니다. 기본글자 자체가 뜻을 가지고 단어에서 활용되는 경우도 있고, 음만 담당하고 실제는 사용되지 않는 경우도 있습니다. 기본글자의 배치 순서는 발음에 따라 A 부터 ZH순으로 배열하여 찾기 쉽게 했습니다. 기본글자의 어원은 기본적으로 중국 대표 검색 사이트인 바이두(www.baidu.com)의 설명을 우선적으로 참고했고 설명이 부족한 부분은 국내 여러 자료를 참고했습니다.

다만 어원이 너무 복잡하거나 어원 설명이 오히려 글자에 대한 이해를 방해하는 경우가 있어 이럴 때는 어원을 고집하기보다는 상상력을 발휘해 독창적인 설명을 붙이기도 했습니다. 해설 부분에 "~면 쉽습니다."라고 표현된 부분을 읽으실 때 참고하시기 바랍니다.

🐼 3部分 변형글자

기본글자에 부수가 결합하면서 뜻이 달라지고 경우에 따라서는 음도 달라집니다. 기본글자와 같은 발음인 글자는 (기본)이라고 표기했고 기본글자와 발음이 유사하지만 변형이 일어나는 글자는 (변형)이라고 표기했습니다.

변형글자 중 단어의 활용이 제한적인 경우에는 별도로 단어 부분에 분류하지 않고 해설 부분에만 (확장)이라고 표기해 반영했습니다. 한국식 한자와 비교하거나 부연 설명이 필요한 부분에는 (참고)라고 표기해 이해를 돕도록 했습니다. 변형글자의 배치 순서는 병음 순서에 따라 1성부터 4성의 순서를 원칙으로 하면서 필요에 따라 예외를 인정하기도 했습니다.

🐼 4部分 단어연습

단어는 2가지 부분으로 분류했습니다. 먼저 한국어와 중국어가 같이 사용하는 단어를 정리해 (한국어)라고 표기했습니다. 중국어에서만 사용하는 단어를 정리해 (중국어)라고 표기했습니다. 초급자일 경우에는 단어연습을 할 때 (한국어) 부분만 읽고 넘어간 뒤 두 번째부터 (중국어) 부분을 같이 읽으면 학습에 훨씬 도움이 될 것입니다.

각 단어들의 배열 원칙은 ① 글자가 단어의 맨 앞에 쓰이는 경우 ② 글자가 단어의 뒤에 쓰이는 경우 ③ 사자성어의 순으로 배치했습니다. 각 글자가 2가지 병음으로 발음되면서 뜻이 달라지는 경우에는 2가지 경우를 구분해 더 많이 사용되는 뜻을 앞으로 배치했고, 각각은 다시 앞의 ① ~ ③ 배열 순서에 따라 배치했습니다.

목차

획수	부수	변형	의미
2	人	亻	사람
	冫		얼음, 물
	冖		집, 덮다
	刀	刂	칼, 자르다
	力		힘
	十		열, 많다
	儿		사람, 아이
	厂		언덕, 집, 방
3	口		입, 말하다
	囗		에워싸다
	土		흙, 땅
	士		남자
	女		여자, 부정적
	艹		풀, 꽃
	大		크다
	子		아들, 아이
	宀		집
	尸		주검, 몸
	山		산
	广		집
	巾		수건, 천
	彡		털, 꾸미다
	彳		걷다, 가다
	辶		가다
	寸		손
	阝		언덕, 크다 / 마을
	门		문
	马		말
	纟		실

획수	부수	변형	의미
4	心	忄/ 小	마음, 생각
	戈		창, 무기
	戶		집
	手	扌	손, 행위
	支	攵	치다, 동작
	斤		도끼, 자르다
	方		네모, 방향
	日		해, 날
	月		달
	木		나무
	欠		하품, 입을 벌린 모양
	歹		죽음, 나쁜 일
	殳		때리다, 공격하다
	水	氵	물
	火	灬	불
	爪	爫	손톱
	父		아버지
	牛	牜	소, 가축
	犬	犭	개, 짐승
	耂		늙다, 어른
	见		보다
	贝		돈, 재물
	车		차
	瓦		기와, 토기
	片		조각
	气		기운, 공기
	毛		털

획수	부수	변형	의미
5	玉	王	구슬, 보석
	田		밭, 농사
	疒		병
	皿		그릇
	目		눈, 보다
	矢		화살, 곧다
	石		돌
	示	礻	보이다, 귀신
	禾		벼, 곡식
	穴		구멍
	立		서다
	钅		쇠, 금속, 돈
	鸟		새
6	竹		대나무
	米		쌀, 곡식
	缶		항아리 모양의 그릇
	网	罒 / 罒	그물
	羊		양
	羽		깃털
	耳		귀, 듣다
	肉	月	고기, 신체
	舟		배
	虫		벌레
	衣	衤	옷, 싸다
	页		머리

획수	부수	변형	의미
7	言	讠	말
	豕		돼지
	走		달리다
	足	𧾷	발, 달리다
	辛		맵다, 독하다
	酉		술, 발효액
8	隹		새
	雨		비
	青		푸르다
	齿		이, 이빨
	鱼		물고기, 해산물
9	食	饣	밥, 음식, 먹다
10	鬼		귀신

Part

A

| 卬 |

기본글자는 卬이고, 병음은 áng이라고 읽습니다. 단독으로는 거의 쓰이지 않습니다.

기본

卬에 부수 日(해)를 붙이면 해가 높이 뜬 모습에서 유래하여 '오르다', '고조되다'는 뜻의 **昂**이 됩니다.

변형

卬에 부수 亻(사람)을 붙이면 훌륭한 사람을 '우러러 보다'는 뜻 및 우러러 보기 위해 '고개를 들다'는 뜻의 **仰**이 됩니다.
부수 辶(가다)를 붙이면 나아가서 '맞이하다'는 뜻의 **迎**이 됩니다.
부수 扌(손)을 붙이면 손으로 '누르다'는 뜻의 **抑**이 됩니다.

구분

印은 卬과 비슷하게 생겼으나, 卬과는 전혀 연관성이 없습니다. 뜻은 문서에 찍는 '도장'의 의미이고, 병음은 yìn이라고 읽습니다.
예) 印章 yìnzhāng 인장

昂	áng		오르다, 고조되다

한국어

昂贵	ángguì	앙귀, 비싸다
昂扬	ángyáng	앙양, 드높다
激昂	jī'áng	격앙

중국어

昂首	ángshǒu	머리를 쳐들다
高昂	gāo'áng	높아지다, 고양되다

仰	yǎng		고개를 들다, 우러러보다

한국어

仰望	yǎngwàng	앙망, 고개들어 바라보다
仰慕	yǎngmù	앙모, 우러러 그리워하다
信仰	xìnyǎng	신앙
崇仰	chóngyǎng	숭앙
仰天大笑	yǎngtiāndàxiào	앙천대소, 하늘을 보고 크게 웃다

중국어

仰泳	yǎngyǒng	배영
瞻仰	zhānyǎng	우러러보다
仰卧起坐	yǎngwòqǐzuò	윗몸 일으키기
久仰大名	jiǔyǎngdàmíng	존함은 익히 들었습니다

迎	yíng		맞이하다

한국어

迎接	yíngjiē	영접
迎宾	yíngbīn	영빈
迎合	yínghé	영합
欢迎	huānyíng	환영
送旧迎新	sòngjiùyíngxīn	송구영신, 묵은 해를 보내고 새해를 맞이하다

중국어

迎面	yíngmiàn	맞은편, 얼굴을 마주하다
迎春花	yíngchūnhuā	개나리
欢迎光临	huānyíngguānglín	어서오세요
辞旧迎新	cíjiùyíngxīn	묵은 해를 보내고 새해를 맞이하다

抑	yì		누르다

한국어

抑止	yìzhǐ	억지, 억눌러 제지하다
抑制	yìzhì	억제

중국어

抑郁	yìyù	우울하다
抑郁症	yìyùzhèng	억울, 우울증
压抑	yāyì	억압하다, 답답하다

Part

B

| 巴 | 白 | 半 | 包 | 必 |
| 辟 | 比 | 扁 | 并 |

기본글자는 巴이고, 병음은 bā라고 읽습니다. 뱀이 똬리를 틀어 고개를 들고 있는 모습을 형상화한 글자입니다. 뱀이 입을 크게 벌리고 먹을 것을 간절히 '바라다'는 뜻을 가지고 있고, 문법적으로는 尾巴, 嘴巴와 같이 접미사로 쓰여 뜻을 가진 글자를 가볍게 해주는 역할을 하기도 합니다.

기본
巴에 부수 口(입, 말하다)를 붙이면 문법적으로 문장의 마지막에서 말로 하는 '명령이나 요청'의 의미인 吧가 되고, 이때는 ba라고 읽습니다. 외래어인 bar의 음으로 차용되기도 하는데 이때는 bā라고 읽습니다.
부수 扌(손)을 붙이면 손으로 '잡다'는 뜻 및 그로부터 파생된 '손잡이'를 뜻하는 把가 됩니다.
부수 父(아버지)를 붙이면 '아버지'를 뜻하는 爸가 됩니다.

변형
巴에 부수 爪(손톱)을 붙이면 손톱으로 긁어서 '기어오르다'라는 뜻의 爬가 됩니다.
부수 月(고기, 신체)를 붙이면 몸에 '살이 많다'는 뜻 및 땅이 '기름지다'는 뜻의 肥가 됩니다. 주로 동물이나 사물에 사용하고 사람에게는 胖(pàng)을 사용합니다.

확장
巴에 부수 疒(병)을 붙이면 '흉터'를 뜻하는 疤가 되고, 병음은 bā라고 읽습니다.
예) 伤疤 shāngbā 흉터, 상처

巴 bā　바라다, 접미사

중국어

巴掌	bāzhang	손바닥
巴士	bāshì	버스
巴结	bājie	아첨하다
巴不得	bābude	갈망하다
巴西	Bāxī	브라질
巴黎	Bālí	파리
大巴	dàbā	대형버스
尾巴	wěiba	꼬리
嘴巴	zuǐba	입
哑巴	yǎba	벙어리
锅巴	guōbā	누룽지
星巴克	xīngbākè	스타벅스
阿里巴巴	ālǐbābā	알리바바

吧 bā / ba　바(bar) / 접미사

중국어

酒吧	jiǔbā	술집
网吧	wǎngbā	PC방
贴吧	tiēbā	인터넷 게시판

把 bǎ　잡다, 손잡이

한국어

把握	bǎwò	파악
把守	bǎshǒu	파수

중국어

把手	bǎshǒu	손잡이, 손을 잡다
把柄	bǎbǐng	자루, 손잡이
把关	bǎguān	관문을 지키다, 기준을 지켜 검사하다

爸 bà　아버지

중국어

爸爸	bàba	아빠
爸妈	bàmā	아빠와 엄마
老爸	lǎobà	아버지

爬 pá　기어오르다

한국어

爬虫类	páchónglèi	파충류

중국어

爬山	páshān	등산하다
爬高	págāo	높이 오르다
爬上去	páshàngqù	오르다

肥 féi　살찌다, 기름지다

한국어

肥满	féimǎn	비만

肥育	féiyù	비육, 살찌게 기르다
肥厚	féihòu	비후, 살이 쪄서 두툼하다
肥沃	féiwò	비옥
肥料	féiliào	비료
肥大	féidà	비대
施肥	shīféi	시비, 비료를 주다
堆肥	duīféi	퇴비, 두엄

중국어

肥肉	féiròu	비계
肥皂	féizào	비누
肥胖	féipàng	뚱뚱하다
减肥	jiǎnféi	다이어트
化肥	huàféi	화학비료

기본글자는 白이고, 병음은 bái라고 읽습니다. 태양(日)에서 빛이 발산되는 모양을 형상화한 것으로 태양이 떠서부터 질 때까지 주위가 환하다는 의미에서 '희다', '밝다'는 뜻으로 사용됩니다.

기본

白에 부수 一을 붙이면 百가 되는데, 白는 해가 떠 있는 시간 즉 주간을 의미하고, 과거 중국에서는 주간을 100으로 나누어 시간을 계산한 데서 유래하여 기본 숫자인 一이 붙으면서 '100'이라는 숫자를 표현한 것입니다.

변형

白에 부수 亻(사람)을 붙이면 '나이가 많은 사람', '큰아버지'를 뜻하는 伯가 됩니다.
부수 辶(가다)를 붙이면 '가까이 다가오다' 및 그로부터 파생된 '닥치다' 또는 '핍박하다'는 뜻의 迫가 됩니다.
부수 忄(마음)을 붙이면 마음으로 '두려워하다', '무섭다'는 뜻의 怕가 됩니다.
부수 扌(손)을 붙이면 '손으로 치다'는 뜻 및 그로부터 파생된 '사진을 찍다'는 뜻의 拍가 됩니다.

확장

白에 부수 木(나무)를 붙이면 '측백나무'를 뜻하는 柏가 되고, 병음은 bǎi라고 읽습니다.
예) 柏树 bǎishù 측백나무
부수 舟(배)를 붙이면 바다를 운행하는 '큰 배'를 뜻하는 舶가 되고, 병음은 bó라고 읽습니다.
예) 船舶 chuánbó 선박

白	bái		희다, 밝다

白色	báisè	백색
白发	báifà	백발
白马	báimǎ	백마
白米	báimǐ	백미
白旗	báiqí	백기
白人	báirén	백인
白痴	báichī	백치
白眼	báiyǎn	백안, 눈의 흰자위
白雪	báixuě	백설
白雪公主	báixuěgōngzhǔ	백설공주
白话文	báihuàwén	백화문, 구어체로 쓴 중국의 글
明白	míngbai	명백
空白	kòngbái	공백
苍白	cāngbái	창백
纯白	chúnbái	순백
洁白	jiébái	결백
独白	dúbái	독백
旁白	pángbái	방백, 내레이션
告白	gàobái	고백
自白	zìbái	자백
黑白	hēibái	흑백
蛋白质	dànbáizhì	단백질

중국어

白天	báitiān	낮
白宫	Báigōng	백악관

白菜	báicài	배추
白糖	báitáng	백설탕
白酒	báijiǔ	바이지우, 고량주
白领	báilǐng	화이트칼라
坦白	tǎnbái	솔직하다
清白	qīngbái	깨끗하다
吃白饭	chībáifàn	무위도식하다
白头偕老	báitóuxiélǎo	백년해로
白手起家	báishǒuqǐjiā	자수성가

百	bǎi		백(100)

한국어

百年	bǎinián	백년
百世	bǎishì	백세, 오랜 세월
百货	bǎihuò	백화, 여러 가지 상품
百科	bǎikē	백과
百姓	bǎixìng	백성
百万	bǎiwàn	백만
百方	bǎifāng	백방
百倍	bǎibèi	백배, 매우 많다
百合	bǎihé	백합
百发百中	bǎifābǎizhòng	백발백중
百年大计	bǎiniándàjì	백년대계
百年偕老	bǎiniánxiélǎo	백년해로
百害无益	bǎihàiwúyì	백해무익
百花齐放	bǎihuāqífàng	백화제방, 학문과 예술이 발전하다
百家争鸣	bǎijiāzhēngmíng	백가쟁명, 학파들이 자유롭게 논쟁하다

百折不屈	bǎizhébùqū	백절불굴, 수많은 좌절에도 굽히지 않다
五十步百步	wǔshíbùbǎibù	오십보백보

중국어

百分之	bǎifēnzhī	백분의, 퍼센트
老百姓	lǎobǎixìng	백성
百货商店	bǎihuòshāngdiàn	백화점
百万富翁	bǎiwànfùwēng	백만장자
千方百计	qiānfāngbǎijì	온갖 방법을 다 쓰다

伯　bó　　큰아버지

한국어

伯父	bófù	백부
伯母	bómǔ	백모
伯爵	bójué	백작
伯牙绝弦	bóyájuéxián	백아절현, 백아가 거문고의 줄을 끊다, 절친의 죽음을 슬퍼하다

중국어

阿拉伯	ālābó	아라비아, 아랍
沙特阿拉伯	Shātèālābó	사우디아라비아
伯乐相马	bólèxiàngmǎ	백락이 말을 가려내다, 인재를 잘 알아보고 등용하다

迫　pò　　닥치다

한국어

迫害	pòhài	박해
紧迫	jǐnpò	긴박
急迫	jípò	급박
压迫	yāpò	압박
胁迫	xiépò	협박
强迫	qiǎngpò	강박
逼迫	bīpò	핍박

중국어

迫胁	pòxié	협박하다
迫切	pòqiè	절박하다
迫不及待	pòbùjídài	급박하여 기다릴 여유가 없다
迫在眉睫	pòzàiméijié	눈썹까지 닥치다, 코앞에 닥치다, 발등에 불이 떨어지다

怕　pà　　두려워하다

중국어

害怕	hàipà	무섭다, 두렵다
可怕	kěpà	무섭다, 두렵다
不怕	búpà	두려워 하지 않다
恐怕	kǒngpà	아마 ~일 것이다
哪怕	nǎpà	비록 ~라고 해도

拍	pāi		치다, 찍다

拍子	pāizi	박자, 라켓
拍手	pāishǒu	박수

拍卖	pāimài	경매
拍照	pāizhào	사진을 찍다
拍摄	pāishè	촬영하다
拍马屁	pāimǎpì	아첨하다
偷拍	tōupāi	도촬하다
自拍	zìpāi	셀프카메라
自拍杆	zìpāigǎn	셀카봉

기본글자는 半이고, 병음은 bàn이라고 읽습니다. 半은 牛에서 비롯된 글자로서 소를 해체하는 과정에서 좌우를 동일하게 '반'으로 잘라낸다는 의미를 가지고 있습니다.

기본

半에 부수 亻(사람)을 붙이면 나와 함께 하는 사람 즉 '짝', '동반자'를 뜻하는 伴이 됩니다.

변형

半에 부수 刂(칼)을 붙이면 칼로 나누어 정확히 '판단하다'는 뜻의 判이 됩니다.
半과 反(돌이키다)를 결합시키면 둘로 나뉜 상황에서 이쪽 편에서 저쪽 편으로 넘어가 '배반하다'는 뜻의 叛이 됩니다.
半에 부수 月(신체)를 붙이면 몸에 살이 쪄서 '뚱뚱하다'는 뜻의 胖이 됩니다.

半 bàn 반

한국어

半球	bànqiú	반구
半岛	bàndǎo	반도
半圆	bànyuán	반원
半径	bànjìng	반경, 반지름
半价	bànjià	반가, 반값
半年	bànnián	반년
半期	bànqī	반기
半百	bànbǎi	반백, 50살
半裸	bànluǒ	반나
半数	bànshù	반수, 절반
过半数	guòbànshù	과반수
半导体	bàndǎotǐ	반도체
折半	zhébàn	절반, 반으로 깎다

중국어

半夜	bànyè	심야
半天	bàntiān	한나절
半边	bànbiān	반쪽
半袖	bànxiù	반소매
一半	yíbàn	절반
大半	dàbàn	대부분
半途而废	bàntú'érfèi	일을 중도에 그만두다

伴 bàn 짝

한국어

伴奏	bànzòu	반주
伴侣	bànlǚ	반려, 반려자
同伴	tóngbàn	동반, 동반자

중국어

伴随	bànsuí	수반하다, 따라가다
伴娘	bànniáng	신부 들러리
陪伴	péibàn	함께하다, 동반하다
伙伴	huǒbàn	동료

判 pàn 판단하다

한국어

判断	pànduàn	판단
判断力	pànduànlì	판단력
判决	pànjué	판결
判明	pànmíng	판명
判别	pànbié	판별
判定	pàndìng	판정
判读	pàndú	판독
判例	pànlì	판례
批判	pīpàn	비판
公判	gōngpàn	공판, 공개심판
误判	wùpàn	오판
谈判	tánpàn	담판

중국어

判决书	pànjuéshū	판결문
评判	píngpàn	판정하다
裁判	cáipàn	심판하다
裁判员	cáipànyuán	심판

审判	shěnpàn	재판하다
审判员	shěnpànyuán	판사

叛	pàn	배반하다

한국어

叛逆	pànnì	반역
叛乱	pànluàn	반란
叛军	pànjūn	반군, 반란군
叛徒	pàntú	반도
背叛	bèipàn	배반

중국어

叛变	pànbiàn	배신하다
叛匪	pànfěi	반역자, 반란군

胖	pàng	뚱뚱하다

중국어

胖子	pàngzi	뚱보
发胖	fāpàng	살찌다
肥胖	féipàng	뚱뚱하다
长胖	zhǎngpàng	뚱뚱해지다

기본글자는 包이고, 병음은 bāo라고 읽습니다. 부수 勹(싸다)와 巳(아기가 웅크린 모습)이 결합되어 만들어진 글자로 '물건을 싸다', '에워싸다'는 뜻 및 그로부터 파생된 '가방'의 뜻으로 사용됩니다.

🗨️ 기본

包에 부수 月(신체)를 붙이면 신체의 기본 단위인 '세포'를 뜻하는 胞가 됩니다.
부수 饣(음식, 먹다)를 붙이면 음식을 많이 먹어 '배부르다'는 뜻의 饱가 됩니다.
부수 扌(손, 행위)를 붙이면 팔을 벌려 '안다', '품다'는 뜻의 抱가 됩니다.

🗨️ 변형

包에 부수 衤(옷)을 붙이면 '중국식 옷'을 뜻하는 袍가 됩니다.
부수 足(발, 달리다)를 붙이면 발로 뛰어 '달리다'는 뜻의 跑가 됩니다.
부수 火(불)을 붙이면 '대포'를 뜻하는 炮가 됩니다. 번체로는 대포를 뜻하는 글자는 砲인데, 고대에는 포가 돌을 던지는 개념이었다면 화약이 발명된 이후로 火로 대체된 것으로 이해하면 쉽습니다.
부수 氵(물)을 붙이면 물방울 모양의 '거품' 및 물속에 '담그다'는 뜻의 泡가 됩니다.

🗨️ 확장

包에 부수 鱼(물고기, 해산물)을 붙이면 해산물의 일종인 '전복'을 뜻하는 鲍가 되고, 병음은 bào라고 읽습니다.

예) 鲍鱼 bàoyú 전복

包 bāo 싸다, 가방

包含	bāohán	포함
包括	bāokuò	포괄
包装	bāozhuāng	포장
包围	bāowéi	포위
包容	bāoróng	포용

包子	bāozi	빠오즈, 찐빵의 일종
包裹	bāoguǒ	소포
包庇	bāobì	비호하다, 숨겨주다
打包	dǎbāo	포장하다, 남은 음식을 포장하다
发包	fābāo	도급하다, 하청을 주다
承包	chéngbāo	수급하다, 하청을 받다
提包	tíbāo	핸드백, 손가방, 가방을 들다
手提包	shǒutíbāo	핸드백, 손가방
背包	bèibāo	배낭
书包	shūbāo	책가방
钱包	qiánbāo	지갑
红包	hóngbāo	축하금, 용돈
面包	miànbāo	빵
面包车	miànbāochē	승합차
汉堡包	hànbǎobāo	햄버거

胞 bāo 세포

同胞	tóngbāo	동포
细胞	xìbāo	세포
侨胞	qiáobāo	교포
癌细胞	áixìbāo	암세포
单细胞动物	dānxìbāodòngwù	단세포 동물

双胞胎	shuāngbāotāi	쌍둥이

饱 bǎo 배부르다

饱和	bǎohé	포화
饱满	bǎomǎn	포만
饱食	bǎoshí	포식
暖衣饱食	nuǎnyībǎoshí	난의포식, 따뜻하게 입고 배부르게 먹다

吃饱	chībǎo	배부르다
温饱	wēnbǎo	따뜻하고 배부르다
饱经沧桑	bǎojīngcāngsāng	세상의 변화를 두루 경험하다
大饱眼福	dàbǎoyǎnfú	실컷 눈요기를 하다

抱	bào		안다, 품다

한국어

抱负	bàofù	포부, 가슴에 품은 뜻

중국어

抱怨	bàoyuàn	원망
抱歉	bàoqiàn	미안해하다
拥抱	yōngbào	포옹하다
怀抱	huáibào	품다, 품에 안다

袍	páo		중국식 옷

한국어

道袍	dàopáo	도포, 외투
龙袍	lóngpáo	용포, 황제가 입는 옷

중국어

旗袍	qípáo	치파오, 중국 전통 여성복
大红袍	dàhóngpáo	중국의 명차, 우롱차의 일종

跑	pǎo		달리다

중국어

跑步	pǎobù	달리다
奔跑	bēnpǎo	질주하다
逃跑	táopǎo	달아나다
赛跑	sàipǎo	달리기 경주

短跑	duǎnpǎo	단거리 경주
长跑	chángpǎo	장거리 경주, 오래달리기

炮	pào		대포

한국어

炮弹	pàodàn	포탄
炮兵	pàobīng	포병
炮击	pàojī	포격
炮声	pàoshēng	포성
炮火	pàohuǒ	포화
火炮	huǒpào	화포
大炮	dàpào	대포
空炮	kōngpào	공포, 연습용 탄약

중국어

放炮	fàngpào	대포를 쏘다
鞭炮	biānpào	폭죽, 길게 연결한 연발 폭죽

泡	pào		거품, 담그다

한국어

泡沫	pàomò	포말
气泡	qìpào	기포
水泡	shuǐpào	수포

泡茶	pàochá	차를 우리다
泡面	pàomiàn	인스턴트 라면
泡菜	pàocài	김치
泡泡糖	pàopaotáng	풍선껌
泡澡	pàozǎo	탕에 몸을 담그다, 반신욕
浸泡	jìnpào	오래 담그다
灯泡	dēngpào	전구

. . .

기본글자는 **必**이고, 병음은 bì라고 읽습니다. 부수는 心인데, 사실 어원은 心과는 관련이 없지만, 마음에 새겨(丿) '반드시' 해야 하는 일이라고 이해하면 쉽습니다.

📩 변형

必에 부수 氵(물)을 붙이면 액체가 '분비되다'는 뜻의 泌가 됩니다.

부수 禾(벼, 곡식)을 붙이면 秘가 되고 '비밀', '신비하다'는 뜻입니다. 번체 祕는 부수 示(보이다, 귀신)를 붙여 귀신처럼 '숨기다'는 뜻 및 그로부터 파생된 '비밀'이라는 뜻으로 사용되었습니다. 현재 번체에서는 祕를 사용하나 간체에서는 秘를 사용하므로 주의가 필요합니다.

부수 宀(집)을 붙이면 密가 되는데, 본래는 宓과 山이 결합된 글자이나 어원이 복잡하므로 산 중에 있는 집 근처에 나무가 '빽빽하다'는 뜻으로 이해하면 쉽습니다.

부수 虫(벌레)를 붙이면 벌이 만드는 '꿀'을 뜻하는 蜜가 됩니다.

必 bì 반드시

必然	bìrán	필연
必要	bìyào	필요
必胜	bìshèng	필승
必需	bìxū	필수, 반드시 필요한 것
必需品	bìxūpǐn	필수품
必须	bìxū	필수, 반드시 해야 하는 것
何必	hébì	하필

必定	bìdìng	반드시
必将	bìjiāng	반드시 ~할 것이다
必胜客	bìshèngkè	피자헛
势必	shìbì	반드시
务必	wùbì	반드시
未必	wèibì	반드시 ~한 것은 아니다
不必	búbì	~할 필요 없다

泌 mì 분비하다

泌尿器	mìniàoqì	비뇨기
分泌	fēnmì	분비
分泌物	fēnmìwù	분비물
内分泌	nèifēnmì	내분비, 호르몬
外分泌	wàifēnmì	외분비, 땀이나 젖

泌尿科	mìniàokē	비뇨기과

秘 mì 비밀, 신비하다

秘密	mìmì	비밀
秘诀	mìjué	비결
秘技	mìjì	비기
秘书	mìshū	비서
秘史	mìshǐ	비사
秘方	mìfāng	비방
秘传	mìchuán	비전
秘藏	mìcáng	비장
便秘	biànmì	변비
神秘	shénmì	신비

奥秘	àomì	심오한 비밀
隐秘	yǐnmì	은밀하다
揭秘	jiēmì	비밀을 폭로하다

密 mì 빽빽하다

密封	mìfēng	밀봉
密闭	mìbì	밀폐
密林	mìlín	밀림
密度	mìdù	밀도
密集	mìjí	밀집

密室	mìshì	밀실
密语	mìyǔ	밀어
密会	mìhuì	밀회
密约	mìyuē	밀약
密谈	mìtán	밀담
密探	mìtàn	밀탐
密使	mìshǐ	밀사
密告	mìgào	밀고
秘密	mìmì	비밀
机密	jīmì	기밀
严密	yánmì	엄밀
亲密	qīnmì	친밀
精密	jīngmì	정밀
绵密	miánmì	면밀
稠密	chóumì	조밀
紧密	jǐnmì	긴밀
细密	xìmì	세밀

중국어

密码	mìmǎ	암호
密切	mìqiè	밀접하다
周密	zhōumì	주도면밀하다
保密	bǎomì	비밀을 지키다
哈密瓜	hāmìguā	멜론

蜜　mì　꿀

한국어

蜜月	mìyuè	밀월, 신혼
蜜月旅行	mìyuèlǚxíng	밀월여행, 허니문
蜜语	mìyǔ	밀어, 달콤한 말
蜜蜡	mìlà	밀랍, 벌집을 만들기 위해 벌이 분비하는 물질
水蜜桃	shuǐmìtáo	수밀도, 복숭아
口蜜腹剑	kǒumìfùjiàn	구밀복검, 입에는 꿀이 있지만 뱃 속에는 칼이 있다

중국어

蜜蜂	mìfēng	꿀벌
蜂蜜	fēngmì	벌꿀
闺蜜	guīmì	절친, 여자 사이
甜蜜	tiánmì	달콤하다, 행복하다
甜言蜜语	tiányánmìyǔ	달콤한 말, 감언이설

辟

• • •

기본글자는 **辟**이고, 병음은 bì 또는 pì라고 읽고, 병음에 따라 뜻이 달라집니다. 번체 闢는 문을 '열다'라는 뜻인데, 간체화되면서 비록 門(문)은 생략되었지만 여전히 문을 '열다'는 뜻은 남게 되었습니다. 그와는 별도로 '왕' 또는 '제거하다'는 뜻으로 사용되기도 하는데 이때는 bì라고 읽습니다.

기본

辟에 부수 辶(가다)를 붙이면 부딪치지 않도록 '피해 가다'는 뜻의 **避**가 됩니다.
부수 土(흙)을 붙이면 흙으로 만든 '벽'을 뜻하는 **壁**가 됩니다.
부수 月(신체)를 붙이면 신체의 일부인 '팔'을 뜻하는 **臂**가 됩니다.

辟	bì / pì		왕, 제거하다 / 열다

한국어

辟邪	bìxié		벽사, 사악함을 물리치다
开辟	kāipì		개벽, 개통하다

중국어

复辟	fùbì		복위하다
开天辟地	kāitiānpìdì		천지개벽

避	bì		피하다

한국어

避难	bìnàn	피난
避暑	bìshǔ	피서
避孕	bìyùn	피임
避孕药	bìyùnyào	피임약
逃避	táobì	도피
回避	huíbì	회피

중국어

避免	bìmiǎn	피하다, 면피하다
避开	bìkāi	피하다
避税	bìshuì	탈세하다
避税天堂	bìshuìtiāntáng	조세피난처
避孕套	bìyùntào	콘돔
躲避	duǒbì	숨어 피하다
不可避免	bùkěbìmiǎn	피할 수 없다, 불가피하다

壁	bì		벽

한국어

壁报	bìbào	벽보
壁纸	bìzhǐ	벽지
壁画	bìhuà	벽화
隔壁	gébì	격벽, 옆집, 이웃
岩壁	yánbì	암벽
绝壁	juébì	절벽
石壁	shíbì	석벽
面壁	miànbì	면벽, 벽을 마주하고 좌선하다

중국어

壁垒	bìlěi	요새, 장벽
贸易壁垒	màoyìbìlěi	무역장벽
壁柜	bìguì	벽장, 수납장
壁炉	bìlú	벽난로
墙壁	qiángbì	담장, 벽
悬崖峭壁	xuányáqiàobì	깎아지른 절벽

臂	bì		팔

중국어

臂膀	bìbǎng	팔
手臂	shǒubì	팔
护臂	hùbì	팔목 보호대
螳臂挡车	tángbìdǎngchē	당랑거철, 사마귀가 수레를 막다, 하룻강아지 범 무서운 줄 모른다

比

• • •

기본글자는 **比**이고, 병음은 bǐ라고 읽습니다. 두 사람이 나란히 서 있는 모양을 형상화한 것으로 둘을
서로 '비교하다'는 뜻입니다.

🔖기본

毕는 부수이자 음을 나타내는 比와 十(십)을 결합시킨 글자로서 '마치다', '끝내다'라는 뜻으로
사용됩니다. 많다는 의미의 十으로부터 '전부'라는 뜻이 생기고 그로부터 다시 '마치다'라는 뜻이
파생된 것으로 이해하면 쉽습니다.

🔖변형

比에 부수 扌(손)을 붙이면 **批**가 되는데 본래 손으로 치다는 의미를 가지고 있다가 뜻이 변형되어
'비평하다', '비판하다'는 뜻으로 사용됩니다.
부수 尸(주검, 몸)을 붙이면 몸에서 배출되는 '방귀'를 뜻하는 **屁**가 되는데, 음을 나타내는 比가
방귀소리를 흉내 내기 위해 pì로 변형된 것으로 생각하면 쉽습니다.

🔖참고

毕는 번체로 **畢**(필)이라고 쓰는데 본래 比와는 상관없는 글자였지만 간체화되면서 연관이 생긴
경우입니다.

比	bǐ		비교하다

한국어

比较	bǐjiào	비교
比例	bǐlì	비례, 비율, 몇 대 몇으로 표시
比率	bǐlǜ	비율, 백분율로 표시
比重	bǐzhòng	비중
比喻	bǐyù	비유
比肩	bǐjiān	비견, 어깨를 나란히 하다
比武	bǐwǔ	비무
对比	duìbǐ	대비
正比	zhèngbǐ	정비
正比例	zhèngbǐlì	정비례
反比	fǎnbǐ	반비
反比例	fǎnbǐlì	반비례
百分比	bǎifēnbǐ	백분비, 백분율

중국어

比赛	bǐsài	시합
比如	bǐrú	예를 들어
比方	bǐfang	비유하다
比价	bǐjià	가격을 비교하다
比值	bǐzhí	비율
比基尼	bǐjīní	비키니
无比	wúbǐ	비교할 바가 없다, 아주 뛰어나다
评比	píngbǐ	비교 평가하다
不比	bùbǐ	~보다 못하다
打比	dǎbǐ	비유하다
相比	xiāngbǐ	비교하다, 견주다

毕	bì		마치다

한국어

毕竟	bìjìng	필경, 결국
毕生	bìshēng	필생, 평생

중국어

毕业	bìyè	졸업하다
毕业生	bìyèshēng	졸업생
完毕	wánbì	끝내다

批	pī		비판하다, 대량

한국어

批评	pīpíng	비평
批判	pīpàn	비판
批准	pīzhǔn	비준

중국어

批发	pīfā	도매
批发价	pīfājià	도매가
批发商	pīfāshāng	도매상
批发市场	pīfāshìchǎng	도매시장
批量	pīliàng	대량
大批	dàpī	대량
审批	shěnpī	심사 비준하다

屁	pì		방귀

중국어

屁股	pìgu	엉덩이
放屁	fàngpì	방귀를 뀌다
拍马屁	pāimǎpì	아첨하다

扁

기본글자는 **扁**이고, 병음은 biǎn이라고 읽습니다. 戶(집)에 걸어 두었던 대나무책(冊)을 형상화하여 '평평하고 납작하다'는 뜻 및 그로부터 파생된 '얕보다'라는 뜻도 가지고 있습니다.

기본

扁에 부수 纟(실)을 붙이면 실로 대나무책을 '엮다'는 뜻의 **编**이 됩니다.
부수 辶(가다)를 붙이면 다니면서 '두루 미치다'는 뜻 및 그로부터 파생된 '온통'이라는 뜻의 **遍**이
됩니다.

변형

扁에 부수 竹(대나무)를 붙이면 대나무가 두 번이나 사용된 모양이 되어 대나무를 엮어 만든 '책'을
뜻하는 **篇**이 됩니다.
부수 亻(사람)을 붙이면 사람이 한 쪽으로 '치우치다'는 뜻의 **偏**이 됩니다.
부수 马(말)을 붙이면 어느 한 쪽만 말을 탄 것처럼 공평하지 못하다는 의미에서 파생된 '속이다'는
뜻의 **骗**이 됩니다.

编	biān		엮다, 편성하다

编辑	biānjí	편집
编著	biānzhù	편저, 편집하여 저술하다
编译	biānyì	편역, 편집하여 번역하다
编纂	biānzuǎn	편찬
编曲	biānqǔ	편곡
编入	biānrù	편입
编织	biānzhī	편직, 짜다
编制	biānzhì	편제
编队	biānduì	편대
改编	gǎibiān	개편

중국어

编码	biānmǎ	코드, 컴퓨터 기호체계
编号	biānhào	일련번호
邮编	yóubiān	우편번호
邮政编码	yóuzhèngbiānmǎ	우편번호
主编	zhǔbiān	편집장

遍	biàn		두루 미치다, 온통

한국어

遍历	biànlì	편력, 두루 돌아다니다
普遍	pǔbiàn	보편

중국어

遍布	biànbù	널리 퍼지다
遍地	biàndì	곳곳에
走遍	zǒubiàn	두루 다니다
再说一遍	zàishuōyíbiàn	다시 한 번 말하다

篇	piān		책, 편

한국어

短篇	duǎnpiān	단편
长篇	chángpiān	장편
续篇	xùpiān	속편
全篇	quánpiān	전편
千篇一律	qiānpiānyìlǜ	천편일률, 특색이 없다

중국어

新篇章	xīnpiānzhāng	새로운 장, 새 페이지

偏	piān		치우치다

한국어

偏见	piānjiàn	편견
偏向	piānxiàng	편향
偏差	piānchā	편차
偏重	piānzhòng	편중
偏食	piānshí	편식
偏爱	piān'ài	편애
偏执	piānzhí	편집

偏执狂	piānzhíkuáng		편집광
偏颇	piānpō		편파
偏僻	piānpì		편벽, 외지다
偏头痛	piāntóutòng		편두통

중국어

偏偏	piānpiān	일부러, 굳이
偏好	piānhào	특히 좋아하다, 선호하다
偏心	piānxīn	편협하다
不偏不倚	bùpiānbùyǐ	어느 쪽으로 기울거나 치우치지 않다, 공정하다

骗	piàn	속이다

한국어

骗取	piànqǔ	편취, 속여서 뺏다

중국어

骗子	piànzi	사기꾼
骗人	piànrén	남을 속이다
欺骗	qīpiàn	속이다
诈骗	zhàpiàn	사기
被骗	bèipiàn	사기 당하다

并

. . .

기본글자는 并이고, 병음은 bìng이라고 읽습니다. 번체로는 幷, 倂, 並, 竝 4개의 글자가 사용되던 것을 하나로 줄인 것인데, 번체 竝은 두 사람이 나란히 선(立) 모양에서 '나란히', '함께'라는 뜻을 가지게 된 것입니다. 竝이 並으로 변하였다가 并으로 순차적으로 변한 것으로 이해하면 쉽습니다.

기본

并에 부수 饣(밥, 음식)을 붙이면 음식의 일종인 '떡'이나 '전'을 뜻하는 饼이 됩니다.

변형

并에 부수 尸(주검, 몸)을 붙이면 누워있는 사람의 몸을 가리는 '병풍' 및 그로부터 파생되어 길게 이어진 '막'을 뜻하는 屏이 됩니다.

부수 瓦(기와, 토기)를 붙이면 흙을 구워 만든 그릇의 일종인 '병'을 뜻하는 瓶이 됩니다.

부수 扌(손)을 붙이면 손으로 '긁어모으다'는 뜻 및 손으로 밀치며 '필사적으로 싸우다'는 뜻의 拼이 됩니다.

并	bìng	나란히, 함께, 결코

한국어

并列	bìngliè	병렬
并行	bìngxíng	병행
并合	bìnghé	병합
并存	bìngcún	병존
并进	bìngjìn	병진
并立	bìnglì	병립
并用	bìngyòng	병용
并发	bìngfā	병발, 함께 발생하다
并置	bìngzhì	병치, 한곳에 두다
合并	hébìng	합병
合并症	hébìngzhèng	합병증
兼并	jiānbìng	겸병, 남의 재산을 합쳐 가지다

중국어

并非	bìngfēi	결코 ~가 아니다
并不	bìngbù	결코 ~하지 않다
并且	bìngqiě	게다가
并排	bìngpái	나란히 배열하다
并购	bìnggòu	인수 합병하다
并发症	bìngfāzhèng	합병증
吞并	tūnbìng	병탄하다, 남의 재물이나 나라를 강제로 합치다

饼	bǐng	떡, 전

한국어

煎饼	jiānbǐng	전병, 부침개
月饼	yuèbǐng	월병, 추석에 먹는 과자

중국어

饼干	bǐnggān	과자
油饼	yóubǐng	요우빙, 부침개
烧饼	shāobing	샤오빙, 화덕에 구운 빵
比萨饼	bǐsàbǐng	피자
画饼充饥	huàbǐngchōngjī	그림의 떡이다, 공상으로 스스로를 달래다

屏	píng	병풍, 막

한국어

屏风	píngfēng	병풍

중국어

屏幕	píngmù	스크린
屏障	píngzhàng	장벽
银屏	yínpíng	TV 스크린
触摸屏	chùmōpíng	터치스크린

瓶	píng		병

花瓶	huāpíng	화병
药瓶	yàopíng	약병
空瓶	kōngpíng	공병
保温瓶	bǎowēnpíng	보온병

중국어

瓶子	píngzi	병
瓶啤	píngpí	병맥주
瓶盖	pínggài	병뚜껑
瓶颈	píngjǐng	병목, 장애물
水瓶	shuǐpíng	물병
酒瓶	jiǔpíng	술병
热水瓶	rèshuǐpíng	보온병
玻璃瓶	bōlipíng	유리병

拼	pīn		긁어 모으다, 필사적으로

중국어

拼音	pīnyīn	병음
拼命	pīnmìng	필사적으로
拼搏	pīnbó	전력을 다해 싸우다
拼车	pīnchē	합승, 카풀
拼图	pīntú	퍼즐
拼盘	pīnpán	모둠요리

C

|采|仓|次|从|

采

...

기본글자는 **采**이고, 병음은 cǎi라고 읽습니다. 爪(손톱)과 木(나무)가 결합하여 손으로 나무 열매나 식물을 '캐다', '채취하다'는 뜻입니다. 번체에서는 采와 採를 같은 자로 보면서 일반적으로 採를 사용하나, 간체에서는 採는 활용하지 않고, 采로만 씁니다.

기본

采에 彡(털, 꾸미다)를 붙이면 예쁘게 꾸민 '빛깔', '색채'를 뜻하는 **彩**가 됩니다.

부수 足(발)을 붙이면 발로 '밟다'는 뜻의 **踩**가 됩니다.

부수 艹(풀, 꽃)을 붙이면 먹을 수 있는 '나물', '채소'라는 뜻 및 그로부터 파생된 '요리'를 뜻하는 **菜**가 됩니다.

采	căi	캐다, 채취하다, 선택하다

采用	căiyòng	채용
采集	căijí	채집
采取	căiqǔ	채취
采油	căiyóu	채유
采矿	căikuàng	채광
采石	căishí	채석
采石场	căishíchăng	채석장
采光	căiguāng	채광
风采	fēngcǎi	풍채

采访	căifǎng	인터뷰하다
采纳	căinà	받아들이다
采购	căigòu	구매하다
开采	kāicǎi	채굴하다
无精打采	wújīngdǎcǎi	무기력하다
兴高采烈	xìnggāocǎiliè	매우 기쁘다

彩	căi	빛깔, 색채

彩色	căisè	채색
光彩	guāngcǎi	광채
多彩	duōcǎi	다채
色彩	sècǎi	색채
异彩	yìcǎi	이채
水彩画	shuǐcǎihuà	수채화

彩票	căipiào	복권
彩虹	căihóng	무지개
彩纸	căizhǐ	색종이
精彩	jīngcǎi	뛰어나다, 멋지다
剪彩	jiǎncǎi	기념 테이프를 자르다

踩	căi	밟다

踩踏	căità	짓밟다
踩刹车	căishāchē	브레이크를 밟다
踩油门	căiyóumén	엑셀을 밟다

菜	cài	채소, 요리

冷菜	lěngcài	냉채
野菜	yěcài	야채, 나물

菜单	càidān	메뉴
菜刀	càidāo	식칼, 부엌칼
蔬菜	shūcài	채소
素菜	sùcài	야채나 과일류로 만든 요리
小菜	xiǎocài	밑반찬
泡菜	pàocài	김치
白菜	báicài	배추

生菜	shēngcài	상추
菠菜	bōcài	시금치
油菜	yóucài	청경채
香菜	xiāngcài	고수
芹菜	qíncài	미나리
紫菜	zǐcài	김
卷心菜	juǎnxīncài	양배추

기본단어는 **仓**이고, 병음은 cāng이라고 읽습니다. 번체 倉은 지붕(人) 밑에 창문(日)이 있고, 그 밑에 출입구(口)가 있는 '창고'의 모양을 형상화한 것입니다.

🔲 기본

仓에 부수 艹(풀, 꽃)을 붙이면 풀빛처럼 '푸르다'는 뜻의 **苍**이 됩니다.
부수 舟(배)를 붙이면 배나 비행기의 '선실', '객실'이나 '내부 공간'을 뜻하는 **舱**이 됩니다.
부수 氵(물)을 붙이면 바닷물처럼 '검푸르다'는 뜻의 **沧**이 됩니다.

🔲 변형

仓에 부수 刂(칼)을 붙이면 **创**이 되는데, 성조에 따라 뜻이 달라집니다. 칼에 베인 '상처'라는 뜻일 때는 chuāng이라고 읽고, 칼에 베인 상처에서 새살이 돋듯 새로 '시작하다'는 뜻일 때는 chuàng이라고 읽습니다.
부수 木(나무)를 붙이면 **枪**이 되는데, 본래는 나무 끝에 칼날을 달아 만든 무기인 '창'을 의미하는 말이었으나, 현대에 개발된 신무기인 '총'이라는 뜻으로도 의미가 확장되었습니다.

🔲 확장

仓에 부수 疒(병)을 붙이면 질병의 일종인 '종기', '부스럼'을 뜻하는 **疮**이 되고, 병음은 chuāng이라고 읽습니다.

예) 疮疤 chuāngbā 상처 자국

仓	cāng	창고, 급하다

한국어

仓库	cāngkù	창고

중국어

仓促	cāngcù	촉박하다
仓储	cāngchǔ	창고에 저장하다
粮仓	liángcāng	곡식창고
清仓	qīngcāng	창고정리, 재고정리

苍	cāng	푸르다

한국어

苍苍	cāngcāng	창창, 매우 푸르다
苍白	cāngbái	창백하다
苍天	cāngtiān	창천, 푸른하늘
苍茫	cāngmáng	창망, 넓고 멀다

중국어

苍蝇	cāngying	파리

舱	cāng	객실, 선실

중국어

舱位	cāngwèi	비행기나 배의 좌석
客舱	kècāng	객실
货舱	huòcāng	화물칸
经济舱	jīngjìcāng	이코노미석
商务舱	shāngwùcāng	비즈니스석
头等舱	tóuděngcāng	일등석

沧	cāng	검푸르다

한국어

沧海	cānghǎi	검푸르고 넓은 바다
沧海一粟	cānghǎiyísù	창해일속, 매우 작아 보잘 것 없다

중국어

沧海桑田	cānghǎisāngtián	푸른 바다가 뽕나무밭이 되다, 상전벽해
饱经沧桑	bǎojīngcāngsāng	세상의 변화를 두루 경험하다

创	chuàng / chuāng	시작하다 / 상처

한국어

创造	chuàngzào	창조
创作	chuàngzuò	창작
创业	chuàngyè	창업
创设	chuàngshè	창설
创立	chuànglì	창립
创意	chuàngyì	창의, 아이디어
创刊	chuàngkān	창간
创建	chuàngjiàn	창건
创始	chuàngshǐ	창시
独创性	dúchuàngxìng	독창성

创办	chuàngbàn	창립하다
创新	chuàngxīn	새로 창조하다
首创	shǒuchuàng	처음으로 만들다
创伤	chuāngshāng	상처
创口	chuāngkǒu	터진 상처

枪 qiāng 총

枪弹	qiāngdàn	총알
枪声	qiāngshēng	총성
枪法	qiāngfǎ	사격술
枪杀	qiāngshā	총살
开枪	kāiqiāng	총을 쏘다
手枪	shǒuqiāng	권총
长枪	chángqiāng	장총
机枪	jīqiāng	기관총
机关枪	jīguānqiāng	기관총

次

• • •

기본글자는 **次**이고, 병음은 cì라고 읽습니다. 次는 冫 와 欠(하품)이 결합된 글자입니다. 본래 부수 冫 는 얼음을 뜻하지만 여기서는 둘(二)이라는 의미로 사용되어 '두 번째'라는 뜻이 있고, 또한 하품을 하면서 다음 차례로 미룬다는 의미에서 '순서', '차례'라는 뜻도 있습니다.

🔖 기본

次에 부수 瓦(기와)를 붙이면 기와처럼 흙을 구워 만든 '자기'를 뜻하는 **瓷**가 됩니다.

🔖 변형

次에 부수 貝(돈, 재물)을 붙이면 '재물'을 뜻하는 **資**가 됩니다.
부수 女(여자)를 붙이면 여자가 곱게 앉은 '모습', '자태'를 뜻하는 **姿**가 됩니다.
부수 口(입, 말하다)를 붙이면 묻는 말에 대답하여 '자문하다'는 뜻의 **咨**가 됩니다.

次	cì		두 번째, 차례

한국어

次日	cìrì	차일, 다음 날
次数	cìshù	차수, 횟수
次女	cìnǚ	차녀
再次	zàicì	재차
屡次	lǚcì	누차

중국어

次序	cìxù	차례
次要	cìyào	부차적인
次品	cìpǐn	질이 낮은 물건
其次	qícì	다음
层次	céngcì	층계, 단계
名次	míngcì	순위
档次	dàngcì	등급
班次	bāncì	학교의 반, 운행 횟수

瓷	cí		자기

한국어

瓷器	cíqì	자기
陶瓷	táocí	도자, 도자기
陶瓷器	táocíqì	도자기, 도기와 자기
青瓷	qīngcí	청자
白瓷	báicí	백자

중국어

瓷砖	cízhuān	타일

资	zī		재물, 자질, 자격

한국어

资金	zījīn	자금
资产	zīchǎn	자산
资本	zīběn	자본
资本主义	zīběnzhǔyì	자본주의
资力	zīlì	자력
资格	zīgé	자격
资质	zīzhì	자질
资源	zīyuán	자원
资料	zīliào	자료
资材	zīcái	자재
投资	tóuzī	투자
出资	chūzī	출자
增资	zēngzī	증자
物资	wùzī	물자
融资	róngzī	융자
内资	nèizī	내자, 국내자본
外资	wàizī	외자, 외국자본
合资	hézī	합자, 공동투자

중국어

资助	zīzhù	재물로 돕다
工资	gōngzī	월급
筹资	chóuzī	자금을 조달하다
独资	dúzī	단독투자
撤资	chèzī	투자를 취소하다

姿 zī 　　　　　자태, 모습

한국어

姿势	zīshì	자세
姿态	zītài	자태
姿色	zīsè	여자의 미모

중국어

舞姿	wǔzī	춤사위
坐姿	zuòzī	앉은 자세

咨 zī 　　　　　자문하다

중국어

咨询	zīxún	자문하다
咨询台	zīxúntái	안내데스크
咨询师	zīxúnshī	상담사, 컨설턴트
咨询公司	zīxúngōngsī	컨설팅 회사
法律咨询	fǎlǜzīxún	법률상담, 법률자문

从

기본글자는 **从**이고, 병음은 cóng이라고 읽습니다. 人을 두 개 결합시켜 앞사람(人)을 뒷사람(人)이 '따르다', '좇다'라는 뜻입니다.

기본

从에 부수 一(하나)를 붙이면 땅(__) 위에 사람들(从)이 '모이다'는 뜻 및 모여 있는 사람들의 '무리'를 뜻하는 **丛**이 됩니다. 부수 一은 본래 숫자 개념이지만 여기서는 평평한 땅의 모양을 본뜬 의미로 사용되었습니다.

변형

从에 부수 人(사람)을 붙이면 사람들(从) 곁에 또 사람(人)이 있을 정도로 '많다'는 뜻 및 많은 사람들의 '무리'를 뜻하는 **众**이 됩니다.
부수 纟(실)을 붙이면 실을 길게 늘어뜨린 모양을 형상화하여 '세로'를 뜻하는 **纵**이 됩니다.

참고

从, 丛, 众은 번체로 從(종), 叢(총), 衆(중)이라고 쓰는데, 본래는 서로 상관없는 글자였지만 간체화되면서 연관이 생긴 경우입니다.

从	cóng	따르다, ~부터

从事	cóngshì	종사
从前	cóngqián	종전
从来	cónglái	종래, 지금까지
从属	cóngshǔ	종속
从犯	cóngfàn	종범
主从	zhǔcóng	주종
服从	fúcóng	복종
顺从	shùncóng	순종
盲从	mángcóng	맹종

从而	cóng'ér	따라서
从此	cóngcǐ	지금부터
从头	cóngtóu	처음부터
从小	cóngxiǎo	어릴 때부터
从容	cóngróng	여유롭다
自从	zìcóng	~부터
从容不迫	cóngróngbúpò	당황하지 않고 침착하다

丛	cóng	모이다, 무리

丛书	cóngshū	총서, 전집
论丛	lùncóng	논총, 논문을 모은 책

丛林	cónglín	밀림
草丛	cǎocóng	풀숲, 덤불

众	zhòng	많다, 무리

众生	zhòngshēng	중생
众人	zhòngrén	중인, 여러 사람
大众	dàzhòng	대중, 폭스바겐
听众	tīngzhòng	청중
公众	gōngzhòng	공중
群众	qúnzhòng	군중
观众	guānzhòng	관중
民众	mínzhòng	민중
出众	chūzhòng	출중
乌合之众	wūhézhīzhòng	오합지중, 오합지졸, 규율이 없고 무질서한 무리

众多	zhòngduō	아주 많다
众所周知	zhòngsuǒzhōuzhī	모두가 알고 있다
众口难调	zhòngkǒunántiáo	모두를 다 만족시키기는 어렵다

纵 zòng　세로, 내버려 두다

한국어

纵横	zònghéng	종횡
纵队	zòngduì	종대
操纵	cāozòng	조종
放纵	fàngzòng	방종

중국어

纵容	zòngróng	내버려 두다, 방임하다
骄纵	jiāozòng	교만하다
合纵连横	hézòngliánhéng	합종연횡, 중국 전국시대 소진과 장의의 외교정책, 이해에 따라 이리저리 모이다

Part **D**

|大|旦|弟|丁|豆|

기본글자는 **大**이고, 병음은 dà라고 읽습니다. 사람이 팔과 다리를 크게 벌리고 서 있는 모습을 형상화한 것으로 '크다'라는 뜻입니다.

기본

大에 부수 辶(가다)를 붙이면 가서 '도달하다'는 뜻의 **达**가 됩니다.

변형

부수이자 음을 나타내는 글자 大에 점(ㆍ)을 찍으면 더 '크다'는 뜻의 **太**가 됩니다.

太에 부수 心(마음)을 붙이면 마음으로부터 나오는 '몸가짐', '모습'이라는 뜻의 **态**가 됩니다.

太에 부수 氵(물)을 붙이면 물로 씻어 '걸러내다'라는 뜻의 **汰**가 됩니다.

참고

达, 态는 번체로 達(달), 態(태)라고 쓰는데, 본래는 상관없는 글자였지만 간체화되면서 연관이 생긴 경우입니다.

大	dà / dài	크다

한국어

大小	dàxiǎo	대소, 크고 작음, 크기
大概	dàgài	대개
大略	dàlüè	대략
大意	dàyì	대의, 대략적인 의미
大义	dàyì	대의, 정도, 큰 도리
大体	dàtǐ	대체, 대체로
大路	dàlù	대로, 큰길
大道	dàdào	대도, 큰길
大刀	dàdāo	대도, 큰 칼
大型	dàxíng	대형
大门	dàmén	대문
大海	dàhǎi	대해
大学	dàxué	대학
大战	dàzhàn	대전
大军	dàjūn	대군
大炮	dàpào	대포
大地	dàdì	대지
大会	dàhuì	대회
大陆	dàlù	대륙
大气	dàqì	대기, 공기
大作	dàzuò	대작
大人	dàren	대인, 성인
大众	dàzhòng	대중
大厅	dàtīng	대청, 홀
大虾	dàxiā	대하, 큰 새우
大豆	dàdòu	대두, 콩
大便	dàbiàn	대변, 똥

大笑	dàxiào	대소, 크게 웃다
大胆	dàdǎn	대담
大量	dàliàng	대량
大幅	dàfú	대폭
大臣	dàchén	대신
大使	dàshǐ	대사
大使馆	dàshǐguǎn	대사관
大理石	dàlǐshí	대리석
重大	zhòngdà	중대
巨大	jùdà	거대
庞大	pángdà	방대, 매우 크다
广大	guǎngdà	광대
扩大	kuòdà	확대
伟大	wěidà	위대
远大	yuǎndà	원대
强大	qiángdà	강대
盛大	shèngdà	성대
壮大	zhuàngdà	장대
宽大	zhuàngdà	관대, 넓고 크다
特大	tèdà	특대
肥大	féidà	비대
大同小异	dàtóngxiǎoyì	대동소이, 큰 차이가 없이 거의 같다
大公无私	dàgōngwúsī	대공무사, 공정하게 처리하여 사심이 없다
茫茫大海	mángmángdàhǎi	망망대해, 한 없이 큰 바다

중국어

大约	dàyuē	아마, 대략
大致	dàzhì	대략, 대체로

大方	dàfang	대범하다, 시원시원하다
大意	dàyi	부주의하다
大厦	dàshà	빌딩
大楼	dàlóu	빌딩
大街	dàjiē	큰길, 번화가
大爷	dàyé	어르신
大哥	dàgē	큰형, 형님
大象	dàxiàng	코끼리
大雨	dàyǔ	큰 비
大蒜	dàsuàn	마늘
大葱	dàcōng	대파
大麦	dàmài	보리
大号	dàhào	라지 사이즈
大写	dàxiě	대문자
大衣	dàyī	외투, 코트
大批	dàpī	대량의
大肆	dàsì	거리낌 없이, 함부로
大家	dàjiā	모두들
大伙儿	dàhuǒr	모두들
大不了	dàbuliǎo	기껏해야, (부정·반어의 의미로) 대단하다
不大	búdà	크지 않다, 그다지 ~ 않다
放大	fàngdà	확대하다
意大利	Yìdàlì	이태리, 이탈리아
大包大揽	dàbāodàlǎn	모든 일을 도맡아 하다
正大光明	zhèngdàguāngmíng	광명정대하다, 공명정대하다
粗心大意	cūxīndàyì	부주의하다, 세심하지 못하다

贪小失大	tānxiǎoshīdà	작은 것을 탐하다 큰 것을 잃다, 소탐대실
大夫	dàifu	의사

达	dá	도달하다

한국어

达成	dáchéng	달성
达人	dárén	달인
达观	dáguān	달관, 이치에 통달하다
到达	dàodá	도달
发达	fādá	발달
传达	chuándá	전달
下达	xiàdá	하달
通达	tōngdá	통달
畅达	chàngdá	창달, 막힘이 없다
四通八达	sìtōngbādá	사통팔달, 길이 사방으로 통하다

중국어

达到	dádào	달성하다, 도달하다, (추상적 목적에 쓰임)
抵达	dǐdá	도착하다
直达	zhídá	곧바로 도달하다, 직행하다
转达	zhuǎndá	전달하다
表达	biǎodá	표현하다, 나타내다
雷达	léidá	레이더

太 tài		크다

太阳	tàiyáng	태양
太阳系	tàiyángxì	태양계
太后	tàihòu	태후, 왕의 모친
太子	tàizǐ	태자
皇太子	huángtàizǐ	황태자
太平	tàipíng	태평
太古	tàigǔ	태고, 아주 오랜 옛날
太极拳	tàijíquán	태극권
天下太平	tiānxiàtàipíng	천하태평, 세상이 평안하다

太太	tàitai	부인, 아내
老太太	lǎotàitai	노부인
太空	tàikōng	우주
太空人	tàikōngrén	우주인
太空船	tàikōngchuán	우주선
太空站	tàikōngzhàn	우주 정거장
太阳镜	tàiyángjìng	선글라스
太阳能	tàiyángnéng	태양 에너지
太平间	tàipíngjiān	영안실
不太	bútài	별로, 그다지

态 tài		모습

态度	tàidu	태도

态势	tàishì	태세
形态	xíngtài	형태
状态	zhuàngtài	상태
事态	shìtài	사태
生态	shēngtài	생태
动态	dòngtài	동태, 움직임
静态	jìngtài	정태, 정지된 상태
姿态	zītài	자태
娇态	jiāotài	교태
变态	biàntài	변태
丑态	chǒutài	추태

神态	shéntài	표정
心态	xīntài	심리상태
表态	biǎotài	입장을 표명하다
世态炎凉	shìtàiyánliáng	돈과 권력에 따라 뜨거웠다 차가워지는 세태, 염량세태

汰 tài		걸러내다

淘汰	táotài	도태
自然淘汰	zìrántáotài	자연 도태

淘汰赛	táotàisài	토너먼트
优胜劣汰	yōushèngliètài	나은 것은 살아남고 못한 것은 도태된다, 적자생존, 우승열패

旦

• • •

기본글자는 **旦**이고, 병음은 dàn이라고 읽습니다. 땅에서 해가 솟아나는 모양을 형상화하여 '아침'을
뜻합니다.

🔲 기본

旦에 부수 扌(손, 행위)를 붙이면 어깨에 '짊어지다'는 뜻 및 짊어진 '짐'을 뜻하는 **担**이 됩니다.
부수 月(신체)를 붙이면 신체의 일부인 '쓸개' 및 그로부터 파생된 '담력'을 뜻하는 **胆**이 됩니다.
부수 亻(사람)을 붙이면 **但**이 되는데, 본래는 사람과 관련된 의미가 있었지만 현재는 단순히 '다만',
'그러나'라는 뜻의 문법적인 의미로만 사용됩니다.

🔲 변형

旦에 부수 土(땅)을 붙이면 땅이 '평평하다'는 뜻과 그로부터 파생된 '솔직하다'는 뜻인 **坦**이 됩니다.

🔲 참고

担, 胆은 번체로 擔(담), 膽(담)이라고 쓰는데, 본래는 旦과 상관없는 글자였지만 간체화되면서
연관이 생긴 경우입니다.

旦	dàn		아침

元旦	yuándàn	설날
一旦	yídàn	일단

担	dān		짊어지다, 짐

担保	dānbǎo	담보
担当	dāndāng	담당
担任	dānrèn	담임
分担	fēndān	분담
负担	fùdān	부담

担心	dānxīn	걱정하다
担忧	dānyōu	걱정하다, 근심하다
担负	dānfù	맡다
承担	chéngdān	맡다, 책임지다
担担面	dàndànmiàn	단단미엔, 국수의 일종

胆	dǎn		쓸개, 담력

胆囊	dǎnnáng	담낭, 쓸개
胆汁	dǎnzhī	담즙, 쓸개즙
胆石	dǎnshí	담석

大胆	dàdǎn	대담
肝胆	gāndǎn	간담
熊胆	xióngdǎn	웅담
卧薪尝胆	wòxīnchángdǎn	와신상담, 섶에 눕고 쓸개를 핥으며 참고 견디다

胆子	dǎnzi	담력
胆量	dǎnliàng	담력
胆怯	dǎnqiè	겁이 많다, 겁내다
胆小鬼	dǎnxiǎoguǐ	겁쟁이
海胆	hǎidǎn	성게

但	dàn		다만, 그러나

但书	dànshū	단서, 조건이나 예외를 나타내는 글
非但	fēidàn	비단 ~뿐만 아니라

但是	dànshì	그러나
不但	búdàn	~뿐만 아니라
但愿如此	dànyuànrúcǐ	그렇게 되기를 바란다

坦	tǎn	평평하다, 솔직하다

平坦	píngtǎn	평탄

坦白	tǎnbái	솔직하다
坦率	tǎnshuài	솔직하다
坦克	tǎnkè	탱크, 전차
巴基斯坦	Bājīsītǎn	파키스탄

弟

· · · ·

기본글자는 **弟**이고, 병음은 dì라고 읽습니다. 활(弓)에 화살(Y)을 끼워 가지고 노는 남자 '동생'이라는
뜻 및 그로부터 파생된 '제자'를 뜻하는 것으로 이해하면 쉽습니다.

📢기본

弟에 부수 辶(가다)를 붙이면 가서 '전달하다'는 뜻의 **递**가 됩니다.
부수 竹(대나무)를 붙이면 대나무를 순서대로 엮어 책을 만든 데서 유래하여 '순서', '차례'를 뜻하는
第가 됩니다. 이 때 弟의 머리 부분의 화살 깃 모양이 생략됨에 주의해야 합니다.

📢변형

弟에 부수 木(나무)를 붙이면 나무로 만든 '사다리', '계단'을 뜻하는 **梯**가 됩니다.
부수 刂(칼)을 붙이면 칼로 털을 '깎다'는 뜻의 **剃**가 됩니다.

📢확장

弟에 부수 氵(물)을 붙이면 '눈물', '콧물'을 뜻하는 **涕**가 되고, 병음은 tì라고 읽습니다.
예) 鼻涕 bítì 콧물

📢참고

递는 번체로 遞(체)라고 쓰는데, 본래는 弟와 상관없는 글자였지만, 간체화되면서 연관이 생긴
경우입니다.

弟 dì   남동생. 제자

弟子	dìzǐ	제자
子弟	zǐdì	자제, 아들과 조카 즉 집안의 젊은 남자들
兄弟	xiōngdi	형제
师弟	shīdì	사제
徒弟	túdì	도제, 제자
难兄难弟	nánxiōngnándì	난형난제

弟弟	dìdi	남동생
弟兄	dìxiong	형제, 남자에 대한 친근한 호칭
表弟	biǎodì	사촌 동생
兄弟姐妹	xiōngdìjiěmèi	형제자매

递 dì   전달하다, 점차

递增	dìzēng	체증
递减	dìjiǎn	체감
邮递	yóudì	우체, 우편으로 보내다

递交	dìjiāo	건네주다
投递	tóudì	배달하다
快递	kuàidì	택배
传递	chuándì	차례로 전달하다
邮递员	yóudìyuán	우편집배원

第 dì   차례

第一	dìyī	제일
第一次	dìyīcì	제1차
第三者	dìsānzhě	제삼자, 내연남, 내연녀
及第	jídì	급제
落第	luòdì	낙제
第三世界	dìsānshìjiè	제삼 세계
天下第一	tiānxiàdìyī	천하제일

第一名	dìyīmíng	일등, 넘버원
第三人	dìsānzhě	제삼자
第三方	dìsānfāng	제삼자
第一产业	dìyīchǎnyè	1차 산업
第二产业	dìèrchǎnyè	2차 산업
第三产业	dìsānchǎnyè	3차 산업
第四产业	dìsìchǎnyè	4차 산업

梯 tī   사다리, 계단

梯子	tīzi	사다리
楼梯	lóutī	계단
扶梯	fútī	난간이 있는 계단
电动扶梯	diàndòngfútī	에스컬레이터
自动扶梯	zìdòngfútī	에스컬레이터
电梯	diàntī	엘리베이터, 에스컬레이터

剃 tì 깎다

중국어

剃须	tìxū	면도하다
剃须刀	tìxūdāo	면도기
电动剃须刀	diàndòngtìxūdāo	전기면도기
剃须泡沫	tìxūpàomò	면도 거품
剃光头	tìguāngtóu	삭발하다

丁

• • •

기본글자는 丁이고, 병음은 dīng이라고 읽습니다. 농기구인 고무래를 형상화한 것으로 농기구를 사용하여 일하는 '성년 남자'라는 뜻을 가지고 있고, 10개의 천간 중 네 번째 글자이기도 합니다.

📢 기본

丁에 부수 钅(쇠)를 붙이면 쇠로 만든 '못'을 뜻하는 钉이 됩니다.

부수 目(눈, 보다)를 붙이면 눈으로 똑바로 쳐다보고 '주시하다'는 뜻의 盯이 됩니다.

부수 页(머리)를 붙이면 머리의 가장 윗부분인 '정수리' 및 그로부터 파생된 '꼭대기'를 뜻하는 顶이 됩니다.

부수 讠(말)을 붙이면 말을 '고치다'라는 뜻과 계약을 '체결하다', '예약하다'는 뜻의 订이 됩니다

📢 변형

丁에 부수 厂(집, 방)을 붙이면 '큰 방'이라는 뜻 및 그로부터 파생된 '관청'이라는 뜻의 厅이 됩니다.

부수 火(불)을 붙이면 불을 켜는 '등'을 뜻하는 灯이 됩니다.

📢 참고

厅, 灯은 번체로 廳(청), 燈(등)이라고 쓰는데, 본래는 丁과 상관없는 글자였지만, 간체가 만들어지면서 연관이 생긴 경우입니다.

丁	dīng	성년 남자

한국어

兵丁	bīngdīng	병정
壮丁	zhuàngdīng	장정, 젊은 남자
目不识丁	mùbùshídīng	목불식정. 丁자도 모른다, 낫 놓고 기역 자도 모른다

중국어

肉丁	ròudīng	네모나게 썬 고기
布丁	bùdīng	푸딩
拉丁	Lādīng	라틴
尼古丁	nígǔdīng	니코틴
宫保鸡丁	gōngbǎojīdīng	궁바오지딩, 닭고기 요리

钉	dīng	못

중국어

钉子	dīngzi	못
钉锤	dīngchuí	망치
按钉	àndīng	압정

盯	dīng	주시하다

중국어

盯视	dīngshì	주시하다
盯问	dīngwèn	주시하며 묻다

顶	dǐng	정수리, 꼭대기

한국어

顶点	dǐngdiǎn	정점
顶上	dǐngshàng	정상
山顶	shāndǐng	산정, 산꼭대기
登顶	dēngdǐng	등정, 정상에 오르다

중국어

顶端	dǐngduān	꼭대기
顶峰	dǐngfēng	산의 정상, 최고봉
顶级	dǐngjí	최고급
头顶	tóudǐng	정수리
屋顶	wūdǐng	옥상, 지붕
房顶	fángdǐng	옥상, 지붕
圆顶	yuándǐng	돔, 돔형

订	dìng	고치다, 체결하다, 예약하다

한국어

订正	dìngzhèng	정정
改订	gǎidìng	개정
校订	jiàodìng	교정, 책을 교정하다
修订	xiūdìng	수정, 책을 수정하다

중국어

订单	dìngdān	주문서
订购	dìnggòu	예약구매하다
订货	dìnghuò	주문한 물건

订金	dìngjīn		예약금
订票	dìngpiào		표를 예약하다
订立	dìnglì		체결하다
订婚	dìnghūn		약혼하다
预订	yùdìng		예약하다
签订	qiāndìng		체결하다

厅 tīng 큰 방, 관청

한국어

厅长	tīngzhǎng	청장
大厅	Dàtīng	대청

중국어

餐厅	cāntīng	식당
客厅	kètīng	객실
歌厅	gētīng	노래방, 가라오케
展厅	zhǎntīng	전시장
舞厅	wǔtīng	댄스홀
宴会厅	yànhuìtīng	연회장
咖啡厅	kāfēitīng	카페

灯 dēng 등

한국어

灯烛	dēngzhú	등촉, 등불과 촛불
灯笼	dēnglong	등롱, 초롱
灯油	dēngyóu	등유
灯火	dēnghuǒ	등화, 불빛
尾灯	wěidēng	미등
电灯	diàndēng	전등
信号灯	xìnhàodēng	신호등

중국어

灯台	dēngtái	스탠드
灯泡	dēngpào	전구
灯塔	dēngtǎ	등대
灯光	dēngguāng	불빛, 조명
路灯	lùdēng	가로등
前灯	qiándēng	전조등, 헤드라이트
红绿灯	hónglǜdēng	교통 신호등

豆

기본글자는 **豆**이고, 병음은 dòu라고 읽습니다. 발(丷)과 뚜껑(一)이 있는 그릇을 형상화한 것이고, 본래 별도로 식물인 콩을 뜻하는 글자로 菽가 있었으나, 지금은 豆로 합쳐지고 豆가 '콩'을 뜻하는 말이 되었습니다.

기본

부수 辶(가다)를 붙이면 가는 길에 잠시 '머무르다'는 뜻의 **逗**가 됩니다. 현재 逗는 오히려 '놀리다'는 뜻으로 더 많이 사용됩니다.
부수 疒(병)을 붙이면 질병의 일종인 '천연두', '여드름'이라는 뜻의 **痘**가 됩니다.

변형

豆에 부수 矢(화살)을 붙이면 **短**이 되고, '짧다'는 뜻입니다. 과거에는 길이를 잴 때 활과 화살을 이용하여 긴 것은 활, 짧은 것은 화살을 이용한 데서 유래하여 '짧다'는 뜻을 가지게 된 것입니다.

豆	dòu	콩

豆腐	dòufu	두부
绿豆	lǜdòu	녹두
大豆	dàdòu	대두
豌豆	wāndòu	완두
种豆得豆	zhòngdòudédòu	종두득두, 콩 심은 데 콩 난다

豆子	dòuzi	콩
豆酱	dòujiàng	된장
豆浆	dòujiāng	콩국
豆油	dòuyóu	콩기름
豆芽	dòuyá	콩나물
土豆	tǔdòu	감자
红豆	hóngdòu	팥
黑豆	hēidòu	검은콩
臭豆腐	chòudòufu	발효시킨 두부

逗	dòu	머무르다, 놀리다

逗留	dòuliú	체류하다
逗号	dòuhào	쉼표, 콤마
逗笑	dòuxiào	웃기다

痘	dòu	천연두, 여드름

水痘	shuǐdòu	수두

痘痘	dòudòu	여드름
青春痘	qīngchūndòu	여드름
痘苗	dòumiáo	천연두 백신

短	duǎn	짧다

短篇	duǎnpiān	단편
短期	duǎnqī	단기
短剑	duǎnjiàn	단검
短发	duǎnfà	단발, 단발머리
短命	duǎnmìng	단명
短波	duǎnbō	단파
短小	duǎnxiǎo	단소, 짧고 작다
长短	chángduǎn	장단, 길이

短信	duǎnxìn	문자 메시지
短促	duǎncù	시간이 매우 짧다
短袖	duǎnxiù	반소매
短裤	duǎnkù	반바지
短裙	duǎnqún	짧은 치마
短处	duǎnchu	단점
短片	duǎnpiàn	단편 영화
短跑	duǎnpǎo	단거리 경주
缩短	suōduǎn	단축하다
简短	jiǎnduǎn	간단하고 짧다, 간결하다

Part

F

| 反 | 方 | 非 | 分 | 冨 | 付 | 夫 | 専 | 甫 |

기본글자는 **反**이고, 병음은 fǎn이라고 읽습니다. 厂(언덕)과 又(손)이 결합된 것으로 언덕처럼 비스듬히 기울어진 모양을 손으로 '뒤집다', '반대하다'는 뜻입니다.

기본

反에 부수 辶(가다)를 붙이면 '돌아가다', '돌아오다'는 뜻의 **返**이 됩니다.

부수 饣(밥, 음식)을 붙이면 '밥'이라는 뜻의 **饭**이 됩니다.

부수 贝(돈, 재물)을 붙이면 돈을 받고 물건을 '팔다'는 뜻의 **贩**이 됩니다.

변형

反에 부수 木(나무)를 붙이면 나무로 만든 '판자'를 뜻하는 **板**이 됩니다.

부수 片(조각)을 붙이면 나무를 조각내 만든 '판자'를 뜻하는 **版**이 됩니다. 통상 版은 인쇄나 책에 사용되는 판을 뜻하고, 그 외 용도의 판자는 板이라고 이해하면 좋습니다.

참고

叛이라는 글자는 半과 反이 결합된 글자로서 '배반하다'는 뜻을 가지고 있습니다. 위 글자들과는 달리 뜻을 나타내는 부분이 反이고 음을 나타내는 부분이 半이며, 병음은 bàn에서 변형이 되어 pàn이라고 읽으므로, 半 부분에서 함께 익혀두는 것이 좋습니다.

反	fǎn	뒤집다, 반대하다

反对	fǎnduì	반대
反击	fǎnjī	반격
反复	fǎnfù	반복
反应	fǎnyìng	반응
反映	fǎnyìng	반영
反响	fǎnxiǎng	반향, 메아리
反动	fǎndòng	반동
反抗	fǎnkàng	반항
反射	fǎnshè	반사
反问	fǎnwèn	반문
反感	fǎngǎn	반감
反面	fǎnmiàn	반면, 이면
反驳	fǎnbó	반박
反省	fǎnxǐng	반성
反语	fǎnyǔ	반어, 아이러니
反证	fǎnzhèng	반증
反战	fǎnzhàn	반전, 전쟁을 반대하다
反转	fǎnzhuǎn	반전, 반대로 돌다
反弹	fǎntán	반탄, 튕기다, 반등하다
反比	fǎnbǐ	반비, 반비례
反比例	fǎnbǐlì	반비례
反作用	fǎnzuòyòng	반작용
相反	xiāngfǎn	상반
违反	wéifǎn	위반
谋反	móufǎn	모반, 반역을 꾀하다

反哺之恩	fǎnbǔzhī'ēn	반포지효, 자식이 커서 부모에게 효도하다
二律背反	èrlǜbèifǎn	이율배반, 서로 모순되어 양립할 수 없음

反而	fǎn'ér	오히려
反倒	fǎndào	오히려
反思	fǎnsī	반성
反正	fǎnzhèng	아무튼
反常	fǎncháng	이상하다, 비정상적이다
反馈	fǎnkuì	피드백, 되돌아오다
反之	fǎnzhī	이와 반대로
反攻	fǎngōng	역공하다
易如反掌	yìrúfǎnzhǎng	손바닥 뒤집는 것처럼 쉽다, 식은죽 먹기

返	fǎn	돌아오다

返还	fǎnhuán	반환
返老还童	fǎnlǎohuántóng	반로환동, 회춘하다
回光返照	huíguāngfǎnzhào	회광반조, 해가 지기 전 잠깐 밝아진다

返回	fǎnhuí	돌아가다
往返	wǎngfǎn	왕복하다

饭	fàn	밥

早饭	zǎofàn	조반, 아침밥

饭馆	fànguǎn	식당
饭店	fàndiàn	호텔
饭菜	fàncài	밥과 반찬, 일상적인 음식
饭碗	fànwǎn	밥그릇
铁饭碗	tiěfànwǎn	철밥통, 공무원
饭锅	fànguō	밥솥
电饭锅	diànfànguō	전기밥솥
饭盒	fànhé	도시락, 찬합
盒饭	héfàn	도시락, 밥
吃饭	chīfàn	밥을 먹다
午饭	wǔfàn	점심밥
晚饭	wǎnfàn	저녁밥
米饭	mǐfàn	밥, 쌀밥
炒饭	chǎofàn	볶음밥
拌饭	bànfàn	비빔밥
盖饭	gàifàn	덮밥
吃白饭	chībáifàn	백수, 무위도식

贩	fàn	팔다

贩卖	fànmài	판매

贩毒	fàndú	마약을 판매하다
贩假	fànjiǎ	가짜를 판매하다
贩黄	fànhuáng	음란물을 판매하다

板	bǎn	판자

板子	bǎnzi	판자
钢板	gāngbǎn	강판
铜板	tóngbǎn	동판
石板	shíbǎn	석판
黑板	hēibǎn	흑판, 칠판
画板	huàbǎn	화판
甲板	jiǎbǎn	갑판

地板	dìbǎn	바닥, 마루
老板	lǎobǎn	사장, 주인
菜板	càibǎn	도마
留言板	liúyánbǎn	인터넷 게시판
平板电脑	píngbǎn	태블릿 PC

版	bǎn	인쇄용 판

版权	bǎnquán	판권, 출판권
版图	bǎntú	판도, 영토 또는 영역
版画	bǎnhuà	판화

版本	bǎnběn	판본, 버전, 에디션
出版	chūbǎn	출판
出版社	chūbǎnshè	출판사
原版	yuánbǎn	원판
初版	chūbǎn	초판
再版	zàibǎn	재판
木版	mùbǎn	목판
铜版	tóngbǎn	동판

중국어

版税	bǎnshuì	인세
正版	zhèngbǎn	정식판, 정품
盗版	dàobǎn	해적판

方

...

기본글자는 **方**이고, 병음은 fāng이라고 읽습니다. 두 척의 배가 나란히 가는 모양을 형상화한 것입니다. 이를 도형으로 표현해 보면 사각형의 모양이 되는데 그로부터 '사각형'이라는 뜻과 배가 나아가는 '방향'이라는 뜻으로 사용됩니다.

🔹기본

方에 부수 阝(언덕)을 붙이면 언덕을 쌓아 물길을 '막다'는 뜻의 **防**이 됩니다.

부수 戶(집)을 붙이면 '집', '방'을 뜻하는 **房**이 됩니다.

부수 女(여자, 부정적인 의미)를 붙이면 여자가 일에 끼어들어 '방해하다'는 뜻의 **妨**이 됩니다.

부수 讠(말)을 붙이면 '찾아가 묻다'는 뜻의 **访**이 됩니다.

부수 纟(실)을 붙이면 실로 옷감을 '짜다'는 뜻의 **纺**이 됩니다.

부수 亻(사람)을 붙이면 사람이 다른 사람을 흉내 내어 '모방하다'는 뜻의 **仿**이 됩니다.

부수 攵(치다, 동작)을 붙이면 손으로 살짝 '놓다', '풀어주다'는 뜻의 **放**이 됩니다.

🔹변형

旁은 方이 부수이자 음을 나타내며 方(사각형)의 바깥쪽 부분 즉 '옆', '곁'을 뜻합니다. 旁에 부수 亻(사람)을 붙이면 사람의 '옆', '곁'을 뜻하는 **傍**이 됩니다. 旁과 傍은 모두 '옆', '곁'이라는 뜻을 가지고 있지만, 서로 글자도 다르고, 발음도 따른 글자인데, 우리는 글자를 만들 때 주로 傍을 쓰는 반면 중국은 대부분 旁을 쓰는데서 사용상의 차이가 있습니다.

方에 부수 月(신체)를 붙이면 신체를 구성하는 '지방'을 뜻하는 **肪**이 되고, 병음은 fáng이라고 읽습니다.

예) 脂肪 zhīfáng 지방

旁에 부수 木(나무)를 붙이면 사람들에게 알리는 글을 붙이기 위해 나무로 만든 '액자' 및 그로부터 파생된 액자에 내걸린 '게시물', '명단'을 뜻하는 **榜**이 되고, 병음은 bǎng이라고 읽습니다.

예) 榜样 bǎngyàng 모범, 본보기

旁에 부수 讠(말)을 붙이면 말로 남을 헐뜯고 '비방하다'는 뜻의 **谤**이 되고 병음은 bàng이라고 읽습니다.

예) 诽谤 fěibàng 비방하다

旁에 부수 月(신체)를 붙이면 **膀**이 되고, 병음에 따라 뜻이 달라집니다. 신체의 일부인 '어깨'를 뜻할 때는 bǎng이라고 읽습니다. 신체의 일부인 '방광'을 뜻할 때는 páng이라고 읽습니다.

예) 翅膀 chìbǎng 날개, 膀胱 pángguāng 방광

方	fāng	사각형, 방향, 방법

方向	fāngxiàng	방향
方法	fāngfǎ	방법
方式	fāngshì	방식
方案	fāng'àn	방안
方针	fāngzhēn	방침
方面	fāngmiàn	방면
方言	fāngyán	방언
方形	fāngxíng	방형, 사각형
方正	fāngzhèng	방정, 바르다
方圆	fāngyuán	방원, 사각형과 원형, 범위
药方	yàofāng	약방
处方	chǔfāng	처방
双方	shuāngfāng	쌍방
地方	dìfang	지방
各方	gèfāng	각방
四方	sìfāng	사방
东方	dōngfāng	동방
南方	nánfāng	남방
西方	xīfāng	서방
北方	běifāng	북방
前方	qiánfāng	전방
后方	hòufāng	후방
平方	píngfāng	평방, 제곱, 제곱미터
立方	lìfāng	입방, 세제곱, 세제곱미터
长方形	chángfāngxíng	장방형, 직사각형
正方形	zhèngfāngxíng	정방형, 정사각형

方便	fāngbiàn	편리하다
方便面	fāngbiànmiàn	인스턴트 라면
方程	fāngchéng	방정식
对方	duìfāng	상대편
大方	dàfang	시원시원하다
比方	bǐfang	비유하다, 예를 들다
官方	guānfāng	정부측
买方	mǎifāng	구매자측
卖方	màifāng	판매자측
平方米	píngfāngmǐ	평방미터, 제곱미터
立方米	lìfāngmǐ	입방미터, 세제곱미터
四面八方	sìmiànbāfāng	사방팔방
想方设法	xiǎngfāngshèfǎ	온갖 방법을 다 생각하다
千方百计	qiānfāngbǎijì	갖은 방법을 다 써 보다

防	fáng	막다, 지키다

防火	fánghuǒ	방화
防虫	fángchóng	방충
防毒	fángdú	방독
防腐	fángfǔ	방부
防疫	fángyì	방역
防尘	fángchén	방진, 먼지를 막다
防湿	fángshī	방습
防寒	fánghán	방한

防灾	fángzāi	방재
防水	fángshuǐ	방수
防弹	fángdàn	방탄
防御	fángyù	방어
防止	fángzhǐ	방지
防护	fánghù	방호
防备	fángbèi	방비
防卫	fángwèi	방위
预防	yùfáng	예방
国防	guófáng	국방
消防	xiāofáng	소방
攻防	gōngfáng	공방
堤防	dīfáng	제방, 둑
正当防卫	zhèngdàngfángwèi	정당방위

중국어

防守	fángshǒu	수비하다, 방어하다
防治	fángzhì	예방하고 치료하다
防盗	fángdào	방범, 도난방지
防线	fángxiàn	방어선

房	fáng	방, 집, 건물

한국어

厨房	chúfáng	주방
客房	kèfáng	객방, 객실
暖房	nuǎnfáng	난방
药房	yàofáng	약방, 약국
独守空房	dúshǒukōngfáng	독수공방
客房	kèfáng	객방, 객실

중국어

房子	fángzi	집, 주택
房屋	fángwū	집, 주택
房间	fángjiān	방
房产	fángchǎn	건물
房卡	fángkǎ	카드키
房租	fángzū	집세, 임대료
房价	fángjià	집값
房东	fángdōng	집주인
房客	fángkè	세입자
房奴	fángnú	하우스 푸어
房地产	fángdìchǎn	부동산
书房	shūfáng	서재
病房	bìngfáng	병실
牢房	láofáng	감방
健身房	jiànshēnfáng	헬스클럽
客房服务	kèfángfúwù	룸서비스

妨	fáng	방해하다

한국어

妨害	fánghài	방해, 해가 되다
无妨	wúfáng	무방, 괜찮다

중국어

妨碍	fáng'ài	지장을 주다, 방해하다
不妨	bùfáng	괜찮다, 무방하다
妨害公务罪	fánghàigōngwùzuì	공무 방해죄, 공무 집행 방해죄

访	fǎng		의견을 구하다, 조사하다

한국어

访问	fǎngwèn	방문
探访	tànfǎng	탐방
来访	láifǎng	내방
寻访	xúnfǎng	심방, 방문하여 찾아보다
巡访	xúnfǎng	순방, 차례로 방문하다

중국어

访客	fǎngkè	방문객
采访	cǎifǎng	인터뷰하다
拜访	bàifǎng	예방하다, 예를 갖추어 방문하다
回访	huífǎng	답방하다

纺	fǎng		옷감을 짜다

한국어

纺织	fǎngzhī	방직
混纺	hùnfǎng	혼방, 둘 이상의 섬유로 방직하다

중국어

纺织品	fǎngzhīpǐn	방직물, 방직 제품
纺织娘	fǎngzhīniáng	베짱이

仿	fǎng		본뜨다

한국어

模仿	mófǎng	모방

중국어

仿佛	fǎngfú	마치 ~인 것 같다

放	fàng		(자유롭게) 놓아주다, (학교나 직장이) 파하다, 방송하다

한국어

放射	fàngshè	방사
放出	fàngchū	방출
放火	fànghuǒ	방화
放映	fàngyìng	방영
放牧	fàngmù	방목
放置	fàngzhì	방치
放纵	fàngzòng	방종
放荡	fàngdàng	방탕
放任	fàngrèn	방임
开放	kāifàng	개방
解放	jiěfàng	해방
释放	shìfàng	석방
豪放	háofàng	호방

중국어

放心	fàngxīn	안심하다
放松	fàngsōng	늦추다, 풀다
放弃	fàngqì	포기하다
放大	fàngdà	확대하다

放炮	fàngpào	대포를 발사하다
放手	fàngshǒu	손을 놓다
放屁	fàngpì	방귀를 뀌다
放学	fàngxué	수업을 마치다, 하교하다
放贷	fàngdài	대출해 주다
放假	fàngjià	방학하다
放暑假	fàngshǔjià	여름 방학하다
放寒假	fànghánjià	겨울 방학하다
播放	bōfàng	방송하다
排放	páifàng	배출하다
发放	fāfàng	내보내다, 방출하다
存放	cúnfàng	맡기다, 보관하다
解放军	jiěfàngjūn	해방군, 중국 인민 해방군

旁 / 傍　páng / báng　옆, 곁

중국어

旁听	pángtīng	방청
旁观	pángguān	방관
旁边	pángbiān	옆
旁系	pángxì	방계
旁证	pángzhèng	방증, 간접 증거
旁白	pángbái	방백, 내레이션
袖手旁观	xiùshǒupángguān	수수방관, 팔짱을 끼고 곁에서 바라만 보다
旁若无人	pángruòwúrén	방약무인, 옆에 사람이 없는 듯 행동하다, 거만하다
傍晚	bàngwǎn	저녁 무렵

기본글자는 **非**이고, 병음은 fēi라고 읽습니다. 본래 새의 날개를 형상화한 것이나 지금은 그와 연관된 뜻은 없고, '아니다'는 뜻으로 사용됩니다.

🗨 **변형**

非에 부수 心(마음)을 붙이면 마음이 '슬프다'는 뜻의 **悲**가 됩니다.
부수 車(차)를 붙이면 **輩**가 되는데, 본래는 군대에서 전차 부대의 단위를 의미하던 것으로 차를 타고 몰려다니는 '무리'라는 뜻으로 이해하면 더 쉽습니다. 어떤 연령대의 무리, 즉 '세대'라는 뜻으로도 사용됩니다.
부수 扌(손)을 붙이면 손으로 '밀다'는 뜻 및 그로부터 파생된 '줄을 서다'는 뜻의 **排**가 됩니다. 앞사람의 등에 손을 대고 밀면서 줄을 서는 모습을 상상하면 쉽습니다.

🗨 **확장**

非에 부수 口(입)을 붙이면 **啡**가 되는데, 영어 'coffee'를 음역하기 위해 만들어 낸 글자이고 병음은 fēi라고 읽습니다.
예) 咖啡 kāfēi 커피
非에 부수 讠(말)을 붙이면 남을 말로 '헐뜯다'는 뜻의 **诽**가 되고, 병음은 fěi라고 읽습니다.
예) 诽谤 fěibàng 비방
부수 彳(걷다, 가다)를 붙이면 걸으면서 '배회하다'는 뜻의 **徘**가 되고 병음은 pái라고 읽습니다.
예) 徘徊 páihuái 배회

非	fēi	아니다

非常	fēicháng	비상, 매우
非凡	fēifán	비범
非但	fēidàn	비단, ~할 뿐만 아니라
非卖品	fēimàipǐn	비매품
是非	shìfēi	시비
是是非非	shìshìfēifēi	시시비비
是非曲直	shìfēiqūzhí	시비곡직
似是而非	sìshì'érfēi	사시이비, 겉은 그럴 듯하나 속은 그렇지 않다

非法	fēifǎ	불법
非洲	Fēizhōu	아프리카
并非	bìngfēi	결코 ~가 아니다
无非	wúfēi	단지 ~일 뿐이다
除非	chúfēi	오직 ~해야 하고
南非	Nánfēi	남아프리카 공화국
似梦非梦	sìmèngfēimèng	비몽사몽
似笑非笑	sìxiàofēixiào	웃는 듯 마는 듯

悲	bēi	슬프다

悲惨	bēicǎn	비참
悲观	bēiguān	비관
悲痛	bēitòng	비통
悲剧	bēijù	비극
悲哀	bēi'āi	비애
悲歌	bēigē	비가
悲愤	bēifèn	비분, 슬프고 분하다
悲壮	bēizhuàng	비장, 슬프면서도 씩씩하다
悲鸣	bēimíng	비명, 슬피 울다
悲感	bēigǎn	비감
悲叹	bēitàn	비탄, 슬픈 탄식
慈悲	cíbēi	자비

悲伤	bēishāng	몹시 슬퍼하다
悲喜	bēixǐ	희비
悲喜交加	bēixǐjiāojiā	희비가 교차하다

辈	bèi	무리, 세대

先辈	xiānbèi	선배
后辈	hòubèi	후배, 후대

长辈	zhǎngbèi	웃어른
前辈	qiánbèi	선배
晚辈	wǎnbèi	후배
同辈	tóngbèi	동년배
一辈子	yíbèizi	한평생
下辈子	xiàbèizi	다음 세상, 내세

排	pái		밀다, 줄서다, 줄

排球	páiqiú	배구
排除	páichú	배제
排斥	páichì	배척
排列	páiliè	배열
排水	páishuǐ	배수
排出	páichū	배출
排泄	páixiè	배설
排尿	páiniào	배뇨
排气	páiqì	배기
安排	ānpái	안배, 일을 처리하다

排队	páiduì	줄서다
排放	páifàng	배출하다
排练	páiliàn	리허설을 하다
排骨	páigǔ	갈비
排名	páimíng	순위를 매기다
排行榜	páihángbǎng	순위, 랭킹
牛排	niúpái	스테이크
猪排	zhūpái	돼지갈비
鸡排	jīpái	닭갈비, 치킨스테이크

分

기본글자는 **分**이고, 병음은 fēn 또는 fèn이라고 읽으며, 성조에 따라 뜻이 달라집니다. 칼(刀)로 여러(八) 조각을 내어 '나누다'는 뜻일 때는 fēn이라고 읽습니다. 사람 사이에 등급을 내어 나뉜 '신분'을 뜻할 때는 fèn이라고 읽습니다.

기본

分에 부수 纟(실)을 붙이면 실이 엉클어져 '어지럽다'는 뜻의 **纷**이 됩니다.
부수 米(쌀, 곡식)을 붙이면 쌀가루를 포함하여 모든 '가루'를 뜻하는 **粉**이 됩니다.
부수 亻(사람)을 붙이면 사람이나 사물의 전체 중의 '일부분'이라는 뜻의 **份**이 됩니다.

변형

分에 부수 皿(그릇)을 붙이면 움푹한 모양의 '그릇', '화분'을 뜻하는 **盆**이 됩니다.
부수 贝(돈, 재물)을 붙이면 재물을 나누고 또 나누고 나니 가진 것이 없어 '가난하다'는 뜻의 **贫**이 됩니다.
부수 扌(손)을 붙이면 손으로 얼굴을 '꾸미다', '분장하다'는 뜻의 **扮**이 됩니다.

확장

分에 부수 气(기운)을 붙이면 '기분', '분위기'라는 뜻의 **氛**이 되고, 병음은 fēn이라고 읽습니다.
예) 气氛 qìfēn 기분, 분위기

分	fēn / fèn		나누다 / 신분

分散	fēnsàn	분산
分裂	fēnliè	분열
分解	fēnjiě	분해
分化	fēnhuà	분화
分离	fēnlí	분리
分立	fēnlì	분립
分割	fēngē	분할
分班	fēnbān	분반
分歧	fēnqí	분기, 갈라지다
分类	fēnlèi	분류
分担	fēndān	분담
分明	fēnmíng	분명
分析	fēnxī	분석
分布	fēnbù	분포
分配	fēnpèi	분배
分别	fēnbié	분별, 이별하다, 각각
分娩	fēnmiǎn	분만
分秒	fēnmiǎo	분초
分数	fēnshù	분수
分母	fēnmǔ	분모
分子	fēnzǐ	분자
分泌	fēnmì	분비
分店	fēndiàn	분점
部分	bùfen	부분
大部分	dàbùfen	대부분
区分	qūfēn	구분
均分	jūnfēn	균분
等分	děngfēn	등분
十分	shífēn	십분, 매우
积分	jīfēn	적분, 포인트를 적립하다
四分五裂	sìfēnwǔliè	사분오열, 갈기갈기 찢어지다
分量	fènliàng	분량
成分	chéngfèn	성분
本分	běnfèn	본분
名分	míngfèn	명분
职分	zhífèn	직분
缘分	yuánfèn	연분, 인연
充分	chōngfèn	충분
过分	guòfèn	과분
养分	yǎngfèn	양분
处分	chǔfèn	처분
水分	shuǐfèn	수분

分钟	fēnzhōng	분
分手	fēnshǒu	헤어지다
分红	fēnhóng	이익을 분배하다
分辩	fēnbiàn	변명하다
分辨	fēnbiàn	분별하다
分期	fēnqī	기간을 나누다
公分	gōngfēn	센티미터
划分	huàfēn	구획하다
万分	wànfēn	대단히
满分	mǎnfēn	만점
百分之	bǎifēnzhī	백분의, 퍼센트
知识分子	zhīshifènzǐ	지식인, 인텔리
恐怖分子	kǒngbùfènzǐ	테러리스트

纷 fēn — 어지럽다

한국어

纷纷	fēnfēn	분분, 어지럽게 날리다
纷争	fēnzhēng	분쟁
纷乱	fēnluàn	분란

중국어

纷杂	fēnzá	번잡하다
纠纷	jiūfēn	분규, 분쟁
议论纷纷	yìlùnfēnfēn	의견이 분분하다

粉 fěn — 가루

한국어

粉碎	fěnsuì	분쇄
粉末	fěnmò	분말
粉笔	fěnbǐ	분필
粉饰	fěnshì	분식, 꾸미다
粉尘	fěnchén	분진, 먼지
粉红色	fěnhóngsè	분홍색
制粉	zhìfěn	제분, 가루를 내다
淀粉	diànfěn	전분, 녹말

중국어

粉色	fěnsè	분홍색, 연분홍색
粉丝	fěnsī	당면, 스타의 팬
奶粉	nǎifěn	분유
面粉	miànfěn	밀가루
粉身碎骨	fěnshēnsuìgǔ	분골쇄신

份 fèn — 일부분, 몫, 세트

중국어

份额	fèn'é	몫
份子钱	fènziqián	부조금
成份	chéngfèn	성분, 출신
身份	shēnfen	신분
身份证	shēnfènzhèng	신분증
股份	gǔfèn	주식, 주권
备份	bèifèn	백업하다
月份	yuèfèn	월, 월달
一份	yífèn	1회분, 1세트, 1부

盆 pén — 그릇, 화분

한국어

盆地	péndì	분지
盆栽	pénzāi	분재
花盆	huāpén	화분
覆盆子	fùpénzǐ	복분자

중국어

盆子	pénzi	대야, 양푼
水盆	shuǐpén	대야
骨盆	gǔpén	골반
洗脸盆	xǐliǎnpén	세숫대야, 세면대

贫	pín		가난하다

贫富	pínfù	빈부
贫困	pínkùn	빈곤
贫弱	pínruò	빈약
贫民	pínmín	빈민
贫民窟	pínmínkū	빈민굴
贫农	pínnóng	빈농
贫寒	pínhán	빈한, 가난하다
贫穷	pínqióng	빈궁
贫贱	pínjiàn	빈천, 가난하고 천하다
贫血	pínxuè	빈혈
清贫	qīngpín	청빈, 가난하다
安贫乐道	ānpínlèdào	안빈낙도, 가난에 구애받지 않고 도를 즐기다
贫贱之交	pínjiànzhījiāo	빈천지교, 가난하고 힘들 때 사귄 벗

贫乏	pínfá	가난하다
贫苦	pínkǔ	가난하여 고생스럽다
贫富差距	pínfùchājù	빈부격차

扮	bàn		꾸미다

扮装	bànzhuāng	분장, 코스튬 플레이

扮演	bànyǎn	~역으로 출연하다
打扮	dǎban	단장하다, 치장하다, 차림새
装扮	zhuāngbàn	꾸미다

畐

• • •

기본글자는 **畐**이고, 병음은 fú라고 읽습니다. 사람의 배가 가득 차 있는 모양을 형상화한 것이며, 단독으로는 쓰이지 않습니다.

畐에 부수 宀(집)을 붙이면 집 안이 재물로 가득 차 '부유하다'는 뜻의 **富**가 됩니다.
부수 示(보이다, 귀신)를 붙이면 하늘에 제사를 지내면 '복'이 온다는 뜻의 **福**가 됩니다.
부수 巾(수건, 천)을 붙이면 옷감의 '폭', '너비'를 뜻하는 **幅**가 됩니다.
부수 刂(칼)을 붙이면 짐승의 배를 갈라 반으로 나눈 것 중 '둘째'라는 뜻 및 그로부터 파생된 '부수적'이라는 뜻의 **副**가 됩니다.

富	fù		부유하다

한국어

富裕	fùyù	부유, 재물이 넉넉하다
富贵	fùguì	부귀
富强	fùqiáng	부강
富国	fùguó	부국
富农	fùnóng	부농
富豪	fùháo	부호
丰富	fēngfù	풍부
致富	zhìfù	치부, 부자가 되다
财富	cáifù	재부
巨富	jùfù	거부
贫富	pínfù	빈부
富国强兵	fùguóqiángbīng	부국강병, 나라를 부유하게 하고 군대를 강하게 하다
富贵在天	fùguìzàitiān	부귀재천, 부귀를 누리는 일은 하늘의 뜻이다

중국어

富有	fùyǒu	충분히 가지다
富人	fùrén	부자
富二代	fù'èrdài	부잣집 자녀, 재벌 2세
暴富	bàofù	벼락부자
高富帅	gāofùshuài	키크고 돈 많고 잘생긴 남자
白富美	báifùměi	하얗고 돈 많고 예쁜 여자
贫富差距	pínfùchājù	빈부격차
丰富多彩	fēngfùduōcǎi	풍부하고 다채롭다

百万富翁	bǎiwànfùwēng	백만장자

福	fú		복

한국어

福利	fúlì	복리, 복지
福将	fújiàng	복장, 운이 좋은 사람
幸福	xìngfú	행복
祝福	zhùfú	축복
转祸为福	zhuǎnhuòwéifú	전화위복, 화가 변하여 복이 되다

중국어

福气	fúqi	복
福建省	fújiànshěng	푸젠성
享福	xiǎngfú	행복을 누리다
全家福	quánjiāfú	가족사진, 중국 요리 이름 전가복
家乐福	jiālèfú	까르푸

幅	fú		폭, 너비

한국어

大幅	dàfú	대폭, 폭이 넓다
振幅	zhènfú	진폭, 진동하는 폭
步幅	bùfú	보폭
画幅	huàfú	화폭, 그림, 그림의 크기

幅度	fúdù	폭, 너비
横幅	héngfú	가로로 쓴 서화, 현수막
增幅	zēngfú	증가폭
升幅	shēngfú	상승폭
涨幅	zhǎngfú	상승폭
降幅	jiàngfú	낙폭, 하락폭
不修边幅	bùxiūbiānfú	겉치장에 신경쓰지 않는다

副	fù	둘째, 부수적인

한국어

副本	fùběn	부본, 원본과 동일한 내용의 문서
副食	fùshí	부식, 부식물, 주식에 곁들인 음식
副题	fùtí	부제
副业	fùyè	부업
副词	fùcí	부사
副教授	fùjiàoshòu	부교수
副产物	fùchǎnwù	부산물
副作用	fùzuòyòng	부작용

중국어

副职	fùzhí	보좌직, 정직 아래의 직위
副产品	fùchǎnpǐn	부산물
名副其实	míngfùqíshí	이름이 실제와 부합하다, 명실상부
名不副实	míngbúfùshí	이름이 실제와 부합하지 않다, 유명무실

付
· · ·

기본글자는 **付**이고, 병음은 fù라고 읽습니다. 사람(亻)이 손(寸)에 든 물건을 '주다'는 뜻입니다.

기본

付에 부수 竹(대나무)를 붙이면 대나무로 만든 '표식', '부호'를 뜻하는 **符**가 됩니다.

부수 阝(언덕)을 붙이면 흙으로 언덕을 쌓듯 다른 것 위에 '붙이다'는 뜻의 **附**가 됩니다.

부수 口(입, 말하다)를 붙이면 말로 '분부하다'는 뜻의 **咐**가 됩니다.

부수 广(집)을 붙이면 공적인 집 즉 '관공서'를 뜻하는 **府**가 됩니다.

府에 부수 肉(고기)를 붙이면 고기가 '썩다', '부패하다'는 뜻의 **腐**가 됩니다.

付 fù　　주다

付托	fùtuō	부탁
交付	jiāofù	교부
发付	fāfù	발부
给付	jǐfù	급부

중국어

付出	fùchū	내다, 지불하다
付款	fùkuǎn	돈을 지불하다
支付	zhīfù	지급하다
预付	yùfù	미리 지급하다, 선불
现付	xiànfù	현금으로 지급하다
应付	yìngfù	대처하다, 대응하다
对付	duìfu	처리하다
拒付	jùfù	지급을 거절하다

符 fú　　부호, 일치하다

한국어

符合	fúhé	부합
符号	fúhào	부호

중국어

音符	yīnfú	음표
相符	xiāngfú	서로 부합하다
字符	zìfú	문자와 부호

府 fǔ　　관공서

한국어

政府	zhèngfǔ	정부

중국어

市政府	shìzhèngfǔ	시정부, 시청
人民政府	rénmínzhèngfǔ	인민정부, 각급 국가 행정기관

腐 fǔ　　썩다, 부패하다

한국어

腐败	fǔbài	부패
腐蚀	fǔshí	부식
豆腐	dòufu	두부
防腐	fángfǔ	방부
防腐剂	fángfǔjì	방부제
陈腐	chénfǔ	진부

중국어

腐烂	fǔlàn	썩다, 부패하다
腐朽	fǔxiǔ	썩다, 부패하다
反腐	fǎnfǔ	반부패, 부패에 맞서다
臭豆腐	chòudòufu	발효시킨 두부
吃豆腐	chīdòufu	희롱하다

附   fù   붙이다, 따르다

한국어

附近	fùjìn	부근
附属	fùshǔ	부속
附加	fùjiā	부가
附加文件	fùjiāwénjiàn	첨부 파일
附带	fùdài	부대, 덧붙이다
附着	fùzhuó	부착
附和	fùhè	부화, 남을 따르다
附言	fùyán	부언, 추신
附随	fùsuí	부수, 주된 것에 붙어 따르다
附设	fùshè	부설, 부속하여 설치함
附则	fùzé	부칙
附录	fùlù	부록, 본문 끝에 덧붙이는 글
附图	fùtú	부도
牵强附会	qiānqiǎngfùhuì	견강부회, 이치에 맞지 않는 말을 억지로 꿰어 맞추다

중국어

附件	fùjiàn	부품, 부속서류, 첨부파일
随声附和	suíshēngfùhè	남이 말하는 대로 따라 말하다, 부화뇌동

咐   fù   분부하다

한국어

吩咐	fēnfù	분부, 명령, 지시

중국어

嘱咐	zhǔfù	분부하다, 당부하다

夫

기본글자는 **夫**이고, 병음은 fū라고 읽습니다. 사람(大)의 머리에 상투를 틀고 긴(一) 비녀를 꽂은 사람을 본뜬 것으로 '성인 남자' 및 그로부터 파생된 '남편'을 뜻합니다.

기본

夫에 부수 月(신체)를 붙이면 살을 덮고 있는 '피부'를 뜻하는 **肤**가 됩니다.
부수 扌(손)을 붙이면 손으로 '부축하다', '돕다'는 뜻의 **扶**가 됩니다.

변형

夫에 부수 见(보다)를 붙이면 훌륭한 성인 남자의 식견을 '법', '규칙'으로 삼는다는 뜻의 **规**가 됩니다.

夫	fū		성인 남자, 남편

한국어

夫妇	fūfù	부부
夫人	fūrén	부인
农夫	nóngfū	농부
马夫	mǎfū	마부
渔夫	yúfū	어부
匹夫	pǐfū	필부, 평범한 사람
夫唱妇随	fūchàngfùsuí	부창부수, 부부가 서로 화목하다

중국어

夫妻	fūqī	부부
丈夫	zhàngfu	남편
大夫	dàifu	의사
功夫	gōngfu	시간, 재주, 쿵푸
下功夫	xiàgōngfū	공을 들이다
工夫	gōngfu	시간
未婚夫	wèihūnfū	약혼자, 약혼남

肤	fū		피부

한국어

皮肤	pífū	피부
皮肤病	pífūbìng	피부병
皮肤科	pífūkē	피부과
干性皮肤	gānxìngpífū	건성피부

중국어

肤色	fūsè	피부색

肌肤	jīfū	피부
润肤霜	rùnfūshuāng	수분크림
润肤露	rùnfūlù	바디로션
皮肤护理	pífūhùlǐ	피부 관리
油性皮肤	yóuxìngpífū	지성피부

扶	fú		부축하다, 돕다

한국어

扶养	fúyǎng	부양
扶助	fúzhù	부조

중국어

扶手	fúshou	난간, 손잡이
扶梯	fútī	난간이 있는 계단
电动扶梯	diàndòngfútī	에스컬레이터
自动扶梯	zìdòngfútī	에스컬레이터
搀扶	chānfú	부축하다

规	guī		법, 규칙

한국어

规定	guīdìng	규정
规律	guīlǜ	규율
规则	guīzé	규칙
不规则	bùguīzé	불규칙
规范	guīfàn	규범
规约	guīyuē	규약
规模	guīmó	규모

规格	guīgé	규격
规制	guīzhì	규제
法规	fǎguī	법규
常规	chángguī	상규, 통상의 규칙
正规	zhèngguī	정규
会规	huìguī	회규, 회칙

중국어

规矩	guīju	규율, 법칙, 품행이 바르다
规章	guīzhāng	규정, 규장, 중국 법령 종류 중 하나
规划	guīhuà	계획, 종합적이고 장기적인 계획
校规	xiàoguī	교칙
圆规	yuánguī	컴퍼스
违规	wéiguī	규정을 위반하다
潜规则	qiánguīzé	암묵적인 규칙, 관행

기본글자는 尃이고, 병음은 fū라고 읽습니다. 단독으로는 쓰이지 않습니다.

기본

尃에 부수 糹 (실)을 붙이면 끈으로 '묶다', '포박하다'는 뜻의 **縛**가 됩니다.

변형

尃에 부수 十(열, 많다)를 붙이면 '많다', '폭넓다'는 뜻의 **博**가 됩니다.

부수 扌(손, 행위)를 붙이면 '치다', '두드리다'는 뜻의 **搏**가 됩니다.

부수 艹(풀, 꽃)을 붙이면 꽃잎처럼 '얇다', '적다'는 뜻의 **薄**가 됩니다. 薄는 bó 또는 baó로 읽고 둘

다 얇다는 뜻이 있으나 합성어를 이룰 때에는 일반적으로 bó라고 읽습니다.

缚	fù		묶다

束缚	shùfù	속박

作茧自缚	zuòjiǎnzìfù	누에가 고치를 만들어 스스로를 묶다, 자승자박

博	bó		많다, 폭넓다

博士	bóshì	박사
博爱	bó'ài	박애
博学	bóxué	박학
博识	bóshí	박식
博物馆	bówùguǎn	박물관
博览会	bólǎnhuì	박람회
赌博	dǔbó	도박
博学多识	bóxuéduōshí	박학다식

博客	bókè	블로그
微博	wēibó	웨이보, 마이크로 블로그
博大精深	bódàjīngshēn	사상 · 학식이 넓고 심오하다

搏	bó		후려치다

搏动	bódòng	박동
搏杀	bóshā	박살
脉搏	màibó	맥박
心搏	xīnbó	심박
心搏数	xīnbóshù	심박수
肉搏战	ròubózhàn	육박전

搏斗	bódòu	격렬히 싸우다
拼搏	pīnbó	전력을 다해 싸우다

薄	bó / baó		얇다, 적다 / 얇다

薄弱	bóruò	박약
薄利	bólì	박리
薄膜	bómó	박막
薄荷	bòhé	박하
轻薄	qīngbó	경박
浅薄	qiǎnbó	천박
刻薄	kèbó	각박
如履薄冰	rúlǔbóbīng	여리박빙, 살얼음판을 걷는 것 같다

淡薄	dànbó	옅다, 싱겁다
薄利多销	bólìduōxiāo	박리다매
红颜薄命	hóngyánbómìng	미인박명

甫

· · ·

기본글자는 **甫**이고, 병음은 fǔ라고 읽습니다. 단독으로는 거의 쓰이지 않습니다.

기본

甫에 부수 車(차)를 붙이면 수레의 바퀴에 나무를 덧대 힘을 받도록 '돕다'는 뜻의 **輔**가 됩니다.

변형

甫에 부수 扌(손)을 붙이면 손으로 꼭 '붙잡다'는 뜻의 **捕**가 됩니다.

부수 口(입)을 붙이면 새끼의 입 안에 먹이를 '먹이다'는 뜻의 **哺**가 됩니다.

부수 钅(쇠, 돈)을 붙이면 **铺**가 되는데, 성조에 따라 뜻이 달라집니다. 본래 시장에서 좌판을 벌이기 위해 쇠로 만들어 깔고 앉던 좌대를 의미하던 것으로부터 '깔다'는 뜻으로 사용되고 이때는 pū라고 읽습니다. 좌대는 나중에 '가게', '점포'라는 뜻으로 확장되었고 이때는 pù라고 읽습니다.

확장

甫에 艹(풀, 꽃)을 붙이면 알맹이(甫)들로 동그랗게 둘러싸인(勹) 모양을 한 과일, 즉 '포도'를 뜻하는 **葡**가 되고, 병음은 pú라고 읽습니다.

예) 葡萄 pútáo 포도

辅	fǔ		돕다

辅助	fǔzhù	보조
辅佐	fǔzuǒ	보좌

辅导	fǔdǎo	과외
相辅相成	xiāngfǔxiāngchéng	서로 도와 일을 완성하다, 상부상조

捕	bǔ		붙잡다

捕获	bǔhuò	포획
捕捉	bǔzhuō	포착, 잡다
捕鲸	bǔjīng	포경
捕食	bǔshí	포식, 잡아먹다
逮捕	dàibǔ	체포
追捕	zhuībǔ	추포

捕捞	bǔlāo	물고기를 잡다, 어획

哺	bǔ		먹이다

哺乳	bǔrǔ	포유, 젖을 먹이다
哺乳类	bǔrǔlèi	포유류
哺乳动物	bǔrǔdòngwù	포유동물

反哺之恩	fánbǔzhīēn	자식이 커서 부모에게 효도하다, 반포지효

铺	pū / pù		깔다 / 점포

铺设	pūshè	포설, 길을 닦다
店铺	diànpù	점포

铺垫	pūdiàn	깔다
铺路	pūlù	도로를 깔다, 길을 닦다
商铺	shāngpù	상점
床铺	chuángpù	침대
卧铺	wòpù	침대칸

Part

G

干｜冈｜高｜各｜艮｜工｜
公｜勾｜古｜夬｜果｜

干

· · ·

기본글자는 **干**이고, 병음은 gān 또는 gàn이라고 읽으며, 성조에 따라 뜻이 달라집니다. 본래 방패처럼 사용되던 쇠스랑 모양의 무기를 형상화한 것으로 '방패'라는 뜻과 방패를 들고 '막다'는 뜻으로 사용되는데 이때는 gān이라고 읽습니다. 번체 乾(건)은 '마르다', '건조하다'는 뜻인데 이를 간체화하여 干이라고 하고 역시 gān이라고 읽습니다. 한편 번체 幹(간)은 나무의 '줄기' 및 나무의 줄기처럼 중요한 '재능'이라는 뜻이 있고, 그로부터 재능을 가지고 '일을 하다'는 뜻인데 이때는 gàn이라고 읽습니다. 중국에서는 기존의 방패라는 뜻의 干에 幹과 乾의 뜻까지 모두 간체 干으로 통합하여 사용하는데 특징이 있습니다.

🔲 기본

干에 부수 月(신체)를 붙이면 신체의 일부인 '간'을 뜻하는 **肝**이 됩니다.
부수 竹(대나무)를 붙이면 대나무로 만든 '장대'를 뜻하는 **竿**이 됩니다.
부수 走(달리다)를 붙이면 서둘러 '뒤쫓다'는 뜻의 **赶**이 됩니다.

110

干에 부수 氵(물)을 붙이면 '땀'을 뜻하는 **汗**이 됩니다.

부수 刂(칼)을 붙이면 칼로 '새기다'는 뜻 및 그로부터 파생된 인쇄물을 '간행하다'는 뜻의 **刊**이 됩니다.

부수 女(여자, 부정적인 의미)를 붙이면 여자의 성격이 '간사하다', '교활하다'는 뜻의 **奸**이 됩니다. 번체 **姦**(간)은 복수의 여자들을 상대로 '간음하다'는 의미의 별개의 글자인데, 중국에서는 이를 奸에 포함시켜 같이 사용하는데 특징이 있습니다.

🔲확장

干에 부수 木(나무)를 붙이면 나무로 만든 '막대기'를 뜻하는 **杆**이 되고, 병음은 gǎn이라고 읽습니다.

예) 自拍杆 zìpāigǎn 셀카봉

부수 罒(그물)을 붙이면 그물처럼 구멍이 뚫려 그 안에 남은 것이 '드물다'는 뜻의 **罕**이 되고, 병음은 hǎn이라고 읽습니다.

예) 罕见 hǎnjiàn 보기 드물다

부수 日(해)를 붙이면 해가 쨍쨍 내려 쬐고 땅의 물기가 말라 '가물다'는 뜻의 **旱**이 되고, 병음은 hàn이라고 읽습니다.

예) 干旱 gānhàn 가뭄

干	gān / gàn	방패, 막다, 마르다/ 줄기, 재능, 일을 하다

한국어

干涉	gānshè	간섭
若干	ruògān	약간
干燥	gānzào	건조
干草	gāncǎo	건초
干果	gānguǒ	건과
干杯	gānbēi	건배
干部	gànbù	간부
干线	gànxiàn	간선
骨干	gǔgàn	골간, 핵심
才干	cáigàn	재간

중국어

干扰	gānrǎo	방해하다
干预	gānyù	간여하다, 관여하다
干净	gānjìng	깨끗하다
干脆	gāncuì	명쾌하다, 차라리
干旱	gānhàn	가뭄
干洗	gānxǐ	드라이클리닝
饼干	bǐnggān	과자
干活	gànhuó	일을 하다
干劲	gànjìn	의욕
能干	nénggàn	유능하다

肝	gān	간

한국어

肝胆	gāndǎn	간담

肝肠	gāncháng	간장, 간과 창자
肝脏	gānzàng	간장, 간
肝癌	gān'ái	간암
肝炎	gānyán	간염
肝硬化	gānyìnghuà	간경화
脂肪肝	zhīfánggān	지방간
肝胆相照	gāndǎnxiāngzhào	간담상조, 서로 마음을 터놓고 진심으로 사귀다
肝脑涂地	gānnǎotúdì	간뇌도지, 목숨을 아끼지 않고 충성을 다하다

중국어

猪肝	zhūgān	돼지간
牛肝	niúgān	소간
乙肝	yǐgān	B형 간염

竿	gān	장대

한국어

竹竿	zhúgān	죽간, 대나무 장대

중국어

鱼竿	yúgān	낚싯대
钓竿	diàogān	낚싯대

赶	gǎn	뒤쫓다

중국어

赶快	gǎnkuài	빨리, 급히
赶紧	gǎnjǐn	서두르다

赶上	gǎnshàng	따라잡다
赶不上	gǎnbúshàng	따라잡지 못하다
追赶	zhuīgǎn	뒤쫓다, 따라잡다

汗	hàn	땀

发汗	fāhàn	발한, 땀을 빼다
多汗症	duōhànzhèng	다한증
汗马之劳	hànmǎzhīláo	한마지로, 전장에서의 노고와 공적

汗水	hànshuǐ	땀
大汗	dàhàn	비지땀
血汗	xuèhàn	피땀
冷汗	lěnghàn	식은땀
出汗	chūhàn	땀이 나다

刊	kān	새기다, 간행하다

刊行	kānxíng	간행
创刊	chuàngkān	창간
发刊	fākān	발간
新刊	xīnkān	신간
休刊	xiūkān	휴간
复刊	fùkān	복간
日刊	rìkān	일간

周刊	zhōukān	주간
月刊	yuèkān	월간
季刊	jìkān	계간

刊登	kāndēng	게재하다, 글을 싣다
刊物	kānwù	간행물
报刊	bàokān	간행물
期刊	qīkān	정기간행물

奸	jiān	간사하다, 간음하다

奸邪	jiānxié	간사
奸恶	jiān'è	간악
奸计	jiānjì	간계
奸凶	jiānxiōng	간흉, 간사하고 흉악하다
奸臣	jiānchén	간신
奸淫	jiānyín	간음
强奸	qiángjiān	강간
强奸罪	qiángjiānzuì	강간죄

奸商	jiānshāng	악덕 상인
通奸	tōngjiān	간통

• • •

기본글자는 冈이고, 병음은 gāng이라고 읽습니다. 번체 岡(강)을 간체화한 것으로 단독으로는 거의 쓰이지 않습니다.

기본

冈에 부수 钅(쇠)를 붙이면 쇠로 만든 '강철'을 뜻하는 **钢**이 됩니다.
부수 刂(칼)을 붙이면 칼처럼 '단단하다', '굳세다'는 뜻의 **刚**이 됩니다.
부수 纟(실)을 붙이면 그물의 중심이 되는 벼리(중심줄)를 가리키는 말로 '중심'을 뜻하는 **纲**이 됩니다.
부수 山(산)을 붙이면 작은 '언덕'을 뜻하는 **岗**이 되는데, 언덕처럼 둥그런 모양의 '초소' 및 그로부터 파생된 '직장'이라는 뜻으로도 사용됩니다.

구분

网은 冈과 비슷하게 생겼으나 전혀 연관성이 없습니다. 번체 網(망)을 간체화한 것으로 글자의 모양에서 바로 연상되듯이 '그물'이라는 뜻입니다.
예) 网球 wǎngqiú 테니스
区도 冈과 비슷하게 생겼으나 전혀 연관성이 없습니다. 번체 區(구)를 간체화한 것으로 물건(品)을 정리하고 덮어두어(匚) 다른 물건과 '구분하다'는 뜻으로 사용됩니다.
예) 区别 qūbié 구별

钢 gāng 강철

한국어

钢铁	gāngtiě	강철
钢板	gāngbǎn	강판
钢管	gāngguǎn	강관
钢材	gāngcái	강재

중국어

钢笔	gāngbǐ	만년필
钢琴	gāngqín	피아노
弹钢琴	tángāngqín	피아노를 치다
钢筋	gāngjīn	철근

刚 gāng 단단하다

한국어

刚健	gāngjiàn	강건
刚直	gāngzhí	강직
刚性	gāngxìng	강성, 단단한 성질
金刚石	jīngāngshí	금강석
外柔内刚	wàiróunèigāng	외유내강, 겉으로는 부드럽지만 속은 굳세다

중국어

刚刚	gānggāng	지금 막
刚才	gāngcái	지금 막
以柔克刚	yǐróukègāng	부드러움으로 단단함을 이기다

纲 gāng 중심

한국어

纲领	gānglǐng	강령
政纲	zhènggāng	정강, 정치강령
大纲	dàgāng	대강
三纲五常	sāngāngwǔcháng	삼강오상, (오상은 인의예지신을 의미함)

중국어

纲要	gāngyào	요강
提纲	tígāng	제요, 요강

岗 gǎng 언덕, 직장

한국어

花岗岩	huāgāngyán	화강암

중국어

岗位	gǎngwèi	직장
上岗	shànggǎng	취직하다
下岗	xiàgǎng	실직하다
下岗职工	xiàgǎngzhígōng	해고자

기본글자는 **高**이고, 병음은 gāo라고 읽습니다. 높게 층층이 지어진 성의 모습을 형상화한 것으로 '높다'는 뜻으로 사용됩니다.

기본

高에 부수 月(신체)를 붙이면 신체를 구성하는 '지방'의 뜻 및 지방 덩어리 모양의 '연고'를 뜻하는 **膏**가 됩니다.

부수 扌(손)을 붙이면 손을 사용하여 어떤 행위나 조치를 '하다'는 뜻의 **搞**가 됩니다.

부수 禾(벼)를 붙이면 **稿**가 되는데, 본래는 벼의 줄기를 의미하였으나 볏짚이 쌓인 모습으로부터 문학 작품의 원고를 모아둔 모습을 빗대어 '원고'의 뜻으로 사용됩니다.

변형

高에 부수 毛(털)을 붙이면 高의 모양이 변형된 **毫**가 되는데, 털 중에서도 가늘고 길게(高) 난 '털'이라는 뜻으로 사용됩니다.

부수 豕(돼지)를 붙이면 高의 모양이 변형된 **豪**가 되는데, 본래는 긴 털이 난 야생의 멧돼지를 의미하는 말이었다가 멧돼지가 가진 영물의 이미지를 빗대어 '재능이 뛰어난 사람' 및 '호탕하다'는 뜻으로 사용됩니다.

부수 攵(치다)를 붙이면 '치다', '두드리다'는 뜻의 **敲**가 됩니다.

高 gāo 높다

한국어

高低	gāodī	고저
高级	gāojí	고급
高价	gāojià	고가
高额	gāo'é	고액
高空	gāokōng	고공
高速	gāosù	고속
高温	gāowēn	고온
高音	gāoyīn	고음
高声	gāoshēng	고성
高压	gāoyā	고압
高血压	gāoxuèyā	고혈압
高烧	gāoshāo	고열
高层	gāocéng	고층
高地	gāodì	고지
高山	gāoshān	고산
高度	gāodù	고도
高原	gāoyuán	고원
高峰	gāofēng	고봉
高等	gāoděng	고등
高贵	gāoguì	고귀
高明	gāomíng	고명
高尚	gāoshàng	고상
高潮	gāocháo	고조
高洁	gāojié	고결
高手	gāoshǒu	고수
最高	zuìgāo	최고
崇高	chónggāo	숭고
提高	tígāo	제고, 향상시키다

중국어

高兴	gāoxìng	기쁘다
高超	gāochāo	뛰어나다
高档	gāodàng	고급
高端	gāoduān	고급
高涨	gāozhǎng	급상승하다
高考	gāokǎo	대입시험
高中	gāozhōng	고등학교
高铁	gāotiě	고속철
身高	shēngāo	키, 신장
女高音	nǔgāoyīn	소프라노
男高音	nángāoyīn	테너
高速公路	gāosùgōnglù	고속도로
兴高采烈	xìnggāocǎiliè	매우 기쁘다

膏 gāo 연고

한국어

膏药	gāoyao	고약
软膏	ruǎngāo	연고
石膏	shígāo	석고
石膏像	shígāoxiàng	석고상

중국어

牙膏	yágāo	치약
唇膏	chúngāo	립스틱
药膏	yàogāo	연고
橡皮膏	xiàngpígāo	반창고
睫毛膏	jiémáogāo	마스카라

搞	gǎo		하다

중국어

搞好	gǎohǎo	잘 해내다
搞笑	gǎoxiào	웃기다
搞活	gǎohuó	활성화하다
乱搞	luàngǎo	제멋대로 하다

稿	gǎo		원고

한국어

原稿	yuángǎo	원고
草稿	cǎogǎo	초고
脱稿	tuōgǎo	탈고
投稿	tóugǎo	투고
遗稿	yígǎo	유고

중국어

稿件	gǎojiàn	출판용 작품
稿纸	gǎozhǐ	원고지
稿酬	gǎofèi	원고료, 고료
手稿	shǒugǎo	친필 원고

毫	háo		털

한국어

秋毫	qiūháo	추호, 매우 작은 것

중국어

毫无	háowú	조금도 ~가 없다

毫不	háobù	조금도 ~하지 않다
毫米	háomǐ	밀리미터
毫克	háokè	밀리그램
毫升	háoshēng	밀리리터
丝毫	sīháo	조금도, 추호도

豪	háo		재능이 뛰어난 사람, 호탕하다

한국어

豪华	háohuá	호화
超豪华	chāoháohuá	초호화
豪奢	háoshē	호사
豪杰	háojié	호걸
豪放	háofàng	호방
豪气	háoqì	호기, 씩씩한 기개
豪雨	háoyǔ	호우
富豪	fùháo	부호
土豪	tǔháo	토호, 졸부
英雄豪杰	yīngxióngháojié	영웅호걸

중국어

豪迈	háomài	인품이 훌륭하고 호탕하다
豪华间	háohuájiān	호텔 디럭스룸
自豪	zìháo	스스로 자랑스럽게 여기다
豪言壮语	háoyánzhuàngyǔ	호언장담, 호기롭고 자신 있게 말하다

敲 qiāo   두드리다

推敲	tuīqiāo	퇴고

敲打	qiāodǎ	두드리다, 치다
敲门	qiāomén	문을 두드리다, 노크하다
敲诈	qiāozhà	갈취하다, 공갈쳐서 빼앗다

各

기본글자는 **各**이고, 병음은 gè라고 읽습니다. 사람의 말(口)이 서로 다르다는 의미에서 '각각'이라는 뜻으로 사용됩니다.

■ 기본

各에 부수 木(나무)를 붙이면 나무로 만든 네모난 틀인 '격자' 및 그로부터 파생된 '격식'을 뜻하는 **格**가 됩니다.
부수 门(문)을 붙이면 큰 문이 있는 대형 '건물', '누각'을 뜻하는 **阁**가 됩니다.

■ 변형

各에 부수 宀(집)을 붙이면 집으로 찾아온 '손님'을 뜻하는 **客**가 됩니다.

■ 확장

各에 부수 月(신체)를 붙이면 신체의 일부인 '팔'을 뜻하는 **胳**가 되고, 병음은 gē라고 읽습니다.
예) 胳膊 gēbo 팔
阁에 부수 扌(손)을 붙이면 손으로 어떤 물건을 '놓아두다'는 의미의 **搁**가 되고, 병음은 gē라고 읽습니다.
예) 搁置 gēzhì 놓다, 내버려 두다

各 gè 각각

한국어

各各	gègè	각각
各自	gèzì	각자
各地	gèdì	각지
各界	gèjiè	각계
各国	gèguó	각국
各处	gèchù	각처
各种	gèzhǒng	각종
各样	gèyàng	각양
各色	gèsè	각색
各方	gèfāng	각방
各级	gèjí	각급
各项	gèxiàng	각항

중국어

各位	gèwèi	여러분
各别	gèbié	각기 다르다
各行各业	gèhánggèyè	각종 직업
各种各样	gèzhǒnggèyàng	여러 종류
各色各样	gèsègèyàng	각양각색
各不相同	gèbùxiāngtóng	각기 다르다
各抒己见	gèshūjǐjiàn	각자 자기의 의견을 발표하다
各奔前程	gèbènqiánchéng	각기 제 갈 길을 가다

格 gé 격자, 격식

한국어

格子	gézi	격자, 네모
格式	géshì	격식
格调	gédiào	격조
格言	géyán	격언
格斗	gédòu	격투
价格	jiàgé	가격
规格	guīgé	규격
资格	zīgé	자격
人格	réngé	인격
性格	xìnggé	성격
风格	fēnggé	풍격, 스타일
品格	pǐngé	품격
合格	hégé	합격
不合格	bùhégé	불합격
严格	yángé	엄격
体格	tǐgé	체격
骨格	gǔgé	골격

중국어

格局	géjú	짜임새, 패턴
格外	géwài	각별히
空格	kònggé	공란, 빈칸
表格	biǎogé	표, 서식
及格	jígé	합격하다
不及格	bùjígé	불합격하다
格格不入	gégébúrù	서로 맞지 않다

阁	gé		누각

楼阁	lóugé	누각
内阁	nèigé	내각
入阁	rùgé	입각
组阁	zǔgé	조각
空中楼阁	kōngzhōnglóugé	공중누각, 사상누각

客	kè		손님

한국어

客观	kèguān	객관
客体	kètǐ	객체
客车	kèchē	객차
顾客	gùkè	고객
乘客	chéngkè	승객
旅客	lǚkè	여객, 여행객
主客	zhǔkè	주객
接客	jiēkè	접객
侠客	xiákè	협객
客栈	kèzhàn	객잔, 숙박시설

중국어

客人	kèrén	손님
客户	kèhù	고객, 바이어
客服	kèfú	고객 서비스
客厅	kètīng	거실
客气	kèqi	예의를 차리다
客运站	kèyùnzhàn	터미널
请客	qǐngkè	한턱내다
游客	yóukè	관광객
黑客	hēikè	해커
好客	hàokè	손님을 환대하다
不客气	búkèqi	천만에요
别客气	biékèqi	사양하지 마세요

기본글자는 **艮**이고, 병음은 gèn이라고 읽습니다. 단독으로는 거의 쓰이지 않습니다.

기본

艮에 부수 木(나무)를 붙이면 나무의 '뿌리'를 뜻하는 **根**이 됩니다.

부수 足(발)을 붙이면 발의 '뒤꿈치'라는 뜻 및 그로부터 파생된 '뒤따르다'라는 뜻의 **跟**이 됩니다.

변형

艮에 부수 疒(병)을 붙이면 '상처', '흔적'을 뜻하는 **痕**이 됩니다.

부수 犭(개, 짐승)을 붙이면 짐승처럼 '독하다', '모질다'라는 뜻의 **狠**이 됩니다.

부수 彳(걷다, 가다)를 붙이면 **很**이 되는데, 현재는 어원에서 벗어나 '매우'라는 강조의 의미로만 사용되고 있습니다.

부수 忄(마음)을 붙이면 마음으로 '원망하다'는 뜻의 **恨**이 됩니다.

부수 心(마음)을 아래에 붙이면 마음으로 '간절하다'는 뜻의 **恳**이 됩니다.

부수 阝(언덕)을 붙이면 주위를 둘러싼 언덕으로 구역의 경계가 구분되는 데서 유래된 '한계', '제한'을 뜻하는 **限**이 됩니다.

부수 目(눈)을 붙이면 역시 '눈'을 뜻하는 **眼**이 됩니다.

부수 钅(쇠, 금속)를 붙이면 금속의 일종인 '은'을 뜻하는 **银**이 됩니다.

참고

艮에 又를 붙이면 艰이 되고, '어렵다', '힘들다'는 뜻입니다. 병음은 jiān이라고 읽습니다. 여기서 艮은 음을 나타내면서 그 자체가 부수이기도 하므로 위 글자들과는 조합 방식이 다릅니다.

艰은 본래 번체로 艱이라고 쓰던 것을 줄인 것이고, 이처럼 又를 사용하여 간단히 줄인 글자들로는 汉(漢) hàn, 难(難) nán, 滩(灘) tān, 叹(嘆) tàn이 있습니다.

根 gēn 뿌리, 근본

한국어

根本	gēnběn	근본
根源	gēnyuán	근원
根据	gēnjù	근거
根据地	gēnjùdì	근거지
根底	gēndǐ	근저, 기초
根绝	gēnjué	근절
祸根	huògēn	화근
葛根	gégēn	갈근, 칡뿌리
落叶归根	yèluòguīgēn	낙엽귀근, 잎이 떨어져 뿌리로 돌아가다

중국어

培根	péigēn	베이컨
根深蒂固	gēnshēndìgù	뿌리가 깊고 가지가 견고하여 흔들리지 않는다
归根到底	guīgēndàodǐ	결국 근본으로 돌아가다
斩草除根	zhǎncǎochúgēn	풀을 베고 뿌리를 뽑다, 화근을 철저히 없애다

跟 gēn 발뒤꿈치

중국어

跟随	gēnsuí	뒤따르다
跟踪	gēnzōng	바짝 뒤를 따르다
跟帖	gēntiě	댓글
跟前	gēnqián	곁, 근처

脚跟	jiǎogēn	발뒤꿈치
高跟鞋	gāogēnxié	하이힐

痕 hén 상처, 흔적

한국어

痕迹	hénjì	흔적
伤痕	shānghén	상흔
血痕	xiěhén	혈흔
弹痕	dànhén	탄흔, 탄알 자국

중국어

疤痕	bāhén	흉터
泪痕	lèihén	눈물자국

狠 hěn 모질다

중국어

狠心	hěnxīn	모질다, 모진 마음
狠毒	hěndú	악독하다
凶狠	xiōnghěn	흉악하다

恨 hèn 원망하다, 한스럽다

한국어

悔恨	huǐhèn	회한
怨恨	yuànhèn	원한
痛恨	tònghèn	통한

恨不得	hènbude	～하지 못해 한스럽다
仇恨	chóuhèn	원한
愤恨	fènhèn	분노하고 원망하다

恳	kěn	간절하다

恳切	kěnqiè	간절
恳求	kěnqiú	간구
恳请	kěnqǐng	간청
恳谈	kěntán	간담, 진지하게 대화하다
恳谈会	kěntánhuì	간담회

诚恳	chéngkěn	태도가 진실하고 진지하다

限	xiàn	한계, 제한

限度	xiàndù	한도
限定	xiàndìng	한정
上限	shàngxiàn	상한
下限	xiàxiàn	하한
无限	wúxiàn	무한
有限	yǒuxiàn	유한
期限	qīxiàn	기한
年限	niánxiàn	연한

时限	shíxiàn	시한
极限	jíxiàn	극한
局限	júxiàn	국한
权限	quánxiàn	권한

限制	xiànzhì	제한하다
限额	xiàn'é	한도액
限期	xiànqī	기일을 정하다
限量	xiànliàng	수량을 한정하다
界限	jièxiàn	경계, 한도

眼	yǎn	눈

眼镜	yǎnjìng	안경
眼科	yǎnkē	안과
眼球	yǎnqiú	안구
眼药	yǎnyào	안약
眼压	yǎnyā	안압
眼力	yǎnlì	안력, 시력
眼前	yǎnqián	안전, 눈앞
肉眼	ròuyǎn	육안, 맨눈
裸眼	luǒyǎn	나안

眼睛	yǎnjing	눈
眼泪	yǎnlèi	눈물
眼皮	yǎnpí	눈꺼풀
双眼皮	shuāngyǎnpí	쌍꺼풀
眼神	yǎnshén	눈빛
眼色	yǎnsè	눈짓, 윙크

眼光	yǎnguāng	통찰력, 안목
眼下	yǎnxià	현재
眼镜蛇	yǎnjìngshé	코브라
心眼儿	xīnyǎnr	마음씨, 지혜
白眼	báiyǎn	흰자위, 경멸하다
闭眼	bìyǎn	눈을 감다
眨眼	zhǎyǎn	눈을 깜박이다
耀眼	yàoyǎn	눈부시다
瞎眼	xiāyǎn	눈이 멀다
针眼	zhēnyǎn	바늘귀
隐形眼镜	yǐnxíngyǎnjìng	콘택트렌즈

银 yín   은

한국어

银行	yínháng	은행
银色	yínsè	은색
银矿	yínkuàng	은광
银幕	yínmù	은막
银发	yínfà	은발
银河	yínhé	은하
银河系	yínhéxì	은하계
银杏	yínxìng	은행, 은행나무
水银	shuǐyín	수은

중국어

银牌	yínpái	은메달
银行卡	yínhángkǎ	현금 카드
银联卡	yínliánkǎ	중국은행연합회가 발행한 카드
收银台	shōuyíntái	계산대

工

• • •

기본글자는 **工**이고, 병음은 gōng이라고 읽습니다. 기술자들이 사용하던 굽은 자 모양의 공구를 형상화한 것으로 '작업' 또는 작업을 하는 '장인'을 뜻합니다.

기본

工에 부수 力(힘)를 붙이면 열심히 일해서 얻은 '공로', '성과'를 뜻하는 **功**이 됩니다.
부수 攵(치다)를 붙이면 무기를 들고 '치다', '공격하다'는 뜻의 **攻**이 됩니다.
부수 贝(돈, 재물)을 붙이면 재물을 '바치다'는 뜻의 **贡**이 됩니다.

변형

工에 부수 虫(벌레)를 붙이면 '무지개'를 뜻하는 **虹**이 됩니다. 虫은 벌레라는 뜻 이외에 뱀의 형상을 가리키기도 하였는데, 무지개를 용의 다른 모습이라고 상상하면서 용을 표현하기 위해 虫을 사용한 것입니다.
부수 纟(실)을 붙이면 여러 가지 색깔의 띠(纟)가 겹친 모양의 무지개(虹) 중 가장 바깥쪽의 색깔인 '붉은색'을 뜻하는 **红**이 됩니다.

부수 穴(구멍)을 붙이면 **空**이 되고 성조에 따라 뜻이 달라집니다. 구멍이 뚫린 듯 텅 '비었다'는 뜻 및 그로부터 파생된 '하늘'을 뜻할 때는 kōng이라고 읽습니다. 비어 있는 '공간'을 뜻할 때는 kòng이라고 읽습니다.

空에 부수 扌(손)을 붙이면 손으로 잡아당겨 '제어하다', '통제하다'는 뜻의 **控**이 됩니다.

巩에 부수 心(마음)을 붙이면 몸이 딱딱하게 굳을(巩) 정도로 마음이 '무섭다', '두렵다'는 뜻의 **恐**이 됩니다.

工에 부수 缶(그릇)을 붙이면 '항아리' 모양의 그릇을 뜻하는 **缸**이 됩니다.

부수 氵(물)을 붙이면 '강'을 뜻하는 **江**이 됩니다.

🔖 **확장**

工에 부수 月(신체)를 붙이면 신체의 일부인 '항문'을 뜻하는 **肛**이 되고 병음은 gāng이라고 읽습니다.
예) 肛门 gāngmén 항문

부수 木(나무)를 붙이면 나무로 만든 굵은 '막대기'를 뜻하는 **杠**이 되고, 병음은 gàng이라고 읽습니다.
예) 杠杆 gànggǎn 지렛대

工과 凡을 결합하면 **巩**이 되는데, 巩은 번체 鞏을 간체화한 것으로 부수인 革의 영향을 받아 질긴 가죽(革)처럼 '딱딱하다', '굳다'는 뜻으로 사용되고, 병음은 gǒng이라고 읽습니다.
예) 巩固 gǒnggù 공고, 튼튼하다

工	gōng	작업, 장인

한국어

工作	gōngzuò	공작, 작업, 직업
工业	gōngyè	공업
轻工业	qīnggōngyè	경공업
重工业	zhònggōngyè	중공업
工具	gōngjù	공구, 도구
工程	gōngchéng	공정, 공사, 프로젝트
工种	gōngzhǒng	공종
工艺	gōngyì	공예
工艺品	gōngyìpǐn	공예품
施工	shīgōng	시공
完工	wángōng	완공
加工	jiāgōng	가공
人工	réngōng	인공
手工	shǒugōng	수공
石工	shígōng	석공
陶工	táogōng	도공
木工	mùgōng	목공
化工	huàgōng	화공, 화학 공업
土工	tǔgōng	토공, 토목 공사
女工	nǚgōng	여공

중국어

工厂	gōngchǎng	공장
工人	gōngrén	노동자, 육체 노동자
工资	gōngzī	월급
工会	gōnghuì	노동조합
工夫	gōngfu	시간, 여가

工程师	gōngchéngshī	엔지니어
工具书	gōngjùshū	참고서
员工	yuángōng	종업원
职工	zhígōng	종업원
罢工	bàgōng	파업하다
怠工	dàigōng	태업하다
打工	dǎgōng	아르바이트하다
分工	fēngōng	분업하다
民工	míngōng	농민공, 농촌 출신 도시 노동자
工商银行	GōngshāngYínháng	공상은행

功	gōng	공로, 성과

한국어

功能	gōngnéng	공능
功力	gōnglì	공력
功劳	gōngláo	공로
功德	gōngdé	공덕
功绩	gōngjì	공적
功臣	gōngchén	공신
功勋	gōngxūn	공훈
功过	gōngguò	공과, 공적과 과오
成功	chénggōng	성공
气功	qìgōng	기공
内功	nèigōng	내공
武功	wǔgōng	무공
论功行赏	lùngōngxíngshǎng	논공행상, 공로를 따져 상을 주다

功效	gōngxiào	효과, 효능
功夫	gōngfu	무술, 솜씨
功课	gōngkè	학업, 과목, 과제
用功	yònggōng	노력하다
急功近利	jígōngjìnlì	성공에 급급하고 눈앞의 이익을 탐하다

攻	gōng	공격하다

攻击	gōngjī	공격
攻势	gōngshì	공세
攻防	gōngfáng	공방
攻守	gōngshǒu	공수
进攻	jìngōng	진공
火攻	huǒgōng	화공
夹攻	jiāgōng	협공
远交近攻	yuǎnjiāojìngōng	원교근공, 먼나라와 친교를 맺고 가까운 나라를 공격하다

攻读	gōngdú	공부하다
攻克	gōngkè	공격하여 승리하다, 점령하다
围攻	wéigōng	포위 공격하다
反攻	fǎngōng	역공하다, 반격하다

贡	gòng	바치다

贡献	gòngxiàn	공헌
贡献度	gòngxiàndù	공헌도, 기여도
朝贡	cháogòng	조공

贡品	gòngpǐn	공물, 진상품

虹	hóng	무지개

虹膜	hóngmó	홍채
虹桥	hóngqiáo	무지개다리
彩虹	cǎihóng	무지개

红	hóng	붉다

红色	hóngsè	빨간색
红茶	hóngchá	홍차
红参	hóngshēn	홍삼
红潮	hóngcháo	홍조
红楼梦	hónglóumèng	홍루몽, 중국 고전 소설
粉红色	fěnhóngsè	분홍색
鲜红色	xiānhóng	선홍색

红包	hóngbāo	세뱃돈, 보너스
红酒	hóngjiǔ	와인
红豆	hóngdòu	팥
红牌	hóngpái	레드카드
红绿灯	hónglǜdēng	교통 신호등
红卫兵	hóngwèibīng	홍위병, 문화 대혁명 시기 학생 조직
红十字会	Hóngshízìhuì	적십자사
口红	kǒuhóng	립스틱
分红	fēnhóng	이익을 분배하다
西红柿	xīhóngshì	토마토

空	kōng / kòng	비다, 하늘 / 공간

한국어

空气	kōngqì	공기
空中	kōngzhōng	공중
空间	kōngjiān	공간
空虚	kōngxū	공허
空想	kōngxiǎng	공상
空军	kōngjūn	공군
空袭	kōngxí	공습
空洞	kōngdòng	공동, 텅 비다, 내용이 없다
空心菜	kōngxīncài	공심채, 속이 빈 채소
航空	hángkōng	항공
高空	gāokōng	고공
上空	shàngkōng	상공

防空	fángkōng	방공
真空	zhēnkōng	진공
空前绝后	kōngqiánjuéhòu	공전절후, 이전에도 없고 앞으로도 없다, 전무후무
空中楼阁	kōngzhōnglóugé	공중누각, 공중에 지은 누각, 아무런 근거나 토대가 없다, 사상누각
独守空房	dúshǒukōngfáng	독수공방, 홀로 빈방을 지키다
赤手空拳	chìshǒukōngquán	적수공권, 아무 것도 가진 게 없다
空白	kòngbái	공백
空隙	kòngxì	공극, 틈, 간극, 간격

空调	kōngtiáo	에어컨
空姐	kōngjiě	스튜어디스
空房	kōngfáng	빈방
空话	kōnghuà	빈말
天空	tiānkōng	하늘
太空	tàikōng	우주
太空人	tàikōngrén	우주인, 우주 비행사
空格	kònggé	공란, 빈칸
空闲	kòngxián	여가, 틈
抽空	chōukòng	시간을 내다
填空	tiánkòng	빈칸을 채우다

控 kòng　　제어하다

控制	kòngzhì	통제하다, 제어하다
控告	kònggào	고소하다, 고발하다
控股	kònggǔ	회사를 지배하다
控股公司	kònggǔgōngsī	지주 회사
失控	shīkòng	통제력을 잃다
遥控	yáokòng	원격 조종하다
遥控器	yáokòngqì	리모컨

恐 kǒng　　두려워하다

한국어

恐怖	kǒngbù	공포
恐慌	kǒnghuāng	공황
恐龙	kǒnglóng	공룡

중국어

恐怕	kǒngpà	아마도 ~할 것이다
恐吓	kǒnghè	협박하다
恐惧	kǒngjù	겁먹다
恐高症	kǒnggāozhèng	고소 공포증
恐怖片	kǒngbùpiàn	공포 영화
恐怖电影	kǒngbùdiànyǐng	공포 영화
恐怖行动	kǒngbùxíngdòng	테러
惊恐症	jīngkǒngzhèng	공황 장애

缸 gāng　　항아리

한국어

鱼缸	yúgāng	어항

중국어

浴缸	yùgāng	욕조
酒缸	jiǔgāng	술독
烟缸	yāngāng	재떨이
烟灰缸	yānhuīgāng	재떨이

江 jiāng　　강

한국어

江湖	jiānghú	강호
江山	jiāngshān	강산
江南	Jiāngnán	강남, 창장 이남 지방
渡江	dùjiāng	도강, 강을 건너다

중국어

长江	Chángjiāng	창장, 장강
江苏省	Jiāngsūshěng	장쑤성
江西省	Jiāngxīshěng	장시성
浙江省	Zhèjiāngshěng	저장성
黑龙江省	Hēilóngjiāngshěng	헤이룽장성

기본글자는 **公**이고, 병음은 gōng이라고 읽습니다. 서로 등을 지고 선 모양으로 반대라는 의미인 八과 사사롭다(私)는 의미인 厶가 결합된 글자로서 사사롭지 않은 즉 '공평하다', '공정하다'는 뜻으로 사용됩니다.

변형

公에 부수 木(나무)를 붙이면 '소나무'의 뜻 및 그로부터 파생된 '느슨하다', '여유롭다'는 뜻의 **松**이 됩니다.
부수 讠(말)을 붙이면 말로 다투어 '소송하다'는 뜻의 **讼**이 됩니다.
부수 页(머리)를 붙이면 **颂**이 되는데, 어원은 복잡하나 머리를 조아려 '기리다', '칭송하다'하는 뜻으로 이해하면 쉽습니다.

확장

公에 부수 羽(깃털)을 붙이면 **翁**이 됩니다. 公은 남자라는 의미도 가지고 있고 羽은 수염을 연상시키므로 흰 수염이 난 남자 즉 '남자 노인'을 뜻하고, 병음은 wēng이라고 읽습니다.
예) 富翁 fùwēng 부자

公	gōng	공평하다, 공공의, 공동의

한국어

公平	gōngpíng	공평
公正	gōngzhèng	공정
公开	gōngkāi	공개
公告	gōnggào	공고
公布	gōngbù	공포
公报	gōngbào	공보
公判	gōngpàn	공판, 공개 심판
公共	gōnggòng	공공
公用	gōngyòng	공용
公然	gōngrán	공연, 공공연히
公园	gōngyuán	공원
公路	gōnglù	공로, 도로
公害	gōnghài	공해
公务	gōngwù	공무
公务员	gōngwùyuán	공무원
公民	gōngmín	공민, 시민, 국민
公式	gōngshì	공식
公认	gōngrèn	공인
公证	gōngzhèng	공증
公文	gōngwén	공문
公职	gōngzhí	공직
公安	gōng'ān	공안, 공공 안전
公法	gōngfǎ	공법
公海	gōnghǎi	공해
公主	gōngzhǔ	공주
大公无私	dàgōngwúsī	대공무사, 공정하게 처리하여 사심이 없다

愚公移山	yúgōngyíshān	우공이산, 우공이 산을 옮기다, 끊임없이 노력하다

중국어

公司	gōngsī	회사
公寓	gōngyù	아파트
公关	gōngguān	공공관계
公道	gōngdao	공정한 도리
公厕	gōngcè	공중화장실
公斤	gōngjīn	킬로그램
公里	gōnglǐ	킬로미터
公分	gōngfēn	센티미터
公元	gōngyuán	서기
公款	gōngkuǎn	공금
公安部	gōngānbù	공안을 담당하는 부서, 공안국의 상급 기관
老公	lǎogōng	남편
外公	wàigōng	외할아버지
公公	gōnggong	시아버지
办公	bàngōng	사무를 보다, 근무하다
办公室	bàngōngshì	사무실
公共汽车	gōnggòngqìchē	버스
高速公路	gāosùgōnglù	고속도로

松	sōng	소나무, 느슨하다

한국어

松柏	sōngbǎi	송백, 소나무와 잣나무

青松	qīngsōng	청송
落叶松	luòyèsōng	낙엽송

중국어

松树	sōngshù	소나무
松果	sōngguǒ	솔방울
松针	sōngzhēn	솔잎
松鼠	sōngshǔ	다람쥐
轻松	qīngsōng	홀가분하다, 편하게 하다
放松	fàngsōng	긴장을 풀다

讼	sòng	소송하다

한국어

讼事	sòngshì	송사
争讼	zhēngsòng	쟁송, 소송하다
诉讼	sùsòng	소송
诉讼费用	sùsòngfèiyòng	소송 비용
民事诉讼	mínshìsùsòng	민사 소송
刑事诉讼	xíngshìsùsòng	형사 소송

颂	sòng	기리다, 칭송하다

한국어

颂德	sòngdé	송덕, 덕을 기리다
颂歌	sònggē	송가, 기리는 노래
称颂	chēngsòng	칭송
赞颂	zànsòng	찬송

중국어

歌颂	gēsòng	노래나 글로 찬양하다

. . .

기본글자는 **勾**이고, 병음은 gōu라고 읽습니다. 厶의 글자 모양으로부터 갈고리처럼 '굽다'는 뜻을 가지고 있습니다.

📖 기본

勾에 부수 钅(쇠)를 붙이면 쇠로 만든 '갈고리'를 뜻하는 **钩**가 됩니다.
부수 氵(물)을 붙이면 비교적 적은 물이 흐르는 '도랑', '개울'을 뜻하는 **沟**가 됩니다.
부수 木(나무)를 붙이면 나무를 이리저리 쌓아올려 '얽다', '구성하다'는 뜻의 **构**가 됩니다.
부수 贝(돈, 재물)을 붙이면 돈으로 물건을 '사다'는 뜻의 **购**가 됩니다.

📖 참고

沟, 构, 购는 번체로는 溝(구), 構(구), 購(구)이라고 쓰는데, 본래는 勾와 상관없는 글자였다가 간체화되면서 연관이 생긴 경우입니다.

勾	gōu		굽다

勾结	gōujié	결탁하다
勾引	gōuyǐn	나쁜 길로 유인하다, 꾀다
勾号	gōuhào	체크 표시

钩	gōu		갈고리

钩子	gōuzi	갈고리
鱼钩	yúgōu	낚싯바늘
打钩	dǎgōu	체크 표시를 하다
挂钩	guàgōu	걸이, 후크

沟	gōu		도랑

沟渠	gōuqú	구거, 도랑, 배수로

沟通	gōutōng	소통하다
山沟	shāngōu	산골짜기
代沟	dàigōu	세대 차이
九寨沟	Jiǔzhàigōu	주자이고우, 구채구, 중국의 유명한 관광지

构	gòu		구성하다

构成	gòuchéng	구성

构造	gòuzào	구조
构图	gòutú	구도
构想	gòuxiǎng	구상
构筑	gòuzhù	구축
虚构	xūgòu	허구
机构	jīgòu	기구

构思	gòusī	구상하다
结构	jiégòu	구조

购	gòu		사다

购买	gòumǎi	구매
购买力	gòumǎilì	구매력
购备	gòubèi	구비

购物	gòuwù	쇼핑
购物券	gòuwùquàn	상품권
购物车	gòuwùchē	쇼핑카트
购物中心	gòuwùzhōngxīn	쇼핑센터
采购	cǎigòu	구매하다
收购	shōugòu	사들이다
订购	dìnggòu	예약 구매하다
预购	yùgòu	예매하다
网购	wǎnggòu	인터넷쇼핑
团购	tuángòu	공동구매
代购	dàigòu	구매대행

기본글자는 **古**이고, 병음은 gǔ라고 읽습니다. 十과 口가 결합된 글자입니다. 十은 많다는 의미가
있어 오랜 세월 동안 여러 사람의 입(口)을 통해 전해져 내려온 '옛것' 또는 '옛날'을 뜻합니다.

💬 **기본**

古에 부수 亻(사람)을 붙이면 본래는 물건에 값을 매겨 판매하는 사람 즉 상인을 뜻하였다가 지금은
주로 값을 '추측하다', '평가하다'는 뜻으로 사용되는 **估**가 됩니다.
부수 口(에워싸다)를 붙이면 주위를 빈틈없이 에워싼 모양에서 '굳다', '튼튼하다'는 뜻의 **固**가 됩니다.
부수 攵(치다, 동작)을 붙이면 **故**가 되는데, 어떤 동작이 발생한 '원인'을 뜻하는 것으로 이해할 수
있고, 나아가 누군가를 치는 행위로부터 어떤 '사건'이나 '사고'를 연상할 수 있습니다.
부수 女(여자)를 붙이면 '나이 많은(古) 여자'를 뜻하는 **姑**가 됩니다.
姑에 부수 艹(풀, 꽃)을 붙이면 식물의 일종인 '버섯'을 뜻하는 **菇**가 됩니다.

💬 **변형**

古에 부수 木(나무)를 붙이면 나무가 바싹 말라 '시들다'는 뜻의 **枯**가 됩니다.
부수 艹(풀, 꽃)을 붙이면 풀을 씹었을 때 나는 '쓴 맛'을 뜻하는 **苦**가 됩니다.
故에 부수 亻(사람)을 붙이면 사람이 어떤 원인이 되는 행동을 '하다'는 뜻 및 사람이 물건을 '만들다'는
뜻의 **做**가 됩니다.

💬 **확장**

古에 부수 辛(맵다, 독하다)를 붙이면 독하고 나쁜 행동 즉 '죄'를 뜻하는 **辜**가 되고, 병음은 gū라고
읽습니다. 예) 无辜 wúgū 무고, 죄가 없다

古 gǔ — 옛날

古代	gǔdài	고대
古典	gǔdiǎn	고전
古城	gǔchéng	고성
古都	gǔdū	고도
古风	gǔfēng	고풍
古语	gǔyǔ	고어
古文	gǔwén	고문
古书	gǔshū	고서
古人	gǔrén	고인, 옛날 사람
古刹	gǔchà	고찰, 오래 된 사찰
自古	zìgǔ	자고, 자고로, 예로부터
复古	fùgǔ	복고
蒙古	Měnggǔ	몽고, 몽골
考古学	kǎogǔxué	고고학
名胜古迹	míngshènggǔjì	명승고적

중국어

古董	gǔdǒng	골동품
古怪	gǔguài	괴상하다
古老	gǔlǎo	오래되다
蒙古族	Měnggǔzú	멍구주, 몽골족, 중국 소수 민족 중 하나
内蒙古	Nèiměnggǔ	중국의 네이멍구 자치구

估 gū — 추측하다, 평가하다

중국어

估计	gūjì	추측하다
估价	gūjià	가격을 매기다
估算	gūsuàn	추산하다
预估	yùgū	미리 추산하다
评估	pínggū	평가하다
高估	gāogū	높게 평가하다, 고평가
低估	dīgū	낮게 평가하다, 저평가

姑 gū — 나이 많은 여자

한국어

姑母	gūmǔ	고모

중국어

姑姑	gūgu	고모
姑父	gūfu	고모부
姑娘	gūniang	처녀, 아가씨
灰姑娘	huīgūniang	신데렐라
姑且	gūqiě	잠시

菇 gū — 버섯

중국어

蘑菇	mógu	버섯
香菇	xiānggū	표고버섯

平菇	pínggū	느타리버섯
金针菇	jīnzhēngū	팽이버섯

故 gù　　　　　　　　원인, 사건

故意	gùyì	고의
故障	gùzhàng	고장
故国	gùguó	고국
故乡	gùxiāng	고향
故宫	Gùgōng	고궁, 북경의 자금성
故人	gùrén	고인, 죽은 사람
事故	shìgù	사고
交通事故	jiāotōngshìgù	교통사고
缘故	yuángù	연고
变故	biàngù	변고
温故知新	wēngùzhīxīn	온고지신, 옛것을 익히고 새것을 알다

故事	gùshi	

固 gù　　　　　　　　굳다, 튼튼하다

固定	gùdìng	고정
固执	gùzhi	고집
固有	gùyǒu	고유

固着	gùzhuó	고착
固守	gùshǒu	고수
固体	gùtǐ	고체
坚固	jiāngù	견고
强固	qiánggù	강고
顽固	wángù	완고
巩固	gǒnggù	공고, 튼튼히 하다
凝固	nínggù	응고

固然	gùrán	물론 ～하지만
牢固	láogù	튼튼하다, 견고하다
根深蒂固	gēnshēndìgù	뿌리가 깊고 가지가 견고하여 흔들리지 않는다

枯 kū　　　　　　　　시들다

枯木	kūmù	고목, 마른나무
枯死	kūsǐ	고사
枯叶	kūyè	고엽, 마른 잎
枯木生花	kūmùshēnghuā	고목생화, 마른 나무에서 꽃이 피다

枯燥	kūzào	건조하다, 단조롭다
枯萎	kūwěi	시들다
枯竭	kūjié	고갈되다

苦	kǔ		쓰다

한국어

苦闷	kǔmèn	고민
苦恼	kǔnǎo	고뇌
苦心	kǔxīn	고심
苦难	kǔnàn	고난
苦行	kǔxíng	고행
苦海	kǔhǎi	고해
苦战	kǔzhàn	고전
苦笑	kǔxiào	고소, 쓴 웃음
苦衷	kǔzhōng	고충, 어렵고 고통스러운 심정
病苦	bìngkǔ	병고
刻苦	kèkǔ	각고
艰苦	jiānkǔ	간고, 어렵고 고달프다
苦尽甘来	kǔjìngānlái	고진감래, 고생 끝에 낙이 온다
良药苦口	liángyàokǔkǒu	양약고구, 좋은 약이 입에 쓰다
千辛万苦	qiānxīnwànkǔ	천신만고, 심하게 고생하다

중국어

苦味	kǔwèi	쓴맛
苦涩	kǔsè	쓰고 떫다
痛苦	tòngkǔ	고통
辛苦	xīnkǔ	수고하다, 고생스럽다
吃苦	chīkǔ	고생하다
困苦	kùnkǔ	어렵고 고통스럽다
艰苦	jiānkǔ	어렵고 고달프다

做	zuò		하다, 만들다

중국어

做事	zuòshì	일을 하다
做饭	zuòfàn	밥을 하다
做菜	zuòcài	요리를 하다
做爱	zuò'ài	성교하다
做梦	zuòmèng	꿈을 꾸다
做主	zuòzhǔ	주인이 되다, 책임지다
做东	zuòdōng	주인이 되다, 접대하다
做客	zuòkè	손님이 되다
做法	zuòfǎ	방법
做生意	zuòshēngyi	장사를 하다
做作业	zuòzuòyè	숙제를 하다
当做	dàngzuò	~로 간주하다
叫做	jiàozuò	~라고 부르다

기본글자는 夬이고, 병음은 guài라고 읽습니다. 단독으로는 거의 쓰이지 않습니다.

변형

夬에 부수 忄(마음)을 붙이면 마음이 '상쾌하다'는 뜻 및 그로부터 파생된 '빠르다'는 뜻의 **快**가 됩니다.

부수 土(흙)을 붙이면 흙을 뭉쳐 만든 '덩어리'를 뜻하는 **块**가 됩니다.

부수 冫(얼음, 물)을 붙이면 **决**이 되는데, 물이 둑을 무너뜨리듯 '끊어내다'는 뜻 및 그로부터 파생된 '결정하다', '결단하다'는 뜻으로 사용됩니다. 번체로는 부수 氵를 사용하여 決이라고 씁니다.

부수 缶(그릇)을 붙이면 그릇이 깨져 '부족하다', '모자라다'는 뜻의 **缺**가 됩니다.

확장

快에 부수 竹(대나무)를 붙이면 대나무로 만든 '젓가락'을 뜻하는 **筷**가 되고, 병음은 kuài라고 읽습니다.

예) 筷子 kuàizi 젓가락

참고

块는 번체로 塊(괴)라고 쓰는데 본래는 夬는 상관없는 글자였다가 간체화되면서 연관이 생긴 경우입니다.

快	kuài		상쾌하다, 빠르다

한국어

快乐	kuàilè	쾌락, 즐겁다, 행복하다
快速	kuàisù	쾌속
快感	kuàigǎn	쾌감
欣快	xīnkuài	흔쾌, 기쁘고 유쾌하다
愉快	yúkuài	유쾌
爽快	shuǎngkuai	상쾌
痛快	tòngkuài	통쾌
轻快	qīngkuài	경쾌
不快	búkuài	불쾌
明快	míngkuài	명쾌

중국어

快餐	kuàicān	패스트푸드
快递	kuàidì	택배
快活	kuàihuo	기쁘다, 즐겁다
特快	tèkuài	특급열차
尽快	jìnkuài	최대한 빨리
凉快	liángkuai	시원하다
赶快	gǎnkuài	재빨리
飞快	fēikuài	매우 빠르다
加快	jiākuài	속도를 올리다
快刀斩乱麻	kuàidāozhǎnluànmá	쾌도난마, 잘 드는 칼로 헝클어진 삼을 자르다

块	kuài		덩어리

한국어

金块	jīnkuài	금괴

중국어

一块	yíkuài	한 덩어리
一块儿	yíkuàir	함께
肉块	ròukuài	고깃덩어리
冰块	bīngkuài	얼음덩이, 각얼음
切块	qiēkuài	토막 내다

决	jué		결정하다, 결단하다

한국어

决定	juédìng	결정
决心	juéxīn	결심
决断	juéduàn	결단
决算	juésuàn	결산
决战	juézhàn	결전
决斗	juédòu	결투
决死	juésǐ	결사
决议	juéyì	결의, 의논하여 결정하다
决意	juéyì	결의, 뜻을 정하여 마음먹다
决裂	juéliè	결렬
判决	pànjué	판결
裁决	cáijué	재결
解决	jiějué	해결
未决	wèijué	미결

先决	xiānjué	선결
表决	biǎojué	표결
议决	yìjué	의결
否决	fǒujué	부결
速决	sùjué	속결
对决	duìjué	대결
自决	zìjué	자결
处决	chǔjué	처결
速战速决	sùzhànsùjué	속전속결

중국어

决策	juécè	책략, 책략을 정하다
决赛	juésài	결승
坚决	jiānjué	단호하다
判决书	pànjuéshū	판결문

缺 quē 부족하다, 모자라다

한국어

缺点	quēdiǎn	결점
缺陷	quēxiàn	결함
缺损	quēsǔn	결손
缺勤	quēqín	결근
缺员	quēyuán	결원
缺席	quēxí	결석
缺乏	quēfá	결핍
补缺	bǔquē	보결
欠缺	qiànquē	흠결

중국어

缺少	quēshǎo	부족하다
缺口	quēkǒu	흠, 구멍
缺货	quēhuò	품절되다, 재고가 없다
短缺	duǎnquē	모자라다
完美无缺	wánměiwúquē	완전무결

果

기본글자는 **果**이고, 병음은 guǒ라고 읽습니다. 나무(木) 위에 열매가 열린 모양을 형상화한 것으로 '과일'이라는 뜻입니다.

기본
果에 부수 衣(옷, 싸다)를 붙이면 옷으로 과일을 '싸다'는 뜻의 **裹**가 되는데, 여기서 ㅗ는 포장의 매듭을 연상하면 이해하기 쉽습니다.

변형
果에 부수 衤(옷)을 붙이면 옷을 입지 않고 '벌거벗다'는 뜻의 **裸**가 됩니다.
부수 讠(말)을 붙이면 말로 하는 '수업', '과목'을 뜻하는 **课**가 됩니다.

확장
果에 부수 木(나무)를 붙이면 나무를 세는 단위인 그루라는 뜻의 **棵**가 되고, 병음은 kē라고 읽습니다.
예) 一棵 yìkē 한 그루, 한 포기
부수 页(머리)를 붙이면 머리처럼 둥근 모양의 물건을 세는 단위인 '알'을 뜻하는 **颗**가 되고, 병음은 kē라고 읽습니다.
예) 颗粒 kēlì 과립
부수 巛를 붙이면 **巢**가 되는데, 본래 巛는 냇물이라는 의미를 가지고 있으나 여기서는 새집을 형상화한 것입니다. 열매가 달린 나무(果)에 지어진 '새집'을 뜻하고, 병음은 cháo라고 읽습니다.
예) 巢穴 cháoxué 새나 동물의 집, 소굴

果	guǒ	과일, 결과

果实	guǒshí	과실
果汁	guǒzhī	과즙
果树	guǒshù	과수
果断	guǒduàn	과단, 딱 잘라 결정하다, 결단력 있다
果然	guǒrán	과연, 역시
效果	xiàoguǒ	효과
结果	jiéguǒ	결과
成果	chéngguǒ	성과
因果	yīnguǒ	인과
战果	zhànguǒ	전과
坚果	jiānguǒ	견과, 딱딱한 껍질 안에 든 열매
无花果	wúhuāguǒ	무화과

果园	guǒyuán	과수원
果干	guǒgān	말린 과일
果酱	guǒjiàng	과일 잼
果冻	guǒdòng	젤리
果皮	guǒpí	과일 껍질
如果	rúguǒ	만약
后果	hòuguǒ	좋지 않은 결과
水果	shuǐguǒ	과일
苹果	píngguǒ	사과
芒果	mángguǒ	망고
腰果	yāoguǒ	캐슈너트
因果报应	yīnguǒbàoyìng	인과응보

裹	guǒ	싸다

包裹	bāoguǒ	소포, 포장하다

裸	luǒ	벌거벗다

裸体	luǒtǐ	나체, 누드
裸眼	luǒyǎn	나안, 맨눈
半裸	bànluǒ	반라, 세미누드
赤裸裸	chìluǒluǒ	적나라, 발가벗다

裸照	luǒzhào	누드 사진

课	kè	

课目	kèmù	과목
课题	kètí	과제
课程	kèchéng	과정, 교육 과정, 커리큘럼
课程表	kèchéngbiǎo	과정표, 교과 과정표, 수업 시간표
课税	kèshuì	과세, 세금을 부과하다

课本	kèběn	교과서, 교재
课文	kèwén	교과서 본문
课堂	kètáng	교실, 강의실
功课	gōngkè	수업, 숙제
开课	kāikè	개강하다
上课	shàngkè	수업을 듣다
下课	xiàkè	수업이 끝나다
讲课	jiǎngkè	수업을 하다
补课	bǔkè	보강하다
旷课	kuàngkè	무단결석하다

Part

H

| 亥 | 合 | 化 |

기본글자는 **亥**이고, 병음은 hài라고 읽습니다. 돼지가 발을 들고 있는 모습을 형상화한 것으로 '돼지'라는 뜻입니다. 12지의 12번째 글자이기도 합니다.

기본

亥에 부수 子(아들, 아이)를 붙이면 '아이'를 뜻하는 **孩**가 됩니다.

변형

亥에 부수 讠(말)을 붙이면 내뱉은 말은 '마땅히' 지켜야 한다는 뜻의 **该**가 됩니다.
부수 木(나무)를 붙이면 과일의 '씨' 및 그로부터 파생된 '핵심'을 뜻하는 **核**가 됩니다.
부수 刂(칼)을 붙이면 칼로 '새기다'는 뜻의 **刻**가 됩니다.

확장

亥에 부수 口(입)을 붙이면 입에서 나오는 '기침'을 뜻하는 **咳**가 되고, 병음은 ké라고 읽습니다.

예) 咳嗽 késou 기침

孩	hái	아이

중국어

孩子	háizi	아이
孩子们	háizǐmen	아이들
小孩儿	xiǎoháir	아이
男孩儿	nánháir	남자아이
女孩儿	nǚháir	여자아이

该	gāi	~ 해야 한다

중국어

应该	yīnggāi	~해야 한다
应该的	yīnggāide	당연한 거죠
活该	huógāi	쌤통이다, ~해도 싸다

核	hé	핵심

한국어

核心	héxīn	핵심
核武器	héwǔqì	핵무기
核燃料	héránliào	핵연료
结核	jiéhé	결핵
肺结核	fèijiéhé	폐결핵

중국어

核对	héduì	대조하여 확인하다
核桃	hétao	호두
核能	hénéng	원자력

核弹	hédàn	핵폭탄
核导弹	hédǎodàn	핵미사일
核电	hédiàn	원자력 발전
核电站	hédiànzhàn	원자력 발전소
核潜艇	héqiántǐng	원자력 잠수함
考核	kǎohé	심사하다
审核	shěnhé	심사하다
核心家庭	héxīnjiātíng	핵가족

刻	kè	새기다

한국어

刻苦	kèkǔ	각고
刻印	kèyìn	각인
刻薄	kèbó	각박, 인정이 없다
深刻	shēnkè	심각, 인상깊다, 깊이가 있다
雕刻	diāokè	조각
木刻	mùkè	목각
石刻	shíkè	석각
一刻	yíkè	일각, 15분
即刻	jíkè	즉각
时刻	shíkè	시각
时时刻刻	shíshíkèkè	시시각각
刻舟求剑	kèzhōuqiújiàn	각주구검, 배에 표시하고 칼을 찾다, 융통성 없이 낡은 생각을 고집하다
刻骨铭心	kègǔmíngxīn	각골명심, 뼈에 새기고 마음에도 새기다
一刻千金	yíkèqiānjīn	일각천금, 시간은 금이다

立刻	lìkè	곧, 즉시
片刻	piànkè	잠시
此刻	cǐkè	이때, 지금
时刻表	shíkèbiǎo	열차 또는 버스 시간표
刻不容缓	kèbùrónghuǎn	일각도 지체할 수 없다

기본글자는 **合**이고, 병음은 hé라고 읽습니다. 몸통(口)과 스(뚜껑)을 '맞추다', '합하다'는 뜻입니다.

기본
合에 부수 皿(그릇)을 붙이면 뚜껑이 있는 '그릇', '함'을 뜻하는 **盒**가 됩니다.

변형
合에 부수 竹(대나무)를 붙이면 대나무에 글을 써서 '대답하다'는 뜻의 **答**가 됩니다.
부수 纟(실)을 붙이면 **给**가 되는데, 병음에 따라 뜻이 달라집니다. 실을 다른 사람에게 이어서 '주다'는 뜻일 때는 gěi라고 읽습니다. 실을 다른 실에 이어 끈기지 않도록 계속 '공급하다'는 뜻일 때는 jǐ라고 읽습니다.
부수 手(손)을 아래에 붙이면 손으로 '잡다'는 뜻의 **拿**가 됩니다.
荅에 부수 扌(손)을 붙이면 손으로 막대기를 이용하여 둘 사이를 '잇다'는 뜻과 판자를 대고 땅과 연결한 뒤 배에 '타다'는 뜻의 **搭**가 됩니다. 이때 荅는 答를 변형시킨 것으로 서로 같은 자로 봅니다.
荅에 부수 土(흙)을 붙이면 흙으로 쌓은 '탑'을 뜻하는 **塔**가 됩니다.

확장
合에 부수 扌(손)을 붙이면 손으로 '줍다'는 뜻의 **拾**가 되고, 병음은 shí라고 읽습니다.
예) 收拾 shōushi 수습, 치우다

合	hé	합하다, 맞추다

合格	hégé	합격
不合格	bùhégé	불합격
合法	héfǎ	합법
合理	hélǐ	합리
合并	hébìng	합병
合作	hézuò	합작, 협력하다
合资	hézī	합자
合成	héchéng	합성
合金	héjīn	합금
合计	héji	합계
合心	héxīn	합심
合一	héyī	합일
合流	héliú	합류
合唱	héchàng	합창
合奏	hézòu	합주
合议	héyì	합의, 함께 의논하다
适合	shìhé	적합, 어울리다
符合	fúhé	부합
结合	jiéhé	결합
集合	jíhé	집합
联合	liánhé'	연합
组合	zǔhé	조합
综合	zōnghé	종합
混合	hùnhé	혼합
聚合	jùhé	취합, 모이다
和合	héhé	화합
交合	jiāohé	교합, 성교

缝合	fénghé	봉합
复合	fùhé	복합
接合	jiēhé	접합
并合	bìnghé	병합
迎合	yínghé	영합
百合	bǎihé	백합
乌合之众	wūhézhīzhòng	오합지중, 오합지졸, 규율이 없고 무질서한 무리

合适	héshì	적합하다
合同	hétong	계약, 계약서
合约	héyuē	계약
合影	héyǐng	단체 사진, 함께 사진을 찍다
合伙	héhuǒ	동업하다
合算	hésuàn	수지맞다
配合	pèihé	협동하다, 어울리다
磨合	móhé	길들이다
凑合	còuhe	모으다, 그럭저럭하다
巧合	qiǎohé	우연히 일치하다
场合	chǎnghé	자리, 상황
合情合理	héqínghélǐ	정리에 부합하다, 경우에 맞다
合纵连横	hézòngliánhéng	합종연횡, 중국 전국시대 소진과 장의의 외교정책, 이해에 따라 이리저리 모이다
起承转合	qǐchéngzhuǎnhé	기승전결, 글의 구성 방식
情投意合	qíngtóuyìhé	마음과 뜻이 서로 맞다, 의기투합

盒 hé 함

중국어

盒子	hézi	작은 상자
盒饭	héfàn	도시락, 밥
饭盒	fànhé	도시락, 찬합
烟盒	yānhé	담배갑
文具盒	wénjùhé	필통
眼镜盒	yǎnjìnghé	안경집

答 dá 대답하다

한국어

答案	dá'àn	답안
答辩	dábiàn	답변
回答	huídá	회답, 대답
对答	duìdá	대답
解答	jiědá	해답
报答	bàodá	보답
问答	wèndá	문답
笔答	bǐdá	필답
自问自答	zìwènzìdá	자문자답, 스스로 묻고 답하다
一问一答	yīwènyìdá	일문일답, 한 번 묻고 한 번 대답하다
笑而不答	xiàoérbùdá	소이부답, 웃기만 하고 대답하지 않다

중국어

答应	dāying	응답하다, 동의하다
答复	dáfù	답변하다, 대답하다
答问	dáwèn	질문에 답하다
答卷	dájuàn	답안지, 답안을 작성하다
答非所问	dáfēisuǒwèn	묻는 말에 엉뚱한 대답을 하다, 동문서답

搭 dā 잇다, 타다

한국어

搭乘	dāchéng	탑승
搭载	dāzài	탑재

중국어

搭配	dāpèi	배합하다, 어울리다
搭档	dādàng	협력하다, 파트너
搭桥	dāqiáo	다리를 놓다
搭话	dāhuà	말을 붙이다
搭车	dāchē	다른 사람의 차에 타다

塔 tǎ 탑

한국어

铁塔	tiětǎ	철탑
石塔	shítǎ	석탑

灯塔	dēngtǎ	등대
炮塔	pàotǎ	포탑

塔台	tǎtái	관제탑
塔楼	tǎlóu	타워, 탑 모양의 건물
塔吊	tǎdiào	타워 크레인
电视塔	diànshìtǎ	TV 송신탑

拿	ná	잡다

推拿	tuīná	추나, 마사지

拿住	názhù	붙잡다
拿出	náchū	꺼내다
拿手	náshǒu	뛰어나다
拿手菜	náshǒucài	대표 요리, 가장 자신 있는 요리
拿铁	nátiě	라떼
捉拿	zhuōná	붙잡다, 체포하다
桑拿	sāngná	사우나
加拿大	Jiānádà	캐나다

给	gěi / jǐ	주다, ~에게 / 공급하다

发给	fāgěi	발급
还给	huángěi	환급
给付	jǐfù	급부
给水	jǐshuǐ	급수
供给	gōngjǐ	공급
配给	pèijǐ	배급
补给	bǔjǐ	보급
自给	zìjǐ	자급
自给自足	zìjǐzìzú	자급자족

给以	gěiyǐ	주다
给力	gěilì	대박
给予	jǐyǔ	주다

기본글자는 **化**이고, 병음은 huà라고 읽습니다. 두 사람이 등을 기대고 거꾸로 누운 모습을 형상화한 것으로 사람이 자세를 '바꾸다', '변화하다'는 뜻입니다.

기본

化에 부수 ⺾(꽃)을 붙이면 '꽃'을 뜻하는 **花**가 됩니다.
부수 **十**(열, 많다)를 붙이면 많이 꾸며 '화려하다'는 뜻의 **华**가 됩니다. 번체 **華**는 아름답고 화려하게 꽃이 핀 가지를 의미하며 그로부터 '화려하다'는 뜻이 생긴 것이고, 본래는 化와 상관없는 글자였다가 간체화되면서 연관이 생긴 경우입니다.

변형

化에 부수 **贝**(돈, 재물)을 붙이면 '재물'이라는 뜻 및 그로부터 파생된 재물로 바꿀(化) 수 있는 '화폐'를 뜻하는 **货**가 됩니다.

化	huà	바꾸다, 변화하다

化合	huàhé	화합
化妆	huàzhuāng	화장
化学	huàxué	화학
化石	huàshí	화석
变化	biànhuà	변화
文化	wénhuà	문화
消化	xiāohuà	소화
进化	jìnhuà	진화
净化	jìnghuà	정화
恶化	èhuà	악화
融化	rónghuà	융화
钝化	dùnhuà	둔화
分化	fēnhuà	분화
老化	lǎohuà	노화
软化	ruǎnhuà	연화
硬化	yìnghuà	경화
感化	gǎnhuà	감화
激化	jīhuà	격화
美化	měihuà	미화
深化	shēnhuà	심화
同化	tónghuà	동화
纯化	chúnhuà	순화
强化	qiánghuà	강화
弱化	ruòhuà	약화
绿化	lǜhuà	녹화
一元化	yìyuánhuà	일원화
多元化	duōyuánhuà	다원화
国有化	guóyǒuhuà	국유화

具体化	jùtǐhuà	구체화
自动化	zìdònghuà	자동화
现代化	xiàndàihuà	현대화
两极化	liǎngjíhuà	양극화
千变万化	qiānbiànwànhuà	천변만화, 끊임없이 변화하다

化肥	huàféi	화학 비료
化验	huàyàn	화학 실험을 하다
简化	jiǎnhuà	간소화하다
一氧化碳	yìyǎnghuàtàn	일산화 탄소
二氧化碳	èryǎnghuàtàn	이산화 탄소

花	huā	꽃

花草	huācǎo	화초
花园	huāyuán	화원
花瓶	huāpíng	화병, 꽃병
花盆	huāpén	화분
花环	huāhuán	화환
花卉	huāhuì	화훼
开花	kāihuā	개화
落花	luòhuā	낙화
菊花	júhuā	국화
梅花	méihuā	매화
桃花	táohuā	도화, 복숭아꽃
棉花	miánhuā	면화, 목화
雪花	xuěhuā	설화, 눈꽃

落花流水	luòhuāliúshuǐ	낙화유수, 꽃잎이 떨어져 물에 떠내려가다, 싸움에 져서 비참한 모양
锦上添花	jǐnshàngtiānhuā	금상첨화, 비단 위에 꽃을 더하다, 아주 좋다
闭月羞花	bìyuèxiūhuā	폐월수화, 달이 숨고 꽃이 부끄러울 정도로 아름답다

花束	huāshù	꽃다발
花篮	huālán	꽃바구니
花朵	huāduǒ	꽃. 꽃송이
花瓣	huābàn	꽃잎
花蕾	huālěi	꽃봉오리
花心	huāxīn	바람기가 있다
花费	huāfèi	쓰다
花钱	huāqián	돈을 쓰다
花生	huāshēng	땅콩
鲜花	xiānhuā	생화
荷花	héhuā	연꽃
樱花	yīnghuā	벚꽃
兰花	lánhuā	난, 난초
插花	chāhuā	꽃꽂이
火花	huǒhuā	불꽃
烟花	yānhuā	불꽃놀이
人造花	rénzàohuā	조화
花容月貌	huāróngyuèmào	화용월태, 아름다운 여자의 외모
花花公子	huāhuāgōngzǐ	바람둥이, 플레이보이

走马看花	zǒumǎkànhuā	말을 달리며 꽃을 구경하다, 주마간산

华	huá	화려하다, 변화하다

华丽	huálì	화려
华侨	huáqiáo	화교
豪华	háohuá	호화
繁华	fánhuá	번화
升华	shēnghuá	승화
精华	jīnghuá	정화
中华	Zhōnghuá	중화, 중국

华人	huárén	중국인
华人街	huárénjiē	차이나타운
华裔	huáyì	화교의 자녀
华为	huáwéi	화웨이, 중국 회사명
才华	cáihuá	예술적 재능
荣华富贵	rónghuáfùguì	부귀영화

货	huò	재물, 물건, 화폐

货币	huòbì	화폐
货物	huòwù	화물
货主	huòzhǔ	화주, 화물의 주인

财货	cáihuò	재화
杂货	záhuò	잡화
通货	tōnghuò	통화
通货膨胀	tōnghuòpéngzhàng	통화팽창, 인플레이션

중국어

货船	huòchuán	화물선
货车	huòchē	화물차
货运	huòyùn	화물 운송
国货	guóhuò	국산품
订货	dìnghuò	물건을 주문하다, 발주하다
售货	shòuhuò	물건을 팔다
售货员	shòuhuòyuán	판매원
自动售货机	zìdòngshòuhuòjī	자동판매기, 자판기
装货	zhuānghuò	화물을 싣다
发货	fāhuò	화물을 발송하다, 출하하다
吃货	chīhuò	식충이
百货商店	bǎihuòshāngdiàn	백화점
百货商场	bǎihuòshāngchǎng	백화점
通货紧缩	tōnghuòjǐnsuō	통화 수축, 디플레이션

|及|己|几|加|夹|监|戋|交|斤|
|今|京|圣|井|居|巨|句|卷|

기본글자는 **及**이고, 병음은 jí라고 읽습니다. 손(又)을 내밀어 앞에 가는 사람을 잡으려는 모양을 형상화한 것으로 어떤 영향을 '미치다' 또는 어떤 장소에 '이르다'는 뜻입니다.

기본

及에 부수 纟(실)을 붙이면 실을 꼬아 매듭을 짓고 매듭의 순서에 따라 등급을 구분한 것에서 유래하여 '등급'을 뜻하는 **级**가 됩니다.
부수 木(나무)를 붙이면 **极**가 되는데, 본래 집을 지을 때 사용되는 나무로 만든 대들보를 가리키던 것에서 유래하여 '최고', '꼭대기', '끝'이라는 뜻으로 사용됩니다.

변형

及에 부수 口(입)을 붙이면 입으로 '빨아들이다'는 뜻의 **吸**가 됩니다.

확장

及에 부수 土(흙)을 붙이면 흙부스러기처럼 보잘 것 없는 것 즉 '쓰레기'를 뜻하는 **圾**가 되고, 병음은 jī라고 읽습니다.
예) 垃圾 lājī 쓰레기

及	jí	미치다, 이르다

普及	pǔjí	보급
波及	bōjí	파급
溯及	sùjí	소급
后悔莫及	hòuhuǐmòjí	후회막급
过犹不及	guòyóubùjí	과유불급, 지나친 것은 모자란 것과 같다

及时	jíshí	즉시, 제때에
及早	jízǎo	일찍, 빨리
及格	jígé	합격하다
不及格	bùjígé	불합격하다
涉及	shèjí	~에 미치다, 관련되다
以及	yǐjí	및, 그리고
来得及	láidejí	늦지 않다, 제 시간에 도착하다
来不及	láibují	제 시간에 도착하지 못하다, ~할 겨를이 없다
迫不及待	pòbùjídài	급박하여 기다릴 시간이 없다

级	jí	등급

等级	děngjí	등급
高级	gāojí	고급
中级	zhōngjí	중급

初级	chūjí	초급
低级	dījí	저급
上级	shàngjí	상급
下级	xiàjí	하급
特级	tèjí	특급
一级	yìjí	일급
同级	tóngjí	동급
各级	gèjí	각급
阶级	jiējí	계급
升级	shēngjí	승급, 업그레이드
留级	liújí	유급
星级	xīngjí	성급, 호텔 등급
无产阶级	wúchǎnjiējí	무산 계급, 프롤레타리아

级别	jíbié	등급
年级	niánjí	학년
班级	bānjí	반, 클래스, 학급
超级	chāojí	최상급, 슈퍼
降级	jiàngjí	강등되다

极	jí	최고, 꼭대기, 끝

极限	jíxiàn	극한
极端	jíduān	극단
极盛	jíshèng	극성
极度	jídù	극도
极致	jízhì	극치
极大	jídà	극대

极小	jíxiǎo	극소
极地	jídì	극지
极光	jíguāng	극광, 오로라
极刑	jíxíng	극형, 사형
极力	jílì	극력, 있는 힘을 다해
积极	jījí	적극
消极	xiāojí	소극
至极	zhìjí	지극
南极	nánjí	남극
北极	Běijí	북극
北极星	běijíxīng	북극성
两极化	liǎngjíhuà	양극화
太极拳	tàijíquán	태극권

중국어

极其	jíqí	극히, 아주
极了	jíle	매우
正极	zhèngjí	양극
负极	fùjí	음극
蹦极	bèngjí	번지, 번지 점프

吸	xī	빨아들이다

한국어

吸收	xīshōu	흡수
吸入	xīrù	흡입
吸引	xīyǐn	흡인, 빨아 당기다, 끌어당기다
吸烟	xīyān	흡연
吸血鬼	xīxuèguǐ	흡혈귀

呼吸	hūxī	호흡
深呼吸	shēnhūxī	심호흡
呼吸器	hūxīqì	호흡기
呼吸器官	hūxīqìguān	호흡 기관

중국어

吸管	xīguǎn	빨대
吸毒	xīdú	마약을 하다
吸取	xīqǔ	흡수하다, 받아들이다
吸尘器	xīchénqì	진공청소기

기본글자는 己이고, 병음은 jǐ라고 읽습니다. 본래 구부러진 줄을 형상화한 것이나, 지금은 전혀 다른 의미로 변형되어 '자기', '자신'이라는 뜻으로 사용됩니다.

己에 부수 讠(말)을 붙이면 사람의 말을 글로 '기록하다'는 뜻 및 사람의 말을 '기억하다'는 뜻의 **记**가 됩니다.

부수 纟(실)을 붙이면 실처럼 뒤엉킨 것을 정리하기 위해서 필요한 '법', '규율'을 뜻하는 **纪**가 됩니다.

부수 心(마음)을 붙이면 마음으로 누군가를 '꺼리다', '시기하다' 뜻의 **忌**가 됩니다.

己에 부수 走(달리다)를 붙이면 달리기 위해 몸(己)을 세워 '일어나다'는 뜻의 **起**가 됩니다.

부수 攵(치다)를 붙이면 굽은 것(己)을 쳐서 '바로잡다', '고치다'는 뜻의 **改**가 됩니다.

부수 女(여자)를 붙이면 왕의 배우자 즉 '왕비'(중국에서는 후궁의 의미)를 뜻하는 **妃**가 됩니다.

己	jǐ		자기, 자신

自己	zìjǐ	자기
利己	lìjǐ	이기
利己主义	lìjǐzhǔyì	이기주의
知己	zhījǐ	지기, 절친
克己	kèjǐ	극기
克己复礼	kèjǐfùlǐ	극기복례, 자기의 욕망을 극복하고 예를 따르다

知己知彼	zhījǐzhībǐ	지피지기
各抒己见	gèshūjǐjiàn	각자 자기의 의견을 발표하다
损人利己	sǔnrénlìjǐ	남에게 손해를 입히고 자기의 이익을 얻다

记	jì		기록하다, 기억하다

记忆	jìyì	기억
记忆力	jìyìlì	기억력
记载	jìzǎi	기재
记录	jìlù	기록
记号	jìhao	기호
记账	jìzhàng	기장, 장부에 적다
记名	jìmíng	기명
无记名	wújìmíng	무기명
记者	jìzhě	기자

登记	dēngjì	등기
笔记	bǐjì	필기
日记	rìjì	일기
手记	shǒujì	수기
速记	sùjì	속기
标记	biāojì	표기, 표지
传记	zhuànjì	전기
书记	shūjì	서기, 책임자
西游记	xīyóujì	서유기, 중국 고전 소설

记性	jìxing	기억력
记得	jìde	기억하고 있다
记住	jìzhu	기억하다
忘记	wàngjì	잊어버리다
日记本	rìjìběn	일기장
笔记本	bǐjìběn	노트, 노트북

纪	jì		법, 규율

纪律	jìlǜ	기율
世纪	shìjì	세기
军纪	jūnjì	군기
纪念	jìniàn	기념
纪念品	jìniànpǐn	기념품
纪念日	jìniànrì	기념일

纪要	jìyào	요점을 적다

纪录	jìlù	기록, 최고 성적, 다큐멘터리
纪录片	jìlùpiàn	기록 영화, 다큐멘터리 영화
经纪	jīngjì	중개하다
年纪	niánjì	나이

忌 jì　꺼리다, 시기하다

忌日	jìrì	기일, 제삿날
禁忌	jìnjì	금기
猜忌	cāijì	시기, 샘내다

忌讳	jìhuì	꺼리다, 삼가다
肆无忌惮	sìwújìdàn	제멋대로 하고 거리낌이 없다

起 qǐ　일어나다

起源	qǐyuán	기원
起因	qǐyīn	기인, 원인
起点	qǐdiǎn	기점, 출발점
起草	qǐcǎo	기초, 글의 초안을 잡다
起诉	qǐsù	기소, 소송을 제기하다
起用	qǐyòng	기용
起立	qǐlì	기립

起伏	qǐfú	기복, 변동되다
起居	qǐjū	기거, 일상생활을 하다
起重机	qǐzhòngjī	기중기, 크레인
提起	tíqǐ	제기, 말을 꺼내다, 제출하다
想起	xiǎngqǐ	상기, 생각해 내다
突起	tūqǐ	돌기, 갑자기 일어나다
发起	fāqǐ	발기
发起人	fāqǐrén	발기인
兴起	xīngqǐ	흥기
唤起	huànqǐ	환기, 불러일으키다
惹起	rěqǐ	야기, 일으키다
再起	zàiqǐ	재기
起死回生	qǐsǐhuíshēng	기사회생, 죽을 뻔하다가 살아나다

起来	qǐlai	일어나다
起床	qǐchuáng	기상, 잠자리에서 일어나다
起飞	qǐfēi	이륙하다
起哄	qǐhòng	놀리다, 조롱하다
起码	qǐmǎ	최소한의
起初	qǐchū	처음, 최초
起薪	qǐxīn	초봉
起落	qǐluò	오르내리다, 이착륙하다
一起	yìqǐ	같이
引起	yǐnqǐ	불러일으키다, 야기하다
对不起	duìbuqǐ	죄송합니다

对得起	duìdeqǐ	떳떳하다
看不起	kànbuqǐ	얕보다, 경시하다
看得起	kàndeqǐ	존중하다
了不起	liǎobuqǐ	굉장하다
看起来	kànqǐlái	~처럼 보이다, 보아하니 ~하다
白手起家	báishǒuqǐjiā	자수성가

改邪归正	gǎixiéguīzhèng	잘못을 고치고 올바른 길로 돌아오다, 개과천선

改 gǎi 바로잡다, 고치다

한국어

改革	gǎigé	개혁
改变	gǎibiàn	개변
改善	gǎishàn	개선
改良	gǎiliáng	개량
改造	gǎizào	개조
改编	gǎibiān	개편, 각색하다
改名	gǎimíng	개명
改正	gǎizhèng	개정, 바로잡다
改定	gǎidìng	개정, 다시 정하다
更改	gēnggǎi	경개, 고치다

중국어

改进	gǎijìn	개선하다, 개량하다
改组	gǎizǔ	조직을 개편하다
改建	gǎijiàn	개축하다
改锥	gǎizhuī	드라이버
修改	xiūgǎi	고치다, 수정하다

妃 fēi 왕비

한국어

妃嫔	fēipín	비빈, 후궁
王妃	wángfēi	왕비
贵妃	guìfēi	귀비
杨贵妃	Yángguìfēi	양귀비, 중국 4대 미녀 중 1인

几

· · ·

기본글자는 **几**이고, 병음은 jǐ라고 읽습니다. 본래 작은 탁자 모양을 형상화한 글자이나 지금은 수를 세는 수사로서 '몇'이라는 뜻으로 사용됩니다.

🔖기본

几에 부수 木(나무)를 붙이면 나무를 사용해서 만든 '기계'를 뜻하는 **机**가 됩니다.
부수 月(신체)를 붙이면 신체의 일부인 '근육'을 뜻하는 **肌**가 됩니다.
부수 饣(음식, 먹다)를 붙이면 음식을 먹지 못해 '굶주리다'는 뜻의 **饥**가 됩니다.

🔖참고

机는 번체로 機(기)라고 쓰는데, 본래는 几와 상관없는 글자였지만, 간체화되면서 연관이 생긴 경우입니다.

几 jǐ — 몇

한국어

几何学	jǐhéxué	기하학
几何级数	jǐhéjíshù	기하급수, 늘어나는 수나 양이 아주 많다

중국어

几乎	jīhū	거의
几点	jǐdiǎn	몇 시
几个	jǐgè	몇 개
几岁	jǐsuì	몇 살
几年	jǐnián	몇 년
几个月	jǐgèyuè	몇 개월
几天	jǐtiān	며칠
这几天	zhèjǐtiān	요즘, 요 며칠

机 jī — 기계, 기능, 기회

한국어

机器	jīqì	기기
机械	jīxiè	기계
机构	jīgòu	기구, 기계 장치, 조직
机制	jīzhì	기제, 메커니즘
机关	jīguān	기관, 공공 기관, 기계의 기관
机种	jīzhǒng	기종
机长	jīzhǎng	기장
机能	jīnéng	기능
机密	jīmì	기밀

机智	jīzhì	기지, 재치
机会	jīhuì	기회
时机	shíjī	시기
危机	wēijī	위기
动机	dòngjī	동기
投机	tóujī	투기, 기회를 틈타 이익을 취하다, 견해가 일치하다
天机	tiānjī	천기, 하늘의 기밀
转机	zhuǎnjī	전기, 전환점이 되는 기회, 비행기를 갈아타다
有机	yǒujī	유기, 생명체처럼 상호 밀접한, 탄소 화합물의
有机体	yǒujītǐ	유기체, 생물체
无机	wújī	무기, 무생물체의, 탄소 화합물 이외의
无机物	wújīwù	무기물
电动机	diàndòngjī	전동기, 모터
发动机	fādòngjī	발동기, 엔진
计算机	jìsuànjī	계산기, 컴퓨터
录音机	lùyīnjī	녹음기

중국어

机场	jīchǎng	공항, 비행장
机动	jīdòng	기계 장치로 움직이는, 융통성이 있는
机灵	jīling	영리하다
机遇	jīyù	좋은 기회
机器人	jīqìrén	로봇
生机	shēngjī	생존의 기회, 활력
趁机	chènjī	기회를 틈타

飞机	fēijī		비행기
登机	dēngjī		비행기에 탑승하다
登机口	dēngjīkǒu		탑승구, 게이트
登机牌	dēngjīpái		탑승권
接机	jiējī		공항에 마중 나가다
手机	shǒujī		휴대폰
智能手机	zhìnéngshǒujī		스마트폰
开机	kāijī		전원을 켜다
关机	guānjī		전원을 끄다
司机	sījī		운전기사
耳机	ěrjī		이어폰
收音机	shōuyīnjī		라디오
电视机	diànshìjī		TV
照相机	zhàoxiàngjī		사진기, 카메라
摄像机	shèxiàngjī		디지털 비디오 카메라
摄影机	shèyǐngjī		영화용 필름 카메라
打印机	dǎyìnjī		프린터
复印机	fùyìnjī		복사기
洗衣机	xǐyījī		세탁기
洗碗机	xǐwǎnjī		식기세척기
吹风机	chuīfēngjī		헤어드라이어
打火机	dǎhuǒjī		라이터
随机应变	suíjīyìngbiàn		상황의 변화에 따라 대응하다, 임기응변
投机倒把	tóujīdǎobǎ		투기로 폭리를 취하다

肌 jī 근육

중국어

肌肉	jīròu	근육
肌肤	jīfū	피부
腹肌	fùjī	복근
胸肌	xiōngjī	흉근
括约肌	kuòyuējī	괄약근

饥 jī 굶주리다

한국어

饥饿	jī'è	기아
饥渴	jīkě	기갈, 배고프고 목마르다

중국어

充饥	chōngjī	배고픔을 해결하다, 요기하다
画饼充饥	huàbǐngchōngjī	그림의 떡이다, 공상으로 스스로를 달래다
饥不择食	jībùzéshí	배가 고프면 음식을 가릴 수 없다, 찬밥 더운밥 가릴 처지가 아니다

171

加

. . .

기본글자는 **加**이고, 병음은 jiā라고 읽습니다. 힘(力)을 쓸 때 입(口)으로 소리를 '더하다'는 뜻입니다.

기본

加에 부수 ⁺⁺(풀, 꽃)을 붙이면 **茄**가 되는데, 병음에 따라 뜻이 달라집니다. 식물의 일종인 '가지'라는 뜻일 때는 qié라고 읽습니다. 다만 외래어의 음역을 위해 사용될 때에는 jiā라고 읽기도 합니다.
부수 马(말)을 붙이면 말이나 차를 타고 '운전하다'는 뜻의 **驾**가 됩니다.
부수 木(나무)를 붙이면 나무로 만든 '선반', '틀'을 뜻하는 **架**가 됩니다.

확장

加에 북(鼓) 모양의 악기를 나타내는 壴를 결합하면 **嘉**가 되는데, 북을 치면서 '아름다움'을 기린다는 뜻이고, 병음은 jiā라고 읽습니다.
예) 嘉宾 jiābīn 귀빈
부수 口(입)을 붙이면 먹는 음식(특히 외래음식)의 이름에 사용되는 **咖**가 되고, 병음은 kā 또는 gā라고 읽습니다.
예) 咖啡 kāfēi 커피, 咖喱 gālí 카레
부수 贝(돈, 재물)을 붙이면 재물을 가져가서 '축하하다'는 뜻의 **贺**가 되고, 병음은 hè라고 읽습니다.
예) 祝贺 zhùhè 축하

172

加	jiā		더하다

한국어

加工	jiāgōng	가공
加速	jiāsù	가속
加入	jiārù	가입
加重	jiāzhòng	가중
加盟	jiāméng	가맹
加热	jiārè	가열
加湿	jiāshī	가습
加湿器	jiāshīqì	가습기
参加	cānjiā	참가
增加	zēngjiā	증가
附加	fùjiā	부가
追加	zhuījiā	추가
雪上加霜	xuěshàngjiāshuāng	설상가상, 엎친 데 덮친 격이다

중국어

加以	jiāyǐ	게다가
加倍	jiābèi	배가하다
加强	jiāqiáng	강화하다
加班	jiābān	초과 근무하다
加剧	jiājù	정도가 심해지다, 격화되다
加油	jiāyóu	기름을 넣다, 힘내다
加油站	jiāyóuzhàn	주유소
加拿大	Jiānádà	캐나다
施加	shījiā	주다, 가하다
更加	gèngjiā	더, 더욱
新加坡	Xīnjiāpō	싱가포르

茄	jiā / qié		외래어 표기 / 가지

중국어

茄克	jiākè	자켓
雪茄	xuějiā	시가, 담배의 일종
茄子	qiézi	가지
番茄	fānqié	토마토
番茄汁	fānqiézhī	토마토 주스

驾	jià		운전하다

중국어

驾驶	jiàshǐ	운전하다
驾驶证	jiàshǐzhèng	운전면허증
驾驶执照	jiàshǐzhízhào	운전면허증
驾照	jiàzhào	운전면허증
驾照考试	jiàzhàokǎoshì	운전면허 시험
劳驾	láojià	죄송합니다, 실례합니다
代驾	dàijià	대리운전

架	jià		선반, 틀

한국어

架空	jiàkōng	가공, 공중에 뜨게 설치하다, 기초가 없다
架桥	jiàqiáo	가교, 다리를 놓다
十字架	shízìjià	십자가

框架	kuàngjià	뼈대, 프레임
骨架	gǔjià	골격, 뼈대
衣架	yījià	옷걸이
绑架	bǎngjià	납치하다
打架	dǎjià	싸우다
吵架	chǎojià	말다툼하다, 언쟁하다
高架桥	gāojiàqiáo	고가 다리
眼镜架	yǎnjìngjià	안경테

夹

기본글자는 **夹**이고, 병음은 jiā라고 읽습니다. 번체 夾는 왼쪽 사람(人)과 오른쪽 사람(人) 사이에 한 사람(人)이 끼어 있는 모습을 형상화한 것으로 '끼다'는 뜻 및 그로부터 파생된 '집게'라는 뜻입니다. 사실 간체 夹 자체도 사람이 겨드랑이 사이에 물건을 낀 모양으로 이해할 수 있습니다.

夹에 부수 犭(개, 짐승)을 붙이면 짐승처럼 마음이 '좁다'는 뜻의 **狭**가 됩니다.
부수 山(산)을 붙이면 산과 산 사이에 움푹 파인 '골짜기'를 뜻하는 **峡**가 됩니다.
부수 亻(사람)을 붙이면 의협심이 있는 사람, 즉 '협객'을 뜻하는 **侠**가 됩니다.

夹에 부수 页(머리)를 붙이면 사람의 머리 부분에 있는 '뺨'을 뜻하는 **颊**가 되고, 병음은 jiá라고 읽습니다.
예) 脸颊 liǎnjiá 뺨, 볼

来는 번체 來(래)를 간략히 한 것으로 '오다'는 뜻을 가지고 있고, 병음은 lái라고 읽습니다. 夹와 어원은 전혀 다르지만 글자 모양이 흡사하므로 구분하여 익혀두면 좋습니다.
예) 本来 běnlái 본래

夹 jiā　　끼다, 집게

한국어

夹攻	jiāgōng	협공

중국어

夹子	jiāzi	집게
夹杂	jiāzá	뒤섞이다
夹克	jiākè	자켓
发夹	fàjiā	머리핀
文件夹	wénjiànjiā	서류철, 폴더
收藏夹	shōucángjiā	즐겨찾기

狭 xiá　　좁다

한국어

狭窄	xiázhǎi	협착, 좁다
狭小	xiáxiǎo	협소
狭义	xiáyì	협의, 좁은 의미
狭心症	xiáxīnzhèng	협심증
偏狭	piānxiá	편협

중국어

狭隘	xiá'ài	좁다

峡 xiá　　골짜기

한국어

峡谷	xiágǔ	협곡
海峡	hǎixiá	해협

중국어

三峡大坝	sānxiádàbà	싼샤댐

侠 xiá　　협객

한국어

侠客	xiákè	협객
侠士	xiáshì	협사
义侠	yìxiá	의협, 의협심이 강한 사람
武侠	wǔxiá	무협
大侠	dàxiá	대협

중국어

武侠片	wǔxiápiàn	무협 영화
蝙蝠侠	biānfúxiá	배트맨
钢铁侠	gāngtiěxiá	아이언맨
蜘蛛侠	zhīzhuúxiá	스파이더맨

기본글자는 **监**이고, 병음은 jiān이라고 읽습니다. 번체 **監**은 신하(臣)를 시켜 그릇(皿) 안의 물을 지켜보도록 한 것에서 유래하여 '보다', '감시하다'는 뜻으로 사용됩니다.

기본

鉴은 번체로는 鑑이라고 씁니다. 번체 鑑은 부수 金(쇠)를 붙여 쇠를 갈아 만든 '거울'이라는 뜻 및 그로부터 파생된 거울에 비춰 '살펴보다'는 뜻을 가지고 있습니다. 간체로 변형이 되면서 金을 监의 왼쪽에 붙이는 대신 그릇(皿)의 자리에 金을 대체시킨 것입니다.

변형

监에 부수 竹(대나무)를 붙이면 대나무로 만든 '바구니'를 뜻하는 **篮**이 됩니다.
부수 艹(풀, 꽃)을 붙이면 본래는 쪽이라는 풀을 염료로 하여 만들어진 색깔인 '남색'을 뜻하는 **蓝**이 됩니다.
부수 氵(물)을 붙이면 물이 '넘치다'는 뜻의 **滥**이 됩니다.

구분

览은 번체로는 覽(람)이라고 씁니다. 监과는 직접적인 연관성은 없으나, 글자 모양이 비슷하므로 구분하여 익혀두면 좋습니다. 览은 부수 见의 영향으로 '보다'는 뜻을 가지고 있어 监과 뜻이 같고, 병음은 lǎn이라고 읽어 监의 변형글자들과 병음도 같습니다.
예) 展览 zhǎnlǎn 전람

监	jiàn	보다, 감시하다

한국어

监督	jiāndū	감독
监事	jiānshì	감사, 회사의 감사
监查	jiānchá	감사, 감독하고 조사하다
监察	jiānchá	감찰, 감독하고 살피다
监视	jiānshì	감시
监理	jiānlǐ	감리
监修	jiānxiū	감수
监听	jiāntīng	감청
监狱	jiānyù	감옥
监房	jiānfáng	감방
监禁	jiānjìn	감금
监护	jiānhù	감호, 후견

중국어

监管	jiānguǎn	감독하고 관리하다, 관리 감독하다
总监	zǒngjiān	총감독
坐监	zuòjiān	수감되다, 옥살이하다

鉴	jiàn	거울, 살펴보다

한국어

鉴定	jiàndìng	감정
鉴别	jiànbié	감별
鉴赏	jiànshǎng	감상

印鉴	yìnjiàn	인감
图鉴	tújiàn	도감
年鉴	niánjiàn	연감
龟鉴	guījiàn	귀감

중국어

鉴于	jiànyú	~에 비추어 보면
借鉴	jièjiàn	거울로 삼다

篮	lán	바구니

한국어

摇篮	yáolán	요람

중국어

篮子	lánzi	바구니
篮球	lánqiú	농구, 농구공
打篮球	dǎlánqiú	농구를 하다
篮球场	lánqiúchǎng	농구장
篮球架	lánqiújià	농구 골대
篮球鞋	lánqiúxié	농구화
花篮	huālán	꽃바구니

蓝	lán	남색

한국어

蓝色	lánsè	남색, 파란색
青出于蓝	qīngchūyúlán	청출어람, 제자가 스승보다 낫다

蓝天	lántiān	푸른 하늘
蓝图	lántú	청사진
蓝领	lánlǐng	블루칼라
蓝莓	lánméi	블루베리
蓝牙	lányá	블루투스
蔚蓝	wèilán	짙푸르다. 새파랗다

滥	làn	넘치다

滥发	lànfā	남발
滥用	lànyòng	남용
权利滥用	quánlìlànyòng	권리 남용
泛滥	fànlàn	범람

滥捕	lànbǔ	남획하다
滥用职权	lànyòngzhíquán	직권 남용

기본글자는 **戋**이고, 병음은 jiān이라고 읽습니다. 번체 戔을 간체화한 것으로 단독으로는 거의
쓰이지 않습니다.

기본

戋에 부수 足(발)을 붙이면 발로 '밟다'는 뜻의 **践**이 됩니다.
부수 贝(돈, 재물)을 붙이면 가치가 낮고 '천하다'는 뜻의 **贱**이 됩니다.

변형

戋에 부수 钅(쇠, 돈)을 붙이면 '돈', '화폐'를 뜻하는 **钱**이 됩니다.
부수 氵(물)을 붙이면 물이 '얕다'는 의미의 **浅**이 됩니다.
부수 纟(실)을 붙이면 실로 이은 '선', '줄'을 뜻하는 **线**이 됩니다.
부수 歹(죽음)을 붙이면 사람이 죽도록 해하여 '잔인하다'는 뜻 및 그로부터 파생된 사람이 죽고 나면
남은 것이 '적다'는 뜻의 **残**이 됩니다.

확장

戋에 부수 木(나무)를 붙이면 나무로 만든 '사다리', '우리'를 뜻하는 **栈**이 되고, 병음은 zhàn이라고
읽습니다. 예) 客栈 kèzhàn 객잔

참고

다른 글자들과 달리 线의 번체는 線이고, 戋과는 연관이 없는 것처럼 보입니다. 그런데 과거 線은
綫과 같은 글자로 취급했고, 사실 綫에서 간체화된 것입니다.

180

践 jiàn 밟다

| 实践 | shíjiàn | 실천 |

| 践踏 | jiàntà | 밟다, 짓밟다 |

贱 jiàn 천하다

贱视	jiànshì	천시
贱民	jiànmín	천민
贵贱	guìjiàn	귀천
卑贱	bēijiàn	비천
贫贱	pínjiàn	빈천, 가난하고 천하다
贫贱之交	pínjiànzhījiāo	빈천지교, 가난하고 힘들 때 사귄 벗

| 低贱 | dījiàn | 낮고 천하다 |

钱 qián 돈, 화폐

金钱	jīnqián	금전
换钱	huànqián	환전
本钱	běnqián	본전

钱包	qiánbāo	지갑
钱财	qiáncái	재산
价钱	jiàqián	가격
零钱	língqián	잔돈
工钱	gōngqian	임금
挣钱	zhèngqián	돈을 벌다
赚钱	zhuànqián	돈을 벌다
赌钱	dǔqián	돈을 걸다
省钱	shěngqián	돈을 아끼다
找钱	zhǎoqián	돈을 거슬러 주다
洗钱	xǐqián	돈세탁을 하다
有钱	yǒuqián	돈이 많다
点钱	diǎnqián	돈을 세다
压岁钱	yāsuìqián	세뱃돈

浅 qiǎn 얕다

| 浅薄 | qiǎnbó | 천박 |
| 浅海 | qiǎnhǎi | 천해, 얕은 바다 |

| 浅色 | qiǎnsè | 연한 색 |
| 深浅 | shēnqiǎn | 깊이 |

线 xiàn 선, 줄

| 线路 | xiànlù | 선로 |

直线	zhíxiàn	직선
曲线	qūxiàn	곡선
干线	gànxiàn	간선
支线	zhīxiàn	지선
战线	zhànxiàn	전선
电线	diànxiàn	전선
光线	guāngxiàn	광선
路线	lùxiàn	노선
有线	yǒuxiàn	유선
无线	wúxiàn	무선
伏线	fúxiàn	복선
断线	duànxiàn	단선
视线	shìxiàn	시선
一线	yíxiàn	일선, 맨 앞, 일류
流线型	liúxiànxíng	유선형
国境线	guójìngxiàn	국경선
地平线	dìpíngxiàn	지평선
水平线	shuǐpíngxiàn	수평선
垂直线	chuízhíxiàn	수직선
平行线	píngxíngxiàn	평행선
导火线	dǎohuǒxiàn	도화선
高压线	gāoyāxiàn	고압선
放射线	fàngshèxiàn	방사선
紫外线	zǐwàixiàn	자외선

중국어

线索	xiànsuǒ	실마리
占线	zhànxiàn	통화 중
在线	zàixiàn	온라인
离线	líxiàn	오프라인
热线	rèxiàn	핫라인

毛线	máoxiàn	털실
界线	jièxiàn	경계선
牙线	yáxiàn	치실
起跑线	qǐpǎoxiàn	출발선
生产线	shēngchǎnxiàn	생산 라인
车道线	chēdàoxiàn	차선
红外线	hóngwàixiàn	적외선

残	cán	잔인하다, 적다, 흠이 있다

한국어

残忍	cánrěn	잔인
残酷	cánkù	잔혹
残余	cányú	잔여
残存	cáncún	잔존
残留	cánliú	잔류
残骸	cánhái	잔해
骨肉相残	gǔròuxiāngcán	골육상잔, 친족끼리 서로 해치다

중국어

残疾	cánjí	장애
残疾人	cánjírén	장애인
摧残	cuīcán	심한 손상을 주다

交

기본글자는 **交**이고, 병음은 jiāo라고 읽습니다. 사람이 다리를 교차하여 앉은 모습을 형상화한 것으로 '교차하다'는 뜻 및 그로부터 파생된 두 사람이 서로 다리를 맞대고 가깝게 '사귀다', '교제하다'는 뜻입니다.

기본

交에 부수 阝(마을)을 붙이면 마을 밖의 넓은 들 즉 '교외'를 뜻하는 **郊**가 됩니다.

부수 月(고기, 신체)를 붙이면 동물의 가죽, 힘줄 등을 고아 만든 '풀'을 뜻하는 **胶**가 됩니다.

부수 饣(밥, 음식)을 붙이면 음식의 일종인 '만두'를 뜻하는 **饺**가 됩니다.

부수 纟(실)을 붙이면 줄을 '꼬다'는 뜻 및 줄로 목을 '매다'는 뜻의 **绞**가 됩니다.

부수 车(차)를 붙이면 **较**가 되는데, 본래는 수레(车)의 가로축을 나타내는 말이었다가 수레의 균형을 잡기 위해서는 가로축의 위치를 잘 비교해 잡아 주어야 한다는 의미에서 '비교하다'라는 뜻으로 사용됩니다.

부수 木(나무)를 붙이면 **校**가 되고, 병음에 따라 뜻이 달라집니다. 나무로 만든 형구를 씌워 사람을 '바로잡다'는 뜻일 때는 jiào라고 읽습니다. 사람을 바로잡는 곳 즉 '학교'라는 뜻일 때는 xiào라고 읽습니다.

🗨️ 변형

交에 부수 攵(치다, 동작)을 붙이면 어떤 일에 최선을 다하고 난 뒤 발생한 '효과'를 뜻하는 **效**가 됩니다.
부수 口(입)을 붙이면 이빨로 '물다'는 뜻의 **咬**가 됩니다.

🗨️ 확장

交에 부수 犭(개, 짐승)을 붙이면 들개처럼 '교활하다'는 뜻의 **狡**가 되고, 병음은 jiǎo라고 읽습니다.
예) 狡猾 jiǎohuá 교활

交 jiāo 교차하다, 사귀다

交通	jiāotōng	교통
交流	jiāoliú	교류
交换	jiāohuàn	교환
交际	jiāojì	교제
交叉	jiāochā	교차
交易	jiāoyì	교역, 거래
交涉	jiāoshè	교섭
交付	jiāofù	교부
交接	jiāojiē	교접
交代	jiāodài	교대, 설명하다
交替	jiāotì	교체
交尾	jiāowěi	교미
交点	jiāodiǎn	교점
交响曲	jiāoxiǎngqǔ	교향곡
外交	wàijiāo	외교
绝交	juéjiāo	절교
断交	duànjiāo	단교
刎颈之交	wěnjǐngzhījiāo	문경지교, 목이 잘려 죽어도 후회하지 않을 친구
金兰之交	jīnlánzhījiāo	금란지교, 환금처럼 단단하고 난초처럼 향기로운 우정
莫逆之交	mònìzhījiāo	막역지교, 거슬릴 것이 없는 친구

交警	jiāojǐng	교통경찰
交往	jiāowǎng	교제하다
交纳	jiāonà	납부하다
成交	chéngjiāo	거래가 성립하다
杂交	zájiāo	교잡하다
移交	yíjiāo	넘겨주다
打交道	dǎjiāodao	교제하다
立交桥	lìjiāoqiáo	입체 교차로
交通工具	jiāotōnggōngjù	교통수단

郊 jiāo 교외

郊外	jiāowài	교외
近郊	jìnjiāo	근교
远郊	yuǎnjiāo	원교

郊区	jiāoqū	변두리
郊游	jiāoyóu	소풍 가다

胶 jiāo 풀

胶着	jiāozhuó	교착

胶水	jiāoshuǐ	풀
胶带	jiāodài	접착테이프
胶片	jiāopiàn	필름
胶囊	jiāonáng	캡슐
发胶	fàjiāo	헤어젤, 헤어스프레이
橡胶	xiàngjiāo	고무

饺	jiǎo		만두

饺子	jiǎozi		교자, 만두

饺子皮	jiǎozipí		만두피
饺子馅	jiǎozǐxiàn		만두소
水饺	shuǐjiǎo		물만두
煎饺	jiānjiǎozi		군만두
蒸饺	zhēngjiǎo		찐만두

绞	jiǎo		꼬다, 목매다

绞杀	jiǎoshā		교살

绞刑	jiǎoxíng		교수형
绞尽脑汁	jiǎojìnnǎozhī		생각을 짜내다
心如刀绞	xīnrúdāojiǎo		칼로 도려내는 듯 마음이 아프다

较	jiǎo		비교하다

比较	bǐjiào		비교
日较差	rìjiàochā		일교차

较量	jiàoliàng		실력을 겨루다
计较	jìjiào		따지다
斤斤计较	jīnjīnjìjiào		시시콜콜 따지다

校	xiào / jiào		학교 / 바로잡다

校长	xiàozhǎng		교장
校友	xiàoyǒu		교우
校服	xiàofú		교복
校歌	xiàogē		교가
校门	xiàomén		교문
校名	xiàomíng		교명
母校	mǔxiào		모교
学校	xuéxiào		학교
公立学校	gōnglìxuéxiào		공립학교
私立学校	sīlìxuéxiào		사립학교
校正	jiàozhèng		교정
校阅	jiàoyuè		교열

校园	xiàoyuán		교정, 캠퍼스
校车	xiàochē		스쿨버스
党校	dǎngxiào		공산당 간부학교
校对	jiàoduì		대조하여 맞추다, 교정하다

效	xiào		효과

效果	xiàoguǒ		효과
效率	xiàolǜ		효율
效力	xiàolì		효력
效能	xiàonéng		효능
效验	xiàoyàn		효험
效用	xiàoyòng		효용
效益	xiàoyì		효익, 효과와 수익
无效	wúxiào		무효
有效	yǒuxiào		유효
药效	yàoxiào		약효
时效	shíxiào		시효
实效	shíxiào		실효, 실제 효과
失效	shīxiào		실효, 효력을 잃다
奏效	zòuxiào		주효, 효과가 있다
特效	tèxiào		특효
特效药	tèxiàoyào		특효약
东施效颦	dōngshīxiàopín		동시효빈, 동시가 눈썹을 찌푸리다, 무작정 남을 따라하다

중국어

效应	xiàoyìng		효과와 반응
成效	chéngxiào		효과
功效	gōngxiào		효과
生效	shēngxiào		효력이 발생하다

咬	yǎo		물다

중국어

咬牙	yǎoyá		이를 악물다
咬牙切齿	yǎoyáqièchǐ		이를 악물고 이를 갈다, 원통해 하다
咬耳朵	yǎo'ěrduo		귓속말하다

斤

• • •

기본글자는 斤이고, 병음은 jīn이라고 읽습니다. 도끼의 모양을 본뜬 것으로 '도끼'라는 뜻입니다.

기본

斤에 부수 辶(가다)를 붙이면 가는 거리가 '가깝다'는 뜻의 近이 됩니다.

변형

斤에 부수 欠(하품)을 붙이면 입을 크게 벌리고 '기뻐하다'는 뜻의 欣이 됩니다.
부수 木(나무)를 붙이면 도끼로 나무를 쪼개서 나눈 후에 '분석하다'는 뜻의 析이 됩니다.
부수 口(입, 말하다)를 붙이면 남이 말하는 것을 '듣다'는 뜻의 听이 됩니다.

확장

斤에 부수 匚(상자)를 붙이면 상자에 도끼와 같은 공구를 넣고 다니는 '기술자', '장인'을 뜻하는 匠이
되고, 병음은 jiàng이라고 읽습니다.
예) 匠人 jiàngrén 장인
析에 부수 日(해, 날)을 붙이면 날이 밝아오듯이 '분명하다'는 뜻의 晰가 되고, 병음은 xī라고 읽습니다.
예) 清晰 qīngxī 또렷하다, 선명하다

참고

听은 번체로 聽(청)이라고 쓰고, 본래 斤과 상관없는 글자였지만 간체화되면서 연관이 생긴 경우입니다.

188

斤	jīn		도끼

一斤	yìjīn	한 근, 500g
千斤	qiānjīn	천근, 아주 무거움

公斤	gōngjīn	킬로그램
斤斤计较	jīnjīnjìjiào	시시콜콜 따지다

近	jìn		가깝다

近来	jìnlái	근래
近世	jìnshì	근세
近代	jìndài	근대
近年	jìnnián	근년, 최근 몇 년
近处	jìnchù	근처
近郊	jìnjiāo	근교
近景	jìnjǐng	근경, 클로즈업
近邻	jìnlín	근린, 가까운 이웃
近海	jìnhǎi	근해
近况	jìnkuàng	근황
近亲	jìnqīn	근친
近视	jìnshì	근시
近似	jìnsì	근사
近距离	jìnjùlí	근거리
附近	fùjìn	부근
最近	zuìjìn	최근
接近	jiējìn	접근

邻近	línjìn	인근, 부근
亲近	qīnjìn	친근
远近	yuǎnjìn	원근
近墨者黑	jìnmòzhěhēi	근묵자흑, 먹을 가까이 하면 검어진다
近朱者赤	jìnzhūzhěchì	근주자적, 주사를 가까이하면 붉게 된다
远交近攻	yuǎnjiāojìngōng	원교근공, 먼 나라와 친교를 맺고 가까운 나라를 공격하다

将近	jiāngjìn	거의 ~에 이르다
就近	jiùjìn	가까이, 근처에
急功近利	jígōngjìnlì	성공에 급급하고 눈앞의 이익을 탐하다

欣	xīn		기뻐하다

欣快	xīnkuài	흔쾌, 기쁘고 유쾌하다

欣赏	xīnshǎng	감상하다
欣慰	xīnwèi	기쁘고 위안이 되다
欣欣向荣	xīnxīnxiàngróng	초목이 무성하다, 사업이 번창하다

析	xī		분석하다

한국어

分析	fēnxī	분석
解析	jiěxī	해석, 논리적으로 풀다
透析	tòuxī	투석, 얇은 막을 통과시켜 정제하다

听	tīng		듣다

한국어

听觉	tīngjué	청각
听取	tīngqǔ	청취
听众	tīngzhòng	청중
听者	tīngzhě	청자, 듣는 사람
听讲	tīngjiǎng	청강
听力	tīnglì	청력
听诊器	tīngzhěnqì	청진기
视听	shìtīng	시청
倾听	qīngtīng	경청
幻听	huàntīng	환청
监听	jiāntīng	감청

중국어

听话	tīnghuà	말을 듣다, 말을 잘 듣다
听懂	tīngdǒng	알아듣다
听不懂	tīngbudǒng	못 알아듣다
听得懂	tīngdedǒng	알아들을 수 있다
听见	tīngjiàn	듣다, 들리다
听写	tīngxiě	받아쓰기

听说	tīngshuō	듣자 하니
听啤	tīngpí	캔 맥주
打听	dǎting	물어보다, 알아보다
好听	hǎotīng	듣기 좋다
难听	nántīng	듣기 싫다
旁听	pángtīng	방청
窃听	qiètīng	도청
助听器	zhùtīngqì	보청기

. . .

기본글자는 **今**이고, 병음은 jīn이라고 읽습니다. 흙이 쌓이고 쌓여 지금에 이른 모양에서 유래한 것으로 '지금', '현재'라는 뜻입니다.

📢 **변형**

今에 부수 口(입)을 아래에 붙이면 입속에 '머금다'는 뜻의 **含**이 됩니다.

부수 口(입, 말하다)를 왼쪽에 붙이면 입으로 소리를 내어 '읊다'는 뜻의 **吟**이 됩니다.

부수 贝(돈, 재물)을 붙이면 돈을 '탐하다'는 뜻의 **贪**이 됩니다.

부수 心(마음, 생각)을 붙이면 가슴 깊이 '생각하다', '그리워하다'는 뜻의 **念**이 됩니다.

今	jīn	지금, 현재

今日	jīnrì	금일, 오늘
今年	jīnnián	금년, 올해
今生	jīnshēng	금생, 이번 생
今昔	jīnxī	금석, 현재와 과거
古今	gǔjīn	고금, 과거와 현재
今是昨非	jīnshìzuófēi	금시작비, 오늘은 옳고 어제는 그르다, 과거의 잘못을 깨닫다

今天	jīntiān	오늘
今晚	jīnwǎn	오늘 저녁
今夜	jīnyè	오늘 밤
今后	jīnhòu	이후, 앞으로
如今	rújīn	오늘날
至今	zhìjīn	지금까지
迄今为止	qìjīnwéizhǐ	지금까지

含	hán	머금다, 포함하다

含有	hányǒu	함유
含义	hányì	함의, 담겨진 의미
含蓄	hánxù	함축, 담겨 있다
含量	hánliàng	함량
包含	bāohán	포함

含糊	hánhu	모호하다, 애매하다

贪	tān	탐하다

贪心	tānxīn	탐심, 탐욕스럽다
贪欲	tānyù	탐욕
贪官污吏	tānguānwūlì	탐관오리

贪吃	tānchī	음식을 탐하다, 게걸스럽게 먹다
贪污	tānwū	독직하다, 직권을 이용하여 재물을 취하다
贪婪	tānlán	매우 탐욕스럽다
贪得无厌	tāndéwúyàn	욕심이 끝이 없다
贪小失大	tānxiǎoshīdà	작은 것을 탐하다 큰 것을 잃다, 소탐대실

念	niàn	생각하다, 그리워하다, 읽다

念头	niàntou	염두, 생각
纪念	jìniàn	기념
概念	gàiniàn	개념
观念	guānniàn	관념
信念	xìnniàn	신념

理念	lǐniàn		이념
邪念	xiéniàn		사념, 그릇된 생각
杂念	zániàn		잡념
默念	mòniàn		묵념, 말없이 생각에 잠기다

중국어

念书	niànshū		책을 읽다
思念	sīniàn		그리워하다
想念	xiǎngniàn		그리워하다
怀念	huáiniàn		그리워하다, 회상하다
悬念	xuánniàn		걱정하다, 긴장감이 있다
挂念	guàniàn		걱정하다, 그리워하다
留念	liúniàn		기념으로 남기다
悼念	dàoniàn		애도하다
念念不忘	niànniànbùwàng		마음속에 두고 잊지 못하다

吟	yín		읊다

한국어

吟诵	yínsòng		음송
呻吟	shēnyín		신음
无病呻吟	wúbìngshēnyín		무병신음, 병도 없이 앓는 소리를 하다, 별일 아닌데 엄살을 부리다
吟风弄月	yínfēngnòngyuè		음풍농월, 자연에 대한 시를 지으며 놀다

중국어

吟诗	yínshī		시를 읊다

京

기본글자는 **京**이고, 병음은 jīng이라고 읽습니다. 京은 큰 성문이 있고, 뾰족한 지붕을 가진 높은 성곽을 형상화한 것인데, 한 나라의 수도에는 가장 높고 크게 성을 쌓았으므로 자연스럽게 '수도'라는 뜻으로 확장되었습니다.

기본

京에 부수 忄(마음)을 붙이면 마음으로 '놀라다'는 뜻의 **惊**이 됩니다.
부수 日(해)를 붙이면 높은 성곽 위에 해가 솟아 비추는 아름다운 '풍경'을 뜻하는 **景**이 됩니다.

변형

京에 부수 冫(얼음)을 붙이면 얼음처럼 '차갑다', '서늘하다'는 뜻의 **凉**이 됩니다.
부수 讠(말)을 붙이면 대화를 하여 서로 '양해하다'는 뜻의 **谅**이 됩니다.
景에 부수 彡(털, 꾸미다)를 붙이면 햇볕을 받아 분신처럼 나를 꾸며주는 '그림자'라는 뜻의 **影**이 됩니다.

확장

京에 부수 鱼(물고기)를 붙이면 물고기(鱼)의 왕(京) 즉 '고래'라는 뜻의 **鲸**이 되고, 병음은 jīng이라고 읽습니다. 예) 捕鲸 bǔjīng 포경
부수 日(해)를 왼쪽에 붙이면 햇볕을 쪼여 '말리다'는 뜻의 **晾**이 되고, 병음은 liàng이라고 읽습니다. 예) 晾干 liànggān 그늘이나 바람에 말리다
부수 扌(손)을 붙이면 손으로 남의 재물을 '빼앗다', '노략질하다'는 뜻의 **掠**이 되고, 병음은 lüè라고 읽습니다. 예) 掠夺 lüèduó 약탈

京 jīng 수도

한국어

京剧	jīngjù	경극
上京	shàngjīng	상경하다

중국어

京戏	jīngxì	경극
京东	jīngdōng	징동, 중국 온라인 쇼핑몰 이름
北京	Běijīng	베이징, 북경
燕京	Yānjīng	옌징, 베이징 옛 지명
南京	Nánjīng	난징, 남경

惊 jīng 놀라다

한국어

惊异	jīngyì	경이
惊愕	jīng'è	경악
大惊失色	dàjīngshīsè	대경실색, 몹시 놀라 얼굴빛이 하얗게 질리다
打草惊蛇	dǎcǎojīngshé	타초경사, 풀을 쳐서 뱀을 놀라게 하다, 섣부른 행동으로 상대방이 경계하게 만들다
惊天动地	jīngtiāndòngdì	경천동지, 하늘을 놀라게 하고 땅을 흔들리게 만들다

중국어

惊动	jīngdòng	놀라게 하다
惊人	jīngrén	놀라게 하다
惊喜	jīngxǐ	놀랍고 기쁘다
惊讶	jīngyà	놀랍고 의아하다
惊奇	jīngqí	놀랍고 기이하다
惊慌	jīnghuāng	놀라 당황하다
震惊	zhènjīng	놀라게 하다
吃惊	chījīng	놀라다
大吃一惊	dàchīyìjīng	크게 놀라다

景 jǐng 풍경

한국어

景观	jǐngguān	경관
景致	jǐngzhì	경치
景气	jǐngqì	경기, 경제 상황
不景气	bùjǐngqì	불경기
风景	fēngjǐng	풍경
情景	qíngjǐng	정경, 감흥을 주는 경치
光景	guāngjǐng	광경
夜景	yèjǐng	야경
绝景	juéjǐng	절경
背景	bèijǐng	배경
近景	jìnjǐng	근경
远景	yuǎnjǐng	원경
全景	quánjǐng	전경
前景	qiánjǐng	전경, 앞쪽의 풍경

景色	jǐngsè	경치, 풍경
景物	jǐngwù	풍물, 풍경과 사물
美景	měijǐng	아름다운 경치

凉 liáng 차갑다, 서늘하다

한국어

清凉	qīngliáng	청량
荒凉	huāngliáng	황량
凄凉	qīliáng	처량

중국어

凉快	liángkuai	시원하다
凉爽	liángshuǎng	시원하고 상쾌하다
凉水	liángshuǐ	찬물
凉菜	liángcài	냉채, 차게 먹는 음식
凉鞋	liángxié	샌들
着凉	zháoliáng	감기에 걸리다
世态炎凉	shìtàiyánliáng	돈과 권력에 따라 뜨거웠다 차가워지는 세태, 염량세태

谅 liàng 양해하다

한국어

谅解	liàngjiě	양해

중국어

原谅	yuánliàng	용서하다
体谅	tǐliàng	이해하다

影 yǐng 그림자

한국어

影响	yǐngxiǎng	영향
影像	yǐngxiàng	영상
幻影	huànyǐng	환영
投影	tóuyǐng	투영

중국어

影子	yǐngzi	그림자, 비치는 모습
影片	yǐngpiàn	영화, 영화 필름
电影	diànyǐng	영화
电影院	diànyǐngyuàn	영화관
摄影	shèyǐng	촬영하다
摄影机	shèyǐngjī	촬영 카메라
合影	héyǐng	함께 사진을 찍다
眼影	yǎnyǐng	아이섀도

기본글자는 조이고, 병음은 jīng이라고 읽습니다. 번체 巠은 물이 아래로 흘러내리는 모양인데, 단독으로는 쓰이지 않습니다.

조에 부수 纟(실)을 붙이면 천을 짤 때 세로줄인 '날실'이라는 뜻 및 그로부터 파생된 천을 짜듯 '경영하다'는 뜻의 **经**이 됩니다.

부수 页(머리)를 붙이면 신체 중에서 머리를 받쳐 주는 '목' 부분을 뜻하는 **颈**이 됩니다.

부수 彳(걷다, 가다)를 붙이면 곧장 가는 '지름길'을 뜻하는 **径**이 됩니다.

부수 力(힘)을 붙이면 '힘'을 뜻하는 **劲**이 됩니다.

변형

조에 부수 车(차)를 붙이면 차에 실으면 짐의 무게가 '가볍다'는 뜻의 **轻**이 됩니다.

확장

조에 부수 艹(풀, 꽃)을 붙이면 식물의 '줄기'를 뜻하는 **茎**이 되고, 병음은 jīng이라고 읽습니다.

예) 阴茎 yīnjīng 음경

구분

圣은 조과 비슷하게 생겼으나, 조과는 전혀 다른 글자입니다. 圣은 번체 聖을 간체화한 것으로 '성스럽다'는 의미이고, 병음은 shèng이라고 읽습니다. 예) 神圣 shénshèng 신성

197

经	jīng	날실, 경영하다, 겪다, 경전

한국어

经济	jīngjì	경제
经营	jīngyíng	경영
经费	jīngfèi	경비, 비용
经常	jīngcháng	경상, 평상, 항상
经验	jīngyàn	경험
经历	jīnglì	경력
经过	jīngguò	경과, 경유하다, 거치다
经典	jīngdiǎn	경전, 고전
经络	jīngluò	경락
经穴	jīngxué	경혈
经脉	jīngmài	경맥
经线	jīngxiàn	경선, 경도선
财经	cáijīng	재경, 재정과 경제
神经	shénjīng	신경
圣经	shèngjīng	성경
佛经	fójīng	불경

중국어

经商	jīngshāng	장사하다
经理	jīnglǐ	매니저, 경영 관리
总经理	zǒngjīnglǐ	최고경영자
经纬	jīngwěi	경선과 위선, 씨줄과 날줄
已经	yǐjīng	이미
曾经	céngjīng	일찍이
正经	zhèngjing	정직하다

颈	jǐng	목

한국어

颈椎	jǐngzhuī	경추, 목뼈
刎颈之交	wěnjǐngzhījiāo	문경지교, 목이 잘려 죽어도 후회하지 않을 친구

중국어

颈项	jǐngxiàng	목
瓶颈	píngjǐng	병목, 장애
长颈鹿	chángjǐnglù	기린

径	jìng	지름길

한국어

直径	zhíjìng	직경, 지름
半径	bànjìng	반경, 반지름
口径	kǒujìng	구경, 구멍의 직경
捷径	jiéjìng	첩경, 지름길

중국어

途径	tújìng	경로, 방법
田径	tiánjìng	육상 경기

劲	jìn		힘

干劲	gànjìn	의욕
强劲	qiángjìn	세다
使劲	shǐjìn	힘을 쓰다, 힘을 내다
吃劲	chījìn	힘들다
没劲	méijìn	힘이 없다, 재미없다

轻	qīng		가볍다

轻重	qīngzhòng	경중, 무게
轻快	qīngkuài	경쾌
轻视	qīngshì	경시
轻薄	qīngbó	경박
轻蔑	qīngmiè	경멸
轻率	qīngshuài	경솔
轻微	qīngwēi	경미
轻油	qīngyóu	경유
轻工业	qīnggōngyè	경공업
轻减	qīngjiǎn	경감
减轻	jiǎnqīng	감경
轻举妄动	qīngjǔwàngdòng	경거망동

轻松	qīngsōng	가볍다, 홀가분하다
轻易	qīngyì	경솔하다
轻声	qīngshēng	경성, 중국어에서 짧고 가볍게 읽는 소리
年轻	niánqīng	젊다, 어리다
年轻人	niánqīngrén	젊은이
举足轻重	jǔzúqīngzhòng	중요한 위치에서 전체에 중대한 영향을 끼치다
轻而易举	qīng'éryìjǔ	매우 수월하다, 식은죽 먹기

井

· · ·

기본글자는 **井**이고, 병음은 jǐng이라고 읽습니다. 우물의 테두리 모양을 형상화한 것으로 '우물'이라는 뜻입니다.

🔖 변형

井에 부수 讠(말)을 붙이면 '말하다', '설명하다'는 뜻의 **讲**이 됩니다.
부수 辶(가다)를 붙이면 앞으로 '나아가다'는 뜻의 **进**이 됩니다.
부수 耒(가래, 쟁기)를 붙이면 가래로 '밭을 갈다'는 뜻의 **耕**이 됩니다.

🔖 참고

讲, 进은 번체로 講(강), 進(진)이라고 쓰는데, 본래는 井과 상관없는 글자였지만 간체화되면서 연관이 생긴 경우입니다.

井 jǐng   우물

한국어

油井	yóujǐng	유정
井底之蛙	jǐngdǐzhīwā	정저지와, 우물 안 개구리
坐井观天	zuòjǐngguāntiān	좌정관천, 우물 안에 앉아 하늘을 보다

중국어

矿井	kuàngjǐng	갱도, 갱 안에 뚫어 놓은 길
龙井茶	lóngjǐngchá	룽징차, 중국의 명차
井井有条	jǐngjǐngyǒutiáo	질서 정연하다

讲 jiǎng   말하다, 설명하다

한국어

讲座	jiǎngzuò	강좌
讲演	jiǎngyǎn	강연
讲论	jiǎnglùn	강론
讲解	jiǎngjiě	강해, 해설
讲习	jiǎngxí	강습
讲评	jiǎngpíng	강평
讲堂	jiǎngtáng	강당
讲坛	jiǎngtán	강단
讲师	jiǎngshī	강사
听讲	tīngjiǎng	청강
试讲	shìjiǎng	시강, 시범강의

중국어

讲话	jiǎnghuà	말하다, 담화
讲述	jiǎngshù	이야기하다
讲课	jiǎngkè	강의하다, 수업하다
讲义	jiǎngyì	강의 교재
讲究	jiǎngjiu	중요시하다, 정교하다
讲价	jiǎngjià	가격을 흥정하다
演讲	yǎnjiǎng	강연, 연설
对讲机	duìjiǎngjī	소형 무전기

进 jìn   나아가다

한국어

进退	jìntuì	진퇴
进行	jìnxíng	진행
进步	jìnbù	진보
进取	jìnqǔ	진취
进展	jìnzhǎn	진전
进入	jìnrù	진입
进化	jìnhuà	진화
进化论	jìnhuàlùn	진화론
进攻	jìngōng	진공
进军	jìnjūn	진군
进度	jìndù	진도
进一步	jìnyíbù	진일보
前进	qiánjìn	전진
后进	hòujìn	후진
先进	xiānjìn	선진
促进	cùjìn	촉진

推进	tuījìn	추진
精进	jīngjìn	정진
跃进	yuèjìn	약진
增进	zēngjìn	증진
急进	jíjìn	급진
渐进	jiànjìn	점진
累进	lěijìn	누진
并进	bìngjìn	병진
行进	xíngjìn	행진
新进	xīnjìn	신진, 신입
进退两难	jìntuìliǎngnán	진퇴양난, 이러지도 저러지도 못하다

중국어

进口	jìnkǒu	수입하다
进出口	jìnchūkǒu	수출입하다
进来	jìnlái	들어오다
进去	jìnqù	들어가다
进而	jìn'ér	나아가
进修	jìnxiū	연수하다
进修生	jìnxiūshēng	연수생
上进	shàngjìn	향상하다, 진보하다
改进	gǎijìn	개선하다
买进	mǎijìn	매입하다
引进	yǐnjìn	도입하다
二进制	èrjìnzhì	이진법
十进制	shíjìnzhì	십진법
循序渐进	xúnxùjiànjìn	순차적으로 점점 나아지다

耕 gēng 밭을 갈다

한국어

耕作	gēngzuò	경작
耕地	gēngdì	경지, 경작지, 논밭을 갈다
耕耘机	gēngyúnjī	경운기
农耕	nónggēng	농경, 농사짓다
农耕文化	nónggēngwénhuà	농경 문화
自耕	zìgēng	자경, 스스로 농사짓다
休耕	xiūgēng	휴경

중국어

耕田	gēngtián	논밭을 갈다
耕种	gēngzhòng	땅을 갈아 파종하다

居

• • •

기본글자는 **居**이고, 병음은 jū라고 읽습니다. 오래(古) 몸(尸)을 움직이지 않고 머물러 '살다'는 뜻입니다.

🔖기본

居에 부수 扌(손)을 붙이면 손으로 잡고 '의지하다'는 뜻 및 그로부터 파생된 '증거'를 뜻하는 **据**가 됩니다.

부수 刂(칼)을 붙이면 칼을 들고 맹렬히 '싸우다'는 뜻 및 칼을 들고 춤을 추는 중국의 '전통극'을 뜻하는 **剧**가 됩니다.

부수 钅(쇠)를 붙이면 쇠로 만든 '톱'이라는 뜻의 **锯**가 됩니다.

🔖참고

据, 剧는 번체로 據(거), 劇(극)이라고 쓰는데, 본래는 居와 상관없는 글자였지만, 간체화되면서 연관이 생긴 경우입니다. 劇을 풀어 보면 虎(호랑이)와 豕(돼지) 등의 짐승의 탈을 쓰고 칼춤(刂)을 추며 공연을 하는 모양으로 이해하면 쉽습니다.

居 jū 살다

한국어

居住	jūzhù	거주
居室	jūshì	거실
居所	jūsuǒ	거소
居留	jūliú	거류
居留证	jūliúzhèng	거류증
同居	tóngjū	동거
独居	dújū	독거
起居	qǐjū	기거, 일상생활을 하다

중국어

居民	jūmín	주민
居然	jūrán	뜻밖에
邻居	línjū	이웃
定居	dìngjū	정주하다, 정착하다

据 jù 의지하다, 증거

한국어

据点	jùdiǎn	거점
证据	zhèngjù	증거
根据	gēnjù	근거
根据地	gēnjùdì	근거지
依据	yījù	의거
论据	lùnjù	논거
占据	zhànjù	점거

중국어

据说	jùshuō	말하는 바에 의하면
据悉	jùxī	아는 바에 의하면
据我所知	jùwǒsuǒzhī	내가 알기로, 내가 아는 바에 의하면
数据	shùjù	데이터
收据	shōujù	영수증
单据	dānjù	영수증
票据	piàojù	유가 증권

剧 jù 싸우다, 연극

한국어

剧烈	jùliè	극렬
剧毒	jùdú	극독
剧本	jùběn	극본
剧场	jùchǎng	극장
剧团	jùtuán	극단
剧作家	jùzuòjiā	극작가
京剧	jīngjù	경극
喜剧	xǐjù	희극
悲剧	bēijù	비극
歌剧	gējù	가극, 오페라
惨剧	cǎnjù	참극
连续剧	liánxùjù	연속극

중국어

剧院	jùyuàn	극장
急剧	jíjù	급격하게
加剧	jiājù	격화되다

戏剧	xìjù	무대 예술
话剧	huàjù	연극
电视剧	diànshìjù	TV 드라마
音乐剧	yīnyuèjù	뮤지컬

锯 jù 톱

锯子	jùzǐ	톱
锯齿	jùchǐ	톱니
电锯	diànjù	전기톱

기본글자는 巨이고, 병음은 jù라고 읽습니다. 직각을 표시할 때 사용하는 네모난 큰 자를 형상화한 것으로 '크다'는 뜻입니다.

기본

巨에 부수 矢(화살, 곧다)를 붙이면 화살처럼 곧고 반듯한 ㄱ자 모양의 '자' 및 그로부터 파생된 '규칙'을 뜻하는 **矩**가 됩니다.

부수 扌(손)을 붙이면 손을 내밀어 막고 '거절하다'는 뜻의 **拒**가 됩니다.

부수 足(발)을 붙이면 과거 발의 보폭으로 거리를 잰데서 '거리', '간격'을 뜻하는 **距**가 됩니다.

확장

巨에 부수 火(불)을 붙이면 촛불보다는 큰 '횃불'이라는 뜻의 **炬**가 되고, 병음은 jù라고 읽습니다.

예) 火炬 huǒjù 횃불

巨　jù　크다

한국어

巨大	jùdà	거대
巨人	jùrén	거인
巨富	jùfù	거부
巨额	jù'é	거액
巨商	jùshāng	거상
巨匠	jùjiàng	거장
巨头	jùtóu	거두
巨物	jùwù	거물
巨星	jùxīng	거성

중국어

巨款	jùkuǎn	거금
艰巨	jiānjù	어렵고 힘들다

矩　jǔ　자, 규칙

중국어

矩形	jǔxíng	사각형
规矩	guīju	규율, 법칙, 룰

拒　jù　거절하다

한국어

拒绝	jùjué	거절
抗拒	kàngjù	항거

중국어

拒不	jùbù	거부하다
拒付	jùfù	지급을 거절하다
拒赔	jùpéi	배상을 거절하다

距　jù　거리, 간격

한국어

距离	jùlí	거리
长距离	chángjùlí	장거리
短距离	duǎnjùlí	단거리
近距离	jìnjùlí	근거리
远距离	yuǎnjùlí	원거리

중국어

差距	chājù	격차
测距	cèjù	거리를 측정하다

기본글자는 **句**이고, 병음은 jù라고 읽습니다. 말(口)이나 문장의 '구절', '글귀'를 뜻합니다. 다만 과거 句와 勾는 같은 글자로 사용되었기에 여전히 gōu라는 병음도 남아 있어 高句丽(고구려)를 읽을 때는 gāogōulì라고 읽습니다. 아래의 够, 狗, 苟도 병음 gōu의 영향을 받은 것입니다.

기본

句에 부수 扌(손, 행위)를 붙이면 손으로 '잡다', '속박하다'는 뜻의 **拘**가 됩니다.

변형

句에 부수 犭(개, 짐승)을 붙이면 '개'를 뜻하는 **狗**가 됩니다.
부수 夕을 두 번 붙이면 多(많다)는 의미가 되므로 그 영향으로 '충분하다', '만족하다'는 뜻의 **够**가 됩니다.

확장

句에 艹(풀, 꽃)을 붙이면 잡초를 다루듯 '함부로 하다'는 뜻의 **苟**가 되고, 병음은 gǒu라고 읽습니다.
예) 不苟 bùgǒu 소홀하지 않다

구분

旬은 부수 日(해, 날)의 영향으로 '10일'을 뜻하고 병음은 xún이라고 읽는데, 勾나 句와 비슷한 모양이므로 구분하여 익히면 좋습니다. 예) 中旬 zhōngxún 중순
旬에 부수 讠(말)을 붙이면 말로 '물어보다'는 뜻의 **询**이 되고, 병음은 xún이라고 읽습니다.
예) 咨询 zīxún 자문하다

句	jù	구절, 글귀

한국어

字句	zìjù	자구, 글자와 어구
语句	yǔjù	어구
文句	wénjù	문구
诗句	shījù	시구

중국어

句子	jùzi	문장
句号	jùhào	마침표
词句	cíjù	어구
造句	zàojù	글을 짓다

拘	jū	잡다, 속박하다

한국어

拘束	jūshù	구속
拘留	jūliú	구류
拘禁	jūjìn	구금
不拘	bùjū	~에도 불구하고

중국어

拘留所	jūliúsuǒ	유치장

狗	gǒu	개

한국어

走狗	zǒugǒu	주구, 앞잡이
海狗	hǎigǒu	해구, 물개

兔死狗烹	tùsǐgǒupēng	토사구팽, 토끼를 잡고 난 후 사냥개를 삶는다, 쓸모가 없어지면 가차 없이 버린다

중국어

狗子	gǒuzi	개, 새끼
狗舍	gǒushè	개집
狗粮	gǒuliáng	개 사료, 개밥
狗屎	gǒushǐ	개똥
小狗	xiǎogǒu	강아지
猎狗	liègǒu	사냥개
热狗	règǒu	핫도그

够	gòu	충분하다, 만족하다

중국어

够了	gòule	충분하다, 됐다
不够	búgòu	부족하다
能够	nénggòu	~할 수 있다
足够	zúgòu	충분하다

기본글자는 **卷**이고, 병음은 juǎn 또는 juàn이라고 읽으며, 성조에 따라 뜻이 달라집니다. 사람이 웅크린 모양인 巳에서 유래된 '말다'는 뜻일 때는 juǎn이라고 읽습니다. 과거에 책을 두루마리처럼 말고 다닌 데서 유래된 '책'이라는 뜻일 때는 juàn이라고 읽습니다.

🗨 변형

卷에 부수 囗(에워싸다)를 붙이면 주위를 둘러싼 '테두리', '범위'를 뜻하는 **圈**이 됩니다.
卷에 巳 대신 부수 手(손)을 사용하면 '주먹'을 뜻하는 **拳**이 됩니다.
卷에 巳 대신 부수 刀(칼)을 사용하면 칼로 자른 작은 '문서', '증서'를 뜻하는 **券**이 됩니다. 拳(quán)과 券(quàn)은 卷과 글자의 모양도 비슷하고 병음에 유사성도 있으므로 함께 익히면 좋습니다.

🗨 확장

卷에 부수 亻(사람)을 붙이면 사람이 '게으르다', '피곤하다'는 뜻의 **倦**이 되고, 병음은 juàn이라고 읽습니다.
예) 疲倦 píjuàn 피곤하다

卷	juǎn / juàn	말다 / 책

卷舌音	juǎnshéyīn	권설음, 혀끝을 말아 내는 소리
席卷	xíjuǎn	석권, 휩쓸다
卷土重来	juǎntǔchónglái	권토중래, 재기하다
压卷	yājuàn	압권
手不释卷	shǒubúshìjuàn	수불석권, 손에서 책을 떼지 않다

卷心菜	juǎnxīncài	양배추
胶卷	jiāojuǎn	카메라 필름
春卷	chūnjuǎn	춘쥐안, 춘권, 음식 이름
龙卷风	lóngjuǎnfēng	회오리바람, 토네이도
问卷	wènjuàn	설문, 설문지
试卷	shìjuàn	시험지
答卷	dájuàn	답안지, 답안을 작성하다

圈	quān	테두리, 범위

商圈	shāngquān	상권
大气圈	dàqìquān	대기권
生活圈	shēnghuóquān	생활권

圈子	quānzi	원형, 서클, 동아리

圈套	quāntào	올가미
圆圈	yuánquān	동그라미
一圈	yìquān	한 바퀴
甜甜圈	tiántiánquān	도넛
黑眼圈	hēiyǎnquān	다크서클

拳	quán	주먹

拳法	quánfǎ	권법
太极拳	tàijíquán	태극권
赤手空拳	chìshǒukōngquán	적수공권, 맨손과 맨주먹, 아무 것도 가진 게 없다

拳头	quántou	주먹
拳击	quánjī	권투
拳套	quántào	글러브
泰拳	tàiquán	무에타이, 킥복싱

券	quàn	문서, 증서

证券	zhèngquàn	증권
债券	zhàiquàn	채권
入场券	rùchǎngquàn	입장권
招待券	zhāodàiquàn	초대권
商品券	shāngpǐnquàn	상품권
有价证券	yǒujiàzhèngquàn	유가 증권

餐券	cānquàn	식권
奖券	jiǎngquàn	복권, 추첨권
代金券	dàijīnquàn	상품권
优惠券	yōuhuìquàn	우대권
赠品券	zèngpǐnquàn	경품권

Part **K**

| 可 |

可

기본글자는 **可**이고, 병음은 kě라고 읽습니다. 글자의 윗부분은 제사에 사용하는 제단을 형상화한 것인데, 제단을 만들고 신에게 빌어(口) 허락을 구한다는 의미에서 '허가하다'는 뜻으로 사용됩니다.

변형

可에 부수 氵(물)을 붙이면 '강'이라는 뜻의 **河**가 됩니다.

부수 亻(사람)을 붙이면 '어떤'이라는 의문을 나타내는 **何**가 되는데, 사람이 신에게 묻고 지혜를 구하는 행위로 이해하면 쉽습니다.

何에 부수 艹(풀, 꽃)을 붙이면 꽃의 일종인 '연꽃'을 뜻하기도 하고, 또 사람(亻)이 지게 위에 마른 풀(艹)을 싣고 '짊어지다'는 뜻으로도 사용되는 **荷**가 됩니다.

可를 두 번 겹쳐 사용하면 **哥**가 되는데, 어원과는 무관하게 나이가 더 많은 남자 즉 '형', '오빠'라는 의미로 사용됩니다.

哥에 부수 欠(하품)을 붙이면 하품을 하듯 입을 크게 벌리고 '노래하다'는 뜻의 **歌**가 됩니다.

可	kě		허가하다, 가능하다

可否	kěfǒu	가부
可能	kěnéng	가능
可观	kěguān	가관, 대단하다
可望	kěwàng	가망, 가망이 있다
可变	kěbiàn	가변
可怜	kělián	가련
可憎	kězēng	가증
可笑	kěxiào	가소, 가소롭다
认可	rènkě	인가
许可	xǔkě	허가
许可证	xǔkězhèng	허가증
不可	bùkě	불가
不可抗力	bùkěkànglì	불가항력
不可思议	bùkěsīyì	불가사의

중국어

可以	kěyǐ	~ 할 수 있다, 가능하다
可行	kěxíng	실행 가능하다
可见	kějiàn	~를 볼 수 있다, ~를 알 수 있다
可靠	kěkào	믿을 만하다
可是	kěshì	그러나
可爱	kě'ài	귀엽다
可惜	kěxī	아깝다, 아쉽다
可怕	kěpà	무섭다
可恶	kěwù	밉다
可口	kěkǒu	입에 맞다, 맛있다
可乐	kělè	콜라

可可	kěkě	코코아
可不是	kěbúshì	그렇지
宁可	nìngkě	차라리
难能可贵	nánnéngkěguì	어려운 일을 해내어 훌륭하다
不可避免	bùkěbìmiǎn	피할 수 없다, 불가피하다

河	hé		강

한국어

河川	héchuān	하천
河口	hékǒu	하구
河马	hémǎ	하마
山河	shānhé	산하
大河	dàhé	대하
冰河	bīnghé	빙하
运河	yùnhé	운하
银河	yínhé	은하

중국어

河流	héliú	강
河道	hédào	물길, 수로
河边	hébiān	강변, 강가
河豚	hétún	복어
河鱼	héyú	민물고기
河内	Hénèi	베트남 하노이
黄河	Huánghé	황허, 황하강
河北省	Héběishěng	허베이성
河南省	Hénánshěng	허난성
亚马孙河	Yàmǎsūnhé	아마존강

何	hé		어떤

何必	hébì		하필
何等	héděng		하등, 어떤
如何	rúhé		여하, 어떻게, 어때?
几何学	jǐhéxué		기하학

중국어

何况	hékuàng		하물며, 더군다나
任何	rènhé		어떠한
如何	rúhé		어떻게, 어때?
无论如何	wúlùnrúhé		어쨌든
无可奈何	wúkěnàihé		어쩔 수가 없다

荷	hè		연꽃, 짊어지다

한국어

荷重	hèzhòng		하중
负荷	fùhè		부하
电荷	diànhè		전하, 전기
薄荷	bòhé		박하, 페퍼민트

중국어

荷花	héhuā		연꽃
荷叶	héyè		연잎
荷塘	hétáng		연못
荷兰	Hélán		네덜란드

哥	gē		형, 오빠

중국어

哥哥	gēge		형, 오빠
大哥	dàgē		큰형
表哥	biǎogē		사촌 형, 사촌 오빠
帅哥	shuàige		미남
伟哥	wěigē		비아그라
墨西哥	Mòxīgē		멕시코

歌	gē		노래

한국어

歌手	gēshǒu		가수
歌唱	gēchàng		가창
歌曲	gēqǔ		가곡, 노래
歌词	gēcí		가사
歌舞	gēwǔ		가무
歌剧	gējù		가극, 오페라
国歌	guógē		국가
军歌	jūngē		군가
哀歌	āigē		애가
悲歌	bēigē		비가
牧歌	mùgē		목가
诗歌	shīgē		시가
放歌	fànggē		방가, 큰소리로 노래하다
四面楚歌	sìmiànchǔgē		사면초가, 사방에서 초나라 노래가 들리다, 고립되어 위급한 상황에 처하다

216

중국어

歌星	gēxīng	유명 가수
歌厅	gētīng	노래방
歌本	gēběn	노래책
歌谱	gēpǔ	악보
唱歌	chànggē	노래 부르다
情歌	qínggē	발라드
谷歌	gǔgē	구글
流行歌曲	liúxínggēqǔ	유행가, 대중가요

Part L

| 兰 | 良 | 立 | 列 | 令 |

기본글자는 兰이고, 병음은 lán이라고 읽습니다. 번체 蘭은 부수인 艹(풀, 꽃)의 영향을 받아 식물의
일종인 '난초'를 뜻합니다.

기본

兰에 부수 木(나무)를 붙이면 나무로 만든 '난간'을 뜻하는 栏이 됩니다.
부수 扌(손)을 붙이면 손을 들어 '가로막다'는 뜻의 拦이 됩니다.
부수 火(불)을 붙이면 불꽃처럼 밝게 '빛나다'는 뜻과 불이 있는 따뜻한 곳에서는 잘 '썩다',
'부패하다'는 뜻의 烂이 됩니다.

兰	lán		난초

兰草	láncǎo		난초
木兰	mùlán		목란, 목련
金兰之交	jīnlánzhījiāo		금란지교, 황금처럼 단단하고 난초처럼 향기로운 우정

兰花	lánhuā		난
玉兰	yùlán		목련
荷兰	Hélán		네덜란드
芬兰	Fēnlán		핀란드
波兰	Bōlán		폴란드
乌克兰	Wūkèlán		우크라이나
新西兰	Xīnxīlán		뉴질랜드
英格兰	Yīnggélán		잉글랜드
爱尔兰	Ài'ěrlán		아일랜드

栏	lán		난간

栏杆	lángān		난간

栏目	lánmù		항목
专栏	zhuānlán		칼럼
跨栏	kuàlán		허들, 장애물 달리기

拦	lán		가로막다

拦住	lánzhù	꽉 막다, 차단하다
拦路	lánlù	길을 막다
阻拦	zǔlán	막다, 저지하다

烂	làn		빛나다, 썩다

灿烂	cànlàn		찬란
辉煌灿烂	huīhuángcànlàn		휘황찬란, 눈부시게 번쩍이다
天真烂漫	tiānzhēnlànmàn		천진난만, 꾸밈없고 순진함

破烂	pòlàn		낡다
腐烂	fǔlàn		부패하다
烂醉	lànzuì		만취하다

良

• • • •

기본글자는 **良**이고, 병음은 liáng이라고 읽습니다. 곡식의 쭉정이를 골라내고 좋은 곡식만 남기게 고안된 도구를 본뜬 것으로 '좋다'는 뜻으로 사용됩니다.

🔖 **기본**

良에 부수 米(쌀, 곡식)을 붙이면 쌀을 포함한 '곡식' 전체를 뜻하는 **粮**이 됩니다.

🔖 **변형**

良에 부수 犭(개, 짐승)을 붙이면 개과의 짐승인 '늑대', '이리'를 뜻하는 **狼**이 됩니다.

부수 月(달)을 붙이면 달빛이 환하게 비추어 '밝다'는 뜻 및 그로부터 파생된 '소리가 맑고 크다'는 뜻의 **朗**이 됩니다.

부수 氵(물)을 붙이면 '파도', '물결'을 뜻하는 **浪**이 됩니다.

부수 女(여자)를 붙이면 늙거나 젊은 '여자' 모두를 지칭하는 **娘**이 됩니다.

부수 酉(술)을 붙이면 술을 '빚다', '양조하다'는 뜻의 **酿**이 됩니다.

부수 阝(언덕, 크다)를 붙이면 **郎**이 되는데, 본래는 언덕으로 둘러싸인 도시를 가리키는 말이었다가 현재는 '남편'을 뜻하는 말이 되었습니다.

郎에 부수 广(집)을 붙이면 **廊**이 되는데, 본래는 본채에 딸린 부속건물 즉 사랑채를 뜻하는 말이었다가 현재는 집 안에 있는 '복도'를 뜻하는 말로 사용됩니다.

🔖 **참고**

酿은 번체로 釀(양)이라고 쓰는데, 본래 良과 상관없는 글자였지만 간체화되면서 연관이 생긴 경우입니다.

良　liáng　좋다

한국어

良好	liánghǎo	양호
良心	liángxīn	양심
良家	liángjiā	양가, 좋은 집안
良药	liángyào	양약, 좋은 약
善良	shànliáng	선량
优良	yōuliáng	우량
改良	gǎiliáng	개량
不良	bùliáng	불량
良药苦口	liángyàokǔkǒu	양약고구, 좋은 약은 입에 쓰다

중국어

良种	liángzhǒng	우량종
良辰美景	liángchénměijǐng	좋은 날에 아름다운 경치
良师益友	liángshīyìyǒu	좋은 스승이자 유익한 친구
贤妻良母	xiánqīliángmǔ	현모양처

粮　liáng　곡식

한국어

粮食	liángshi	양식, 식량

중국어

杂粮	záliáng	잡곡
粗粮	cūliáng	잡곡
干粮	gānliáng	말린 음식
五粮液	wǔliángyè	우량예, 중국의 명주

狼　láng　늑대, 이리

한국어

狼狈	lángbèi	낭패, 곤란하다

중국어

狼狗	lánggǒu	셰퍼드
色狼	sèláng	색마, 치한
狼吞虎咽	lángtūnhǔyàn	게걸스럽게 먹다

郎　láng　남자, 남편

한국어

郎君	lángjūn	낭군
新郎	xīnláng	신랑

중국어

法郎	fǎláng	프랑, 프랑스 화폐
牛郎织女	niúlángzhīnǚ	견우와 직녀

廊　láng　복도

한국어

画廊	huàláng	화랑
回廊	huíláng	회랑, 지붕이 있는 긴 복도

중국어

走廊	Zǒuláng	복도

朗 lǎng 밝다, 소리가 맑고 크다

한국어

朗读	lǎngdú	낭독
朗诵	lǎngsòng	낭송
朗朗	lǎnglǎng	낭랑
明朗	mínglǎng	명랑

중국어

开朗	kāilǎng	쾌활하다
晴朗	qínglǎng	쾌청하다
伊朗	Yīlǎng	이란

浪 làng 파도

한국어

浪漫	làngmàn	낭만
浪漫主义	làngmànzhǔyì	낭만주의
浪费	làngfèi	낭비
浪人	làngrén	낭인
波浪	bōlàng	파랑, 파도
流浪	liúlàng	유랑
风浪	fēnglàng	풍랑
激浪	jīlàng	격랑

중국어

浪潮	làngcháo	물결
冲浪	chōnglàng	서핑

娘 niáng 여자

중국어

姑娘	gūniang	아가씨
灰姑娘	huīgūniang	신데렐라
新娘	xīnniáng	신부
伴娘	bànniáng	신부 들러리
老大娘	lǎodàniáng	노부인

酿 niàng 술을 빚다

한국어

酿造	niàngzào	양조, 술 · 간장 · 식초를 담그다

중국어

酿酒	niàngjiǔ	술을 빚다
酿造厂	niàngzàochǎng	양조장
酝酿	yùnniàng	술을 빚다

기본글자는 **立**이고, 병음은 lì라고 읽습니다. 사람이 팔을 벌리고 두 다리로 서 있는 모양을 형상화한 것으로 '서다', '세우다'라는 뜻입니다.

기본

立에 부수 米(쌀)을 붙이면 쌀의 '알갱이', '낟알'을 뜻하는 **粒**가 됩니다.

변형

立에 부수 氵(물)을 붙이면 눈물을 흘리며 작은 소리로 '흐느껴 울다'는 뜻의 **泣**가 됩니다.
부수 亻(사람)을 붙이면 사람이 서 있는 '자리'라는 뜻의 **位**가 됩니다.
부수 扌(손)을 붙이면 손으로 잡아 '끌다'는 뜻의 **拉**가 됩니다.

확장

立에 부수 土(흙)을 붙이면 흙덩어리처럼 보잘 것 없는 '쓰레기'를 뜻하는 **垃**가 되고, 병음은 lā라고 읽습니다.
예) 垃圾 lājī 쓰레기

立	lì		서다, 세우다

立法	lìfǎ	입법
立宪	lìxiàn	입헌
立案	lìàn	입안, 안건을 세우다
立场	lìchǎng	입장
立式	lìshì	입식
立像	lìxiàng	입상, 서 있는 모습의 상
立体	lìtǐ	입체
立方	lìfāng	입방, 세제곱
立春	lìchūn	입춘
立夏	lìxià	입하
立秋	lìqiū	입추
立冬	lìdōng	입동
成立	chénglì	성립
设立	shèlì	설립
建立	jiànlì	건립
创立	chuànglì	창립
树立	shùlì	수립
自立	zìlì	자립
两立	liǎnglì	양립
起立	qǐlì	기립
直立	zhílì	직립
组立	zǔlì	조립
确立	quèlì	확립
对立	duìlì	대립
中立	zhōnglì	중립
国立	guólì	국립
市立	shìlì	시립

公立	gōnglì	공립
私立	sīlì	사립
独立	dúlì	독립
分立	fēnlì	분립
并立	bìnglì	병립
孤立	gūlì	고립
孤立无援	gūlìwúyuán	고립무원, 고립되어 도움 받을 곳이 없다

立即	lìjí	즉시
立刻	lìkè	즉시
立足	lìzú	발붙이다, 입각하다
立方米	lìfāngmǐ	입방미터, 세제곱미터
订立	dìnglì	체결하다
省立	shěnglì	성립, 성에서 세운
立足之地	lìzúzhīdì	발붙일 자리, 터전

粒	lì		알갱이

粒子	lìzǐ	입자
微粒子	wēilìzi	미립자
颗粒	kēlì	과립, 알갱이

米粒	mǐlì	쌀알
饭粒	fànlì	밥알

泣 qì 흐느껴 울다

泣诉	qìsù	읍소
感泣	gǎnqì	감읍

哭泣	kūqì	흐느껴 울다
悲泣	bēiqì	슬프게 흐느끼다

位 wèi 자리

位置	wèizhi	위치
地位	dìwèi	지위
职位	zhíwèi	직위
高位	gāowèi	고위
品位	pǐnwèi	품위
方位	fāngwèi	방위
学位	xuéwèi	학위
部位	bùwèi	부위
单位	dānwèi	단위, 중국 특유의 조직 개념
诸位	zhūwèi	제위, 여러분
首位	shǒuwèi	수위, 일등
水位	shuǐwèi	수위
上位	shàngwèi	상위
下位	xiàwèi	하위
本位	běnwèi	본위, 표준
皇位	huángwèi	황위, 황제의 자리
王位	wángwèi	왕위

即位	jíwèi	즉위
在位	zàiwèi	재위
退位	tuìwèi	퇴위

位于	wèiyú	~에 위치하다
位子	wèizi	자리
岗位	gǎngwèi	직장
各位	gèwèi	여러분
座位	zuòwèi	좌석
舱位	cāngwèi	비행기나 배의 좌석

拉 lā 끌다

拉链	lāliàn	지퍼
拉面	lāmiàn	중국식 라면
拉丁	Lādīng	라틴
拉肚子	lādùzi	설사하다
拉拉队	lālāduì	응원단, 치어리더
拖拉	tuōlā	끌다, 지체하다
拖拉机	tuōlājī	트랙터
沙拉	shālā	샐러드
安拉	ānlā	알라신
考拉	kǎolā	코알라
伊拉克	Yīlākè	이라크
拉小提琴	lā xiǎotíqín	바이올린을 켜다
卡拉OK	kǎlāOK	가라오케, 노래방

列

• • •

기본글자는 **列**이고, 병음은 liè라고 읽습니다. 부수인 刂의 영향으로 칼로 나눈 듯 반듯이 '늘어서다'는 뜻 및 차례대로 늘어선 '줄'이라는 뜻으로 사용됩니다.

🔖 기본

列에 부수 灬(불)을 붙이면 불꽃이 '세차다', '강렬하다'는 뜻의 **烈**가 됩니다.
부수 衣(옷)을 붙이면 옷이 '찢어지다', '갈라지다'는 뜻의 **裂**가 됩니다.

🔖 변형

列에 부수 亻(사람)을 붙이면 사람이 정해진 약속에 따라 줄을 선 모습으로부터 '법', '규칙'이라는 뜻 및 그로부터 파생된 '사례', '보기'라는 뜻의 **例**가 됩니다.

列 liè — 늘어서다, 줄

한국어

列车	lièchē	열차
列举	lièjǔ	열거
列强	lièqiáng	열강, 강국
列岛	lièdǎo	열도
系列	xìliè	계열, 시리즈
排列	páiliè	배열
行列	hángliè	행렬
序列	xùliè	서열
队列	duìliè	대열
罗列	luóliè	나열
陈列	chénliè	진열
并列	bìngliè	병렬
直列	zhíliè	직렬

중국어

下列	xiàliè	아래에 열거하다
系列片	xìlièpiān	시리즈물 영화
一系列	yíxìliè	일련의
以色列	Yǐsèliè	이스라엘

烈 liè — 세차다

한국어

热烈	rèliè	열렬
烈火	lièhuǒ	열화
烈士	lièshì	열사
强烈	qiángliè	강렬

激烈	jīliè	격렬
猛烈	měngliè	맹렬
壮烈	zhuàngliè	장렬
剧烈	jùliè	극렬
炽烈	chìliè	치열
先烈	xiānliè	선열

중국어

兴高采烈	xìnggāocǎiliè	매우 기쁘다

裂 liè — 찢어지다, 갈라지다

한국어

分裂	fēnliè	분열
破裂	pòliè	파열
龟裂	jūnliè	균열
决裂	juéliè	결렬
炸裂	zhàliè	작열, 터지다
四分五裂	sìfēnwǔliè	사분오열

중국어

裂痕	lièhén	틈, 균열
爆裂	bàoliè	갑자기 터지다

例 lì — 사례, 보기

한국어

例外	lìwài	예외
例题	lìtí	예제
比例	bǐlì	비례

先例	xiānlì		선례
前例	qiánlì		전례
惯例	guànlì		관례
通例	tōnglì		통례
常例	chánglì		상례
定例	dìnglì		정례, 일정한 관례
特例	tèlì		특례
实例	shílì		실례
一例	yílì		일례
事例	shìlì		사례
判例	pànlì		판례
条例	tiáolì		조례, 중국 법규의 일종
范例	fànlì		범례, 모범 사례
凡例	fánlì		범례, 책머리의 일러두기

중국어

例子	lìzi		예
例如	lìrú		예를 들다
例句	lìjù		예문
案例	ànlì		사례
照例	zhàolì		관례에 따라
破例	pòlì		관례를 깨다

기본글자는 令이고, 병음은 lìng이라고 읽습니다. 번체 令(령)은 사람(人)을 무릎 꿇리고(卩) '명령하다'는 뜻입니다.

기본

令에 부수 钅(쇠)를 붙이면 쇠로 만든 '방울'을 뜻하는 **铃**이 됩니다.

부수 齒(이)를 붙이면 이빨을 보고 나이의 많고 적음을 알 수 있음에서 유래하여 '나이'를 뜻하는 **龄**이 됩니다.

부수 雨(비)를 붙이면 숫자 '0'을 뜻하는 **零**이 되는데, 0℃에서 눈이 비로 바뀌어 빗방울(雨)이 떨어진다고 생각하면 쉽습니다.

부수 页(머리)를 붙이면 머리 아랫부분인 '목'이라는 뜻 및 우두머리가 되어 무리를 '이끌다'는 뜻의 **领**이 됩니다.

변형

令에 부수 冫(얼음)을 붙이면 얼음처럼 '차다', '춥다'는 뜻의 **冷**이 됩니다.

부수 阝(마을)를 붙이면 한 마을에 사는 '이웃'을 뜻하는 **邻**이 됩니다.

부수 忄(마음, 생각)을 붙이면 마음으로 '불쌍하게 생각하다'는 뜻의 **怜**이 됩니다.

참고

怜, 邻은 번체로 憐(련), 隣(린)이라고 쓰는데, 본래는 令과 상관없는 글자였지만 간체화되면서 연관이 생긴 경우입니다.

令	lìng		명령하다

한국어

命令	mìnglìng	명령
指令	zhǐlìng	지령
法令	fǎlìng	법령
军令	jūnlìng	군령
号令	hàolìng	호령, 지시하여 명령하다
口令	kǒulìng	구령
密令	mìlìng	밀령
禁令	jìnlìng	금령
传令	chuánlìng	전령
司令部	sīlìngbù	사령부
戒严令	jièyánlìng	계엄령
朝令夕改	zhāolìngxīgǎi	조령석개, 아침에 내린 명령을 저녁에 고치다
巧言令色	qiǎoyánlìngsè	교언영색, 아첨하는 말과 꾸며낸 낯빛

중국어

司令	sīlìng	사령관
下令	xiàlìng	명령을 내리다
夏令时	xiàlìngshí	서머 타임
夏令营	xiàlìngyíng	하계 캠프
冬令营	dōnglìngyíng	동계 캠프

铃	líng		방울

한국어

哑铃	yǎlíng	아령

중국어

铃鼓	línggǔ	탬버린
铃声	língshēng	벨 소리, 방울 소리
门铃	ménlíng	초인종
电铃	diànlíng	전기 벨
警铃	jǐnglíng	경보기, 비상벨
马铃薯	mǎlíngshǔ	감자
解铃系铃	jiělíngxìlíng	방울을 단 사람이 떼내야 한다, 결자해지

龄	líng		나이

한국어

年龄	niánlíng	연령
高龄	gāolíng	고령
高龄化	gāolínghuà	고령화
老龄	lǎolíng	노령
老龄化	lǎolínghuà	노령화
妙龄	miàolíng	묘령
学龄	xuélíng	학령, 취학 연령
树龄	shùlíng	수령, 나무의 나이
适龄	shìlíng	적령, 적령기

중국어

婚龄	hūnlíng	혼인 연령

零	líng	영(0)

零上	língshàng	영상
零下	língxià	영하
零落	língluò	영락, 시들어 떨어지다

零售	língshòu	소매하다
零钱	língqián	잔돈, 용돈
零件	língjiàn	부품, 부속품
零食	língshí	간식, 군것질
零星	língxīng	자질구레하다
零分	língfēn	영점, 빵점
零工	línggōng	임시직, 임시 노동자
零花钱	línghuāqián	용돈

领	lǐng	목, 이끌다, 이해하다

领导	lǐngdǎo	영도, 리더, 우두머리
领袖	lǐngxiù	영수, 지도자
领事	lǐngshì	영사
领事馆	lǐngshìguǎn	영사관
领域	lǐngyù	영역
领土	lǐngtǔ	영토
领空	lǐngkōng	영공
领海	lǐnghǎi	영해

领有	lǐngyǒu	영유
占领	zhànlǐng	점령
要领	yàolǐng	요령
纲领	gānglǐng	강령
受领	shòulǐng	수령, 받다
首领	shǒulǐng	수령, 리더, 우두머리

领先	lǐngxiān	앞장서다
领悟	lǐngwù	깨닫다
领会	lǐnghuì	깨닫다
领取	lǐngqǔ	받다, 수령하다
领子	lǐngzi	옷깃, 칼라
领带	lǐngdài	넥타이
系领带	jìlǐngdài	넥타이를 매다
领结	lǐngjié	나비넥타이, 보타이
领巾	lǐngjīn	스카프
本领	běnlǐng	능력, 재능
带领	dàilǐng	이끌다, 인솔하다
率领	shuàilǐng	이끌다, 인솔하다
白领	báilǐng	화이트칼라
蓝领	lánlǐng	블루칼라

冷	lěng		차다, 춥다

冷静	lěngjìng	냉정, 침착하다
冷淡	lěngdàn	냉담
冷酷	lěngkù	냉혹
冷笑	lěngxiào	냉소
冷待	lěngdài	냉대
冷战	lěngzhàn	냉전
冷害	lěnghài	냉해
冷藏	lěngcáng	냉장
冷冻	lěngdòng	냉동
冷气	lěngqì	냉기
冷却	lěngquè	냉각
冷风	lěngfēng	냉풍
冷水	lěngshuǐ	냉수
冷菜	lěngcài	냉채
冷面	lěngmiàn	냉면
寒冷	hánlěng	한랭
冷血动物	lěngxuèdòngwù	냉혈 동물

冷落	lěngluò	쓸쓸하다, 냉대하다
冷饮	lěngyǐn	청량음료
冷汗	lěnghàn	식은땀
发冷	fālěng	한기를 느끼다
不冷不热	bùlěngbúrè	춥지도 덥지도 않다, 미지근하다

邻	lín		이웃

邻接	línjiē	인접
邻近	línjìn	인근, 부근
近邻	jìnlín	근린, 가까운 이웃
善邻	shànlín	선린, 사이좋은 이웃

邻居	línjū	이웃
邻国	línguó	이웃나라
远亲不如近邻	yuǎnqīnbùrújìnlín	먼 친척보다 가까운 이웃이 더 낫다

怜	lián		불쌍히 여기다

怜悯	liánmǐn	연민
可怜	kělián	가련
爱怜	àilián	애련, 가여워하며 사랑하다
哀怜	āilián	애련, 가엽게 여기다
同病相怜	tóngbìngxiānglián	동병상련, 같은 병을 앓는 사람끼리 서로 가엽게 여기다

Part

M

| 马 | 麻 | 每 | 门 | 兔 | 苗 | 末 | 莫 | 某 |

기본글자는 **马**이고, 병음은 mǎ라고 읽습니다. 번체 馬(마)는 동물인 말의 모양을 본뜬 것으로 '말'이라는 뜻으로 사용됩니다.

기본

马에 부수 石(돌)을 붙이면 본래 암석의 일종인 석영을 가리키는 말이었으나, 현재는 '숫자'를 세는 도구나 부호의 의미로 사용되는 **码**가 됩니다.

부수 口(입, 말하다)를 붙이면 문장의 끝에서 물어보는 의미를 나타내는 의문사 **吗**가 됩니다.

부수 口(입, 말하다)를 위쪽에 겹쳐 붙이면 여러 번 말로 '꾸짖다', '욕하다'는 뜻의 **骂**가 됩니다.

马	mǎ	말

马车	mǎchē	마차
马夫	mǎfū	마부
马力	mǎlì	마력
马匹	mǎpǐ	마필, 말의 총칭
骑马	qímǎ	기마
白马	báimǎ	백마
种马	zhǒngmǎ	종마, 씨말
牛马	niúmǎ	우마, 소와 말
兵马	bīngmǎ	병마, 병사와 말
木马	mùmǎ	목마
海马	hǎimǎ	해마
河马	hémǎ	하마
出马	chūmǎ	출마, 출전하다
落马	luòmǎ	낙마
千军万马	qiānjūnwànmǎ	천군만마, 대규모 병력
指鹿为马	zhǐlùwéimǎ	지록위마, 사실이 아닌 것을 사실인 것처럼 강요하다

马上	mǎshàng	곧, 금방
马路	mǎlù	도로, 큰길
马蜂	mǎfēng	말벌
马桶	mǎtǒng	좌변기
马虎	mǎhu	적당히 하다, 대충하다
马马虎虎	mǎmǎhūhū	적당히 하다, 대충하다
马铃薯	mǎlíngshǔ	감자

马克杯	mǎkèbēi	머그컵
马克思主义	mǎkèsīzhǔyì	마르크스주의
赛马	sàimǎ	경마
斑马	bānmǎ	얼룩말
野马	yěmǎ	야생마
罗马	Luómǎ	로마
宝马	bǎomǎ	BMW
走马看花	zǒumǎkànhuā	말을 달리며 꽃을 구경하다, 주마간산
伯乐相马	bólèxiàngmǎ	백락이 말을 살피다, 인재를 발견하여 등용하다
塞翁失马	sàiwēngshīmǎ	화가 될지 복이 될지 예측하기 어렵다, 새옹지마
青梅竹马	qīngméizhúmǎ	매실을 따고 죽마를 타며 놀던 친구, 죽마고우

码	mǎ	숫자, 코드

码头	mǎtou	부두
号码	hàomǎ	번호
电话号码	diànhuàhàomǎ	전화번호
数码	shùmǎ	디지털
数码相机	shùmǎxiàngjī	디지털카메라
密码	mìmǎ	비밀번호, 패스워드
起码	qǐmǎ	최소한의
编码	biānmǎ	코드, 컴퓨터 기호 체계

代码	dàimǎ	코드
条形码	tiáoxíngmǎ	바코드
二维码	èrwéimǎ	QR코드

骂 mà 욕하다

중국어

骂人	màrén	남을 욕하다
挨骂	áimà	욕을 먹다
打骂	dǎmà	때리고 욕하다

吗 ma 의문조사

중국어

懂吗	dǒngma	알았어?
好吗	hǎoma	좋아?, 괜찮아?
是吗	shìma	그래?
不是吗	búshìma	안 그래?
真的吗	zhēndema	진짜?
干吗	gànmá	왜?, 뭐해?

麻

• • •

기본글자는 **麻**이고, 병음은 má라고 읽습니다. 집(广) 안에 마 또는 삼을 말려놓은 모습(林)을 형상화한 것인데, 여기서 林은 숲의 의미가 아니고 식물인 마 또는 삼의 껍질을 벗겨 늘여 놓은 모양입니다. 麻는 '마'라는 식물 자체를 뜻하기도 하고, 마로 만든 직물인 '삼베'를 뜻하기도 하며, 그 중 대마에는 마약 성분이 있어 '저리다', '마비되다'는 뜻으로도 쓰입니다.

🗨 변형

麻에 부수 手(손)을 붙이면 손으로 '비비다', '문지르다'는 뜻의 **摩**가 됩니다.
부수 石(돌)을 붙이면 돌을 '갈다'는 뜻의 **磨**가 됩니다.
부수 鬼(귀신)을 붙이면 나쁜 귀신인 '마귀'를 뜻하는 **魔**가 됩니다.

麻	má		마, 삼베, 마비되다

麻醉	mázuì	마취
麻醉剂	mázuìjì	마취제
麻痹	mábì	마비
麻袋	mádài	마대
大麻	dàmá	대마, 대마초
麻婆豆腐	mápódòufu	마파두부

중국어

麻烦	máfan	귀찮다
麻木	mámù	마비되다
麻疹	mázhěn	홍역
麻酱	májiàng	깨장
麻花	máhuā	꽈배기
麻将	májiàng	마작
麻雀	máquè	참새
麻辣	málàtàng	얼얼하게 맵다
麻辣烫	málàtàng	마라탕, 중국요리 이름
麻辣香锅	málàxiāngguō	마라샹궈, 중국요리 이름
芝麻	zhīma	참깨
黑芝麻	hēizhīma	검은깨
芝麻油	zhīmayóu	참기름
快刀斩乱麻	kuàidāozhǎnluànmá	쾌도난마, 과감하게 복잡한 문제를 해결하다

摩	mó		비비다, 문지르다

한국어

摩擦	mócā	마찰
摩擦力	mócālì	마찰력
贸易摩擦	màoyìmócā	무역 마찰
按摩	ànmó	안마
抚摩	fǔmó	무마, 어루만지다

중국어

摩托	mótuō	모터
摩托车	mótuōchē	오토바이
摩天轮	mótiānlún	대관람차
摩天大楼	mótiāndàlóu	마천루
摩卡咖啡	mókǎkāfēi	모카커피

磨	mó		갈다

한국어

磨耗	móhào	마모, 닳다
研磨	yánmó	연마, 곱게 갈다
切磋琢磨	qiēcuōzhuómó	절차탁마, 부지런히 학문과 덕을 수행하다

중국어

磨练	móliàn	연마하다, 단련하다
磨碎	mósuì	갈아서 가루를 내다, 분쇄하다
磨合	móhé	길들이다
磨牙	móyá	어금니

打磨	dǎmó	갈다
折磨	zhémó	괴롭히다
琢磨	zuómo	깊이 사색하다
好事多磨	hǎoshìduōmó	호사다마, 좋은 일에는 방해가 많다
铁杵磨成针	tiěchūmóchéngzhēn	쇠 절굿공이를 갈아 바늘을 만들다, 노력하면 안 될 일이 없다, 마부작침

魔 mó 마귀

魔术	móshù	마술
魔术师	móshùshī	마술사
魔法	mófǎ	마법
魔法师	mófǎshī	마법사
魔鬼	móguǐ	마귀
魔王	mówáng	마왕
魔女	mónǚ	마녀
魔力	mólì	마력
恶魔	èmó	악마
病魔	bìngmó	병마
伏魔殿	fúmódiàn	복마전, 마귀의 소굴
走火入魔	zǒuhuǒrùmó	주화입마, 도가 지나치다

魔方	mófāng	큐브 퍼즐, 루빅큐브

기본글자는 **每**이고, 병음은 měi라고 읽습니다. 어머니(母)는 '항상' 변함이 없다는 의미로 이해하면 쉽습니다.

每에 부수 木(나무)를 붙이면 '매화나무'를 뜻하는 **梅**가 됩니다.
부수 艹(풀, 꽃)을 붙이면 식물의 일종인 '딸기'를 뜻하는 **莓**가 됩니다.

변형

每에 부수 氵(물)을 붙이면 '바다'를 뜻하는 **海**가 됩니다.
부수 忄(마음, 생각)을 붙이면 마음으로 '뉘우치다', '후회하다'는 뜻의 **悔**가 됩니다.
부수 攵(치다, 동작)을 붙이면 행동이 '민첩하다'는 뜻의 **敏**이 됩니다.

확장

每에 부수 雨(비)를 붙이면 비가 온 후 눅눅한 상태에서 생기는 '곰팡이'를 뜻하는 **霉**가 되고, 병음은 méi라고 읽습니다.
예) 倒霉 dǎoméi 재수 없다
부수 亻(사람)을 붙이면 사람을 '얕보다', '모욕하다'는 뜻의 **侮**가 되고, 병음은 wǔ라고 읽습니다.
예) 侮辱 wǔrǔ 모욕하다

每	měi		늘, 항상

每年	měinián	매년
每月	měiyuè	매월
每周	měizhōu	매주
每日	měirì	매일
每秒	měimiǎo	매초

每次	měicì	매번
每个	měigè	~마다
每天	měitiān	매일
每小时	měixiǎoshí	매시간
每分钟	měifēnzhōng	매분
每时每刻	měishíměikè	늘, 언제나

梅	méi		매화나무

梅花	méihuā	매화
梅毒	méidú	매독
望梅止渴	wàngméijiěkě	망매지갈, 매실을 생각하며 갈증을 해소하다, 공상을 통해 위안을 얻다

梅子	méizi	매실
梅雨	méiyǔ	장마
梅花鹿	méihuālù	꽃사슴

莓	méi		딸기

草莓	cǎoméi	딸기
山莓	shānméi	산딸기
蓝莓	lánméi	블루베리
黑莓	hēiméi	블랙베리

海	hǎi		바다

海洋	hǎiyáng	해양
海水	hǎishuǐ	해수
海水浴	hǎishuǐyù	해수욕
海流	hǎiliú	해류
海面	hǎimiàn	해면, 해수면
海潮	hǎicháo	해조, 조수
海风	hǎifēng	해풍
海外	hǎiwài	해외
海上	hǎishàng	해상
海边	hǎibian	해변
海岸	hǎi'àn	해안
海岸线	hǎi'ànxiàn	해안선
海峡	hǎixiá	해협
海口	Hǎikǒu	해구
海域	hǎiyù	해역
海拔	hǎibá	해발
海底	hǎidǐ	해저
海里	hǎilǐ	해리, 바다의 거리를 재는 단위

海运	hǎiyùn	해운
海图	hǎitú	해도
海难	hǎinàn	해난
海事	hǎishì	해사, 바다에 관한 일
海军	hǎijūn	해군
海警	hǎijǐng	해경
海战	hǎizhàn	해전
海产	hǎichǎn	해산, 해산물
海豹	hǎibào	해표, 바다표범, 물범
海绵	hǎimián	해면, 스펀지
海参	hǎishēn	해삼
海马	hǎimǎ	해마
海藻类	hǎizǎolèi	해조류
海王星	hǎiwángxīng	해왕성
大海	dàhǎi	대해
沿海	yánhǎi	연해
近海	jìnhǎi	근해
航海	hánghǎi	항해
深海	shēnhǎi	심해
云海	yúnhǎi	운해
公海	gōnghǎi	공해
领海	lǐnghǎi	영해
地中海	Dìzhōnghǎi	지중해
沧海一粟	cānghǎiyísù	창해일속, 바다에 떨어진 좁쌀 한 알, 매우 작아 보잘 것 없음
人山人海	rénshānrénhǎi	인산인해, 수많은 사람이 모인 상태

海关	hǎiguān	세관
海报	hǎibào	벽보, 포스터
海滨	hǎibīn	해변
海滩	hǎitān	모래사장
海鲜	hǎixiān	해산물
海豚	hǎitún	돌고래
海狮	hǎishī	바다사자
海鸥	hǎi'ōu	갈매기
海带	hǎidài	다시마
海星	hǎixīng	불가사리
海狗	hǎigǒu	물개
海螺	hǎiluó	소라
海龟	hǎiguī	바다거북
海归	hǎiguī	귀국한 유학생
海盗	hǎidào	해적
上海	Shànghǎi	상하이
沧海桑田	cānghǎisāngtián	바다가 뽕밭으로 변하다, 세상이 변화무쌍하다, 상전벽해

悔	huǐ		후회하다

悔改	huǐgǎi	회개
悔悟	huǐwù	회오, 뉘우치고 깨닫다
悔恨	huǐhèn	회한
后悔	hòuhuǐ	후회
忏悔	chànhuǐ	참회
后悔莫及	hòuhuǐmòjí	후회막급, 후회해도 소용이 없다

敏	mǐn		민첩하다

한국어

敏感	mǐngǎn	민감
敏捷	mǐnjié	민첩
过敏	guòmǐn	과민, 알레르기
过敏性	guòmǐnxìng	과민성, 알레르기성
机敏	jīmǐn	기민
明敏	míngmǐn	명민
不敏	bùmǐn	불민, 둔하다

중국어

敏锐	mǐnruì	예민하다
灵敏	língmǐn	영민하다, 반응이 빠르다

기본글자는 门이고, 병음은 mén이라고 읽습니다. 번체 門은 두 개의 문짝 모양을 본뜬 것으로 '문'이라는 뜻으로 사용됩니다.

기본

门에 부수 心(마음)을 붙이면 문이 꼭 닫혀 있어서 공기가 통하지 않아 마음이 '답답하다'는 뜻의 闷이 됩니다.
부수 亻(사람)을 붙이면 여러 명의 '사람들'을 뜻하는 们이 됩니다.

변형

부수이자 음을 나타내는 门과 耳(귀)를 결합하면 闻이 되는데, 문 안에서 외부의 소리를 귀(耳)로 '듣다'는 뜻으로 사용됩니다. 현재는 듣다는 의미의 동사로는 주로 听(tīng)이 사용되고, 闻은 의미가 확장되어 '냄새를 맡다'는 뜻으로 사용되는 점에 주의해야 합니다.
부수이자 음을 나타내는 门과 口(입, 말하다)를 결합하면 问이 되는데, 문 가운데 서서 다른 사람을 심문하듯 '묻다'는 뜻으로 사용됩니다.

참고

闭, 间, 闲, 阁, 闺도 门을 활용한 글자이지만, 여기서 门은 소리를 담당하는 부분이 아니고, 부수로서 뜻을 나타냅니다. 기본글자인 门과 발음상의 공통점은 없으므로 별도로 묶어 외우는 것이 더 이해하기 쉽습니다.
예) 闭 bì 닫다, 间 jiān 사이, 闲 xián 한가하다, 阁 gé 큰 건물, 闺 guī 방

门	mén	문

한국어

门下	ménxià	문하
门客	ménkè	문객
门外汉	ménwàihàn	문외한
专门	zhuānmén	전문
部门	bùmén	부문, 부서
大门	dàmén	대문
正门	zhèngmén	정문
后门	hòumén	후문
校门	xiàomén	교문
房门	fángmén	방문
车门	chēmén	차문
铁门	tiěmén	철문
入门	rùmén	입문
闭门	bìmén	폐문
破门	pòmén	파문, 문을 부수다, 골을 넣다

중국어

门口	ménkǒu	입구
门铃	ménlíng	초인종
门票	ménpiào	입장권
门诊	ménzhěn	진찰
门禁卡	ménjìnkǎ	출입 카드
开门	kāimén	문을 열다, 영업을 시작하다
关门	guānmén	문을 닫다, 영업을 마치다
出门	chūmén	외출하다
前门	qiánmén	앞문, 정문

转门	zhuànmén	회전문
球门	qiúmén	골대
油门	yóumén	액셀, 가속 페달
澳门	Àomén	마카오
守门员	shǒuményuán	골키퍼
天安门	Tiān'ānmén	톈안먼, 북경 천안문
门当户对	méndānghùduì	혼인할 남녀의 집안이 서로 걸맞다
闭门不出	bìménbùchū	두문불출

闷	mèn	답답하다

한국어

烦闷	fánmèn	번민
苦闷	kǔmèn	고민

중국어

沉闷	chénmèn	답답하다, 침울하다
纳闷儿	nàmèner	답답하다

们	men	~들, 복수형

중국어

我们	wǒmen	우리, 우리들
咱们	zánmen	우리, 우리들
你们	nǐmen	너희, 너희들
他们	tāmen	그들
它们	tāmen	그것들

人们	rénmen	사람들
哥们儿	gēmenr	형제들

闻	wén	듣다, 냄새를 맡다

한국어

见闻	jiànwén	견문
传闻	chuánwén	전문, 전해 듣다, 소문
风闻	fēngwén	풍문
丑闻	chǒuwén	추문, 스캔들
闻一知十	wényīzhīshí	문일지십, 하나를 들으면 열을 알다

중국어

好闻	hǎowén	냄새가 좋다
难闻	nánwén	냄새가 좋지 않다
新闻	xīnwén	뉴스
前所未闻	qiánsuǒwèiwén	이전에 들어 본 적이 없다, 전대미문
喜闻乐见	xǐwénlèjiàn	기쁘게 듣고 보다

问	wèn	묻다

한국어

问题	wèntí	문제
问答	wèndá	문답
问诊	wènzhěn	문진
问责	wènzé	문책
问候	wènhòu	문후, 안부를 묻다

学问	xuéwen	학문
疑问	yíwèn	의문
访问	fǎngwèn	방문
反问	fǎnwèn	반문
顾问	gùwèn	고문
慰问	wèiwèn	위문
讯问	xùnwèn	신문
审问	shěnwèn	심문
拷问	kǎowèn	고문, 고통을 주면서 묻다
不问	bùwèn	불문, 묻지 않다
自问	zìwèn	자문
自问自答	zìwènzìdá	자문자답, 스스로 묻고 스스로 답하다
不耻下问	bùchǐxiàwèn	불치하문, 아랫사람에게 묻는 것을 부끄럽게 여기지 않다

중국어

问好	wènhǎo	안부를 묻다
问卷	wènjuàn	설문, 설문지
问世	wènshì	세상에 나오다, 출시되다
问号	wènhào	물음표
请问	qǐngwèn	말씀 좀 묻겠습니다
提问	tíwèn	질문하다
询问	xúnwèn	알아보다, 물어보다
过问	guòwèn	신경 쓰다, 참견하다

免

기본글자는 **免**이고, 병음은 miǎn이라고 읽습니다. 免(토끼)의 모양에서 꼬리 부분에 해당하는 점이 빠진 모양으로부터 꼬리가 빠져라 '피하다', '모면하다'는 뜻 및 꼬리를 '없애다'라는 뜻으로 이해하면 쉽습니다.

기본

免에 부수 力(힘)을 붙이면 '힘쓰다' 및 힘내도록 '격려하다'는 뜻의 **勉**이 됩니다.

변형

免에 부수 日(해)를 붙이면 해가 지는 '저녁' 무렵을 뜻하는 **晚**이 됩니다.
부수 扌(손)을 붙이면 손으로 잡아 '끌다', '당기다'는 뜻의 **挽**이 됩니다.

확장

免에 부수 女(여자)를 붙이면 여자가 애를 낳다 즉 '분만하다'는 뜻의 **娩**이 되고, 병음은 miǎn이라고 읽습니다. 예) 分娩 fēnmiǎn 분만

구분

兔는 뭉툭한 꼬리가 달린 토끼의 모양을 형상화한 것이고, 병음은 tù라고 읽습니다. 예) 兔子 tùzi 토끼
兔에 부수 辶(가다)를 붙이면 토끼가 빠르게 '달아나다'는 뜻의 **逸**가 되고, 병음은 yì라고 읽습니다.
예) 逸逃 táoyì 도주하다
兔에 부수 冖(집, 덮개)를 씌우면 토끼가 덫에 걸려 '억울하다'는 뜻의 **冤**이 되고, 병음은 yuān이라고 읽습니다. 예) 冤枉 yuānwang 억울하다

免	miǎn	피하다, 없애다

한국어

免除	miǎnchú	면제
免税	miǎnshuì	면세
免税店	miǎnshuìdiàn	면세점
免责	miǎnzé	면책
免职	miǎnzhí	면직
免罪	miǎnzuì	면죄
免疫	miǎnyì	면역
免疫力	miǎnyìlì	면역력
罢免	bàmiǎn	파면
任免	rènmiǎn	임면
减免	jiǎnmiǎn	감면
赦免	shèmiǎn	사면

중국어

免费	miǎnfèi	무료
免票	miǎnpiào	무료입장, 무료입장권
免提	miǎntí	스피커 모드
免得	miǎndé	~하지 않도록
避免	bìmiǎn	피하다
难免	nánmiǎn	면하기 어렵다
未免	wèimiǎn	면할 수 없다
不免	bùmiǎn	면할 수 없다
以免	yǐmiǎn	~하지 않도록

勉	miǎn	힘쓰다, 격려하다

한국어

勉励	miǎnlì	면려, 힘내도록 격려하다
勤勉	qínmiǎn	근면
劝勉	quànmiǎn	권면, 힘내도록 권유하다

중국어

勉强	miǎnqiǎng	간신히 ~하다, 마지못해 ~하다

晚	wǎn	저녁

한국어

晚年	wǎnnián	만년
晚秋	wǎnqiū	만추
晚婚	wǎnhūn	만혼
晚餐	wǎncān	만찬
大器晚成	dàqìwǎnchéng	대기만성, 인물은 단련을 통해 늦게 완성된다

중국어

晚上	wǎnshang	저녁
晚安	wǎn'ān	굿나잇
晚饭	wǎnfàn	저녁밥
晚会	wǎnhuì	이브닝 파티
春晚	chūnwǎn	설 특집 방송 명칭
傍晚	bàngwǎn	저녁 무렵
夜晚	yèwǎn	밤, 야간
早晚	zǎowǎn	아침과 저녁

挽	wǎn		끌다, 당기다

한국어

挽回	wǎnhuí	만회
挽留	wǎnliú	만류
挽歌	wǎngē	만가, 장송곡

중국어

挽救	wǎnjiù	위험에서 구해 내다
挽袖子	wǎnxiùzi	소매를 걷다

苗

• • • •

기본글자는 **苗**이고, 병음은 miáo라고 읽습니다. ⁺⁺(풀)과 田(밭)이 결합하여 밭에 난 어린 '새싹'이라는 뜻입니다.

기본

苗에 부수 扌(손)을 붙이면 손으로 '베껴 그리다'는 뜻의 **描**가 됩니다.

庙는 부수 广(집)의 영향으로 제사를 지내는 집 즉 '사당'이라는 뜻입니다. 번체 廟가 庙로 변하였다가 庙가 된 것이고, 由가 아닌 苗의 영향을 받아 발음을 miào라고 읽습니다.

변형

苗에 부수 犭(개, 짐승)을 붙이면 짐승의 일종인 '고양이'를 뜻하는 **猫**가 됩니다.

苗 miáo　　　　　새싹

苗木	miáomù	묘목
育苗	yùmiáo	육묘, 모나 묘목을 기르다
种苗	zhǒngmiáo	종묘, 묘목
拔苗助长	bámiáozhùzhǎng	발묘조장, 모를 뽑아 올려 성장을 돕다, 서두르다 일을 그르치다

苗条	miáotiao	날씬하다
禾苗	hémiáo	모, 벼의 모
疫苗	yìmiáo	백신
苗族	Miáozú	묘족, 중국 소수 민족 중 하나

描 miáo　　　　　베끼다

描写	miáoxiě	묘사
素描	sùmiáo	소묘, 스케치

描绘	miáohuì	묘사하다, 그려내다
描述	miáoshù	묘사하다
扫描	sǎomiáo	스캐닝하다
扫描仪	sǎomiáoyí	스캐너

庙 miào　　　　　사당

庙堂	miàotáng	묘당, 제사나 국사를 논의하던 장소
宗庙	zōngmiào	종묘, 왕실에서 제사를 지내던 사당

寺庙	sìmiào	사원, 절
孔庙	kǒngmiào	공자묘

猫 māo　　　　　고양이

猫眼石	māoyǎnshí	묘안석, 보석의 일종

猫头鹰	māotóuyīng	부엉이
夜猫子	yèmāozi	올빼미
熊猫	xióngmāo	팬더
天猫	tiānmāo	텐마오, 중국 온라인 쇼핑몰 이름
宠物猫	chǒngwùmāo	애완 고양이
黑猫白猫	hēimāobáimāo	검은 고양이든 흰 고양이든 쥐만 잘 잡으면 된다, 실사구시

末

. . .

기본글자는 **末**이고, 병음은 mò라고 읽습니다. 나무(木)의 가장 윗부분을 나타내므로 '마지막', '끝'이라는 뜻으로 사용됩니다.

기본
末에 부수 氵(물)을 붙이면 '물거품이라는 뜻의 **沫**가 됩니다.
부수 扌(손)을 붙이면 **抹**가 되고, 성조에 따라 뜻이 달라집니다. 손으로 '바르다', '지우다'는 뜻일 때는
mǒ라고 읽습니다. 손으로 '닦다'는 뜻일 때는 mā라고 읽습니다.

변형
末에 부수 衤(옷)을 붙이면 발에 신는 의류인 '양말'을 뜻하는 **袜**가 됩니다.

末	mò	마지막, 끝

한국어

末端	mòduān	말단
末尾	mòwěi	말미
末期	mòqī	말기
末年	mònián	말년
末日	mòrì	말일, 종말의 날
末路	mòlù	말로
末伏	mòfú	말복
结末	jiémò	결말
本末	běnmò	본말
始末	shǐmò	시말, 전말
周末	zhōumò	주말
月末	yuèmò	월말
期末	qīmò	기말
年末	niánmò	연말
粉末	fěnmò	분말
世纪末	shìjìmò	세기말
末梢神经	mòshāoshénjīng	말초 신경

중국어

末班车	mòbānchē	막차
本末倒置	běnmòdàozhì	본말이 전도되다

沫	mò	거품

한국어

泡沫	pàomò	포말, 거품
飞沫	fēimò	비말, 흩어지는 물방울

중국어

唾沫	tuòmo	침, 타액
泡沫经济	pàomòjīngjì	거품 경제
泡沫灭火器	pàomòmièhuǒqì	포말 소화기
相濡以沫	xiāngrúyǐmò	물고기들이 서로 침으로 적셔 주다, 서로 의지하고 돕다

抹	mǒ / mā	바르다, 지우다 / 닦다

한국어

抹杀	mǒshā	말살

중국어

抹黑	mǒhēi	먹칠하다
抹粉	mǒfěn	분칠하다, 꾸미다
涂抹	túmǒ	칠하다
抹布	mābù	행주, 걸레

袜	wà	양말

중국어

袜子	wàzi	양말
短袜	duǎnwà	짧은 양말
丝袜	sīwà	실크 스타킹
长筒袜	chángtǒngwà	스타킹
连裤袜	liánkùwà	타이츠, 팬티스타킹

莫

기본글자는 莫이고, 병음은 mò라고 읽습니다. 숲(艸) 사이로 해(日)가 지는 모양을 형상화한 것으로 날이 저물어 어두워진다는 의미로부터 부정적인 의미인 '없다', '아니다'는 뜻으로 사용됩니다.

기본

莫에 부수 扌(손, 행위)를 붙이면 손으로 '더듬다', '찾다'는 뜻의 摸가 됩니다.
부수 月(신체)를 붙이면 신체의 각 부분 사이의 얇은 '막'을 뜻하는 膜가 됩니다.
부수 木(나무)를 붙이면 模가 되고, 병음에 따라 뜻이 달라집니다. 나무로 만든 '틀'이라는 뜻일 때는 mú라고 읽습니다. 나무틀에서 찍어 낸 듯한 '본보기', '모범'이라는 뜻일 때는 mó라고 읽습니다.
부수 氵(물)을 붙이면 물이 없는(莫) 곳 즉 '사막'을 뜻하는 漠가 됩니다.

변형

莫에 부수 小(마음)을 붙이면 마음으로 가슴 깊이 '그리워하다'는 뜻의 慕가 됩니다.
부수 巾(수건, 천)을 붙이면 천으로 만든 '장막'을 뜻하는 幕가 됩니다.
부수 日(해, 날)을 붙이면 날이 저무는 '저녁' 무렵을 뜻하는 暮가 됩니다.
부수 土(흙, 땅)을 붙이면 땅에 사람을 묻는 '무덤'이라는 뜻의 墓가 됩니다.
부수 力(힘)을 붙이면 힘을 모아 사람을 '모으다'는 뜻의 募가 됩니다.

참고

부수가 왼쪽에 붙는 글자들의 병음은 모두 기본글자와 같이 mo라고 읽는데, 부수가 위나 아래에 붙는 글자들은 병음이 변형되어 모두 mu라고 읽는 특징을 활용하여 이해하면 쉽습니다.

莫	mò		없다, 아니다

한국어

莫大	mòdà	막대
莫逆	mònì	막역
莫逆之交	mònìzhījiāo	막역지교, 거슬릴 것이 없는 친구

중국어

莫斯科	Mòsīkē	모스크바
莫名其妙	mòmíngqímiào	영문을 알 수 없다, 오묘하다
变幻莫测	biànhuànmòcè	변화막측하다

摸	mō		더듬다, 찾다

한국어

摸索	mōsuǒ	모색하다
暗中摸索	ànzhōngmōsuǒ	암중모색, 어둠 속에서 더듬어 찾다

중국어

抚摸	fǔmō	어루만지다
触摸	chùmō	터치하다
触摸板	chùmōbǎn	노트북 터치 패드
触摸屏	chùmōpíng	터치스크린
盲人摸象	mángrénmōxiàng	장님 코끼리 만지기

膜	mó		막

한국어

薄膜	báomó	박막, 얇은 막
粘膜	niánmó	점막, 끈적거리는 막
脑膜	nǎomó	뇌막
网膜	wǎngmó	망막
角膜	jiǎomó	각막
结膜	jiémó	결막
鼓膜	gǔmó	고막
腹膜	fùmó	복막
横膈膜	hénggémó	횡격막, 배와 가슴 사이를 분리하는 막

중국어

虹膜	hóngmó	홍채
面膜	miànmó	마스크 팩
贴膜	tiēmó	액정 보호 필름

模	mó / mú		본보기, 모범 / 틀

한국어

模型	móxíng	모형
模范	mófàn	모범
模拟	mónǐ	모의
模仿	mófǎng	모방
模写	móxiě	모사
模糊	móhu	모호
规模	guīmó	규모

大规模	dàguīmó	대규모
模拟实验	mónǐshíyàn	모의실험
模样	múyàng	모양

模式	móshì	양식, 패턴
模特	mótè	모델
时装模特	shízhuāngmótè	패션모델
模拟考试	mónǐkǎoshì	모의고사
模拟游戏	mónǐyóuxì	모의 게임, 시뮬레이션 게임
模板	múbǎn	거푸집, 형틀

漠 mò 사막

漠漠	mòmò	막막
沙漠	shāmò	사막
沙漠化	shāmòhuà	사막화
荒漠	huāngmò	황막
广漠	guǎngmò	광막

慕 mù 그리워하다

爱慕	àimù	애모
恋慕	liànmù	연모
思慕	sīmù	사모
钦慕	qīnmù	흠모
敬慕	jìngmù	경모, 존경하고 사모하다
仰慕	yǎngmù	앙모, 우러러 그리워하다

羡慕	xiànmù	부러워하다

幕 mù 장막

幕僚	mùliáo	막료, 참모
幕后	mùhòu	막후
字幕	zìmù	자막
开幕	kāimù	개막
开幕式	kāimùshì	개막식
闭幕	bìmù	폐막
闭幕式	bìmùshì	폐막식
序幕	xùmù	서막
内幕	nèimù	내막
黑幕	hēimù	흑막
烟幕	yānmù	연막
银幕	yínmù	은막

幕布	mùbù	극장에 설치된 막
屏幕	píngmù	스크린
谢幕	xièmù	커튼콜

暮	mù		저녁

岁暮	suìmù	세모, 연말
朝三暮四	zhāosānmùsì	조삼모사, 남을 속이고 놀리다
朝令暮改	zhāolìngmùgǎi	조령모개, 아침에 명령하고 저녁에 고치다

墓	mù		무덤

한국어

墓地	mùdì	묘지
墓碑	mùbēi	묘비
墓室	mùshì	묘실
墓穴	mùxué	묘혈
坟墓	fénmù	분묘, 무덤
陵墓	língmù	능묘, 왕이나 왕비의 묘

중국어

公墓	gōngmù	공동묘지
扫墓	sǎomù	성묘하다
盗墓	dàomù	도굴하다

募	mù		모으다, 모집하다

한국어

募集	mùjí	모집
募兵	mùbīng	모병
应募	yìngmù	응모
公募	gōngmù	공모, 공모펀드
私募	sīmù	사모, 사모펀드

중국어

募款	mùkuǎn	모금하다

某

· · ·

기본글자는 **某**이고, 병음은 mǒu라고 읽습니다. 某는 나무(木)에 열린 열매를 형상화한 것으로 수많은 열매 중 특정할 수 없는 '어느 것' 또는 '아무 것'을 의미하는 것으로 이해하면 쉽습니다.

기본

某에 부수 讠(말)을 붙이면 사람들이 모여 대화하면서 어떤 일을 '꾀하다', '도모하다'는 뜻의 **谋**가 됩니다.

변형

某에 부수 女(여자)를 붙이면 여자 매파가 남녀 사이의 혼인을 '중매하다'는 뜻 및 그로부터 파생된 둘 사이를 '매개하다'는 뜻의 **媒**가 됩니다.
부수 火(불)을 붙이면 불을 피우는데 사용되는 광물인 '석탄'을 뜻하는 **煤**가 됩니다.

某	mǒu	어느, 아무

某某	mǒumǒu	모모, 어느
某处	mǒuchù	모처
某人	mǒurén	모인
某种	mǒuzhǒng	모종
某年	mǒunián	모년
某月	mǒuyuè	모월
某日	mǒurì	모일
某时	mǒushí	모시

某些	mǒuxiē	몇몇
某天	mǒutiān	어느 날, 언젠가

谋	móu	꾀하다, 도모하다

谋略	móulüè	모략
谋害	móuhài	모해
谋杀	móushā	모살, 계획적으로 죽이다
谋反	móufǎn	모반
谋事	móushì	모사, 일을 꾸미다
谋士	móushì	모사, 모사꾼
阴谋	yīnmóu	음모
参谋	cānmóu	참모
图谋	túmóu	도모
智谋	zhìmóu	지모, 꾀
主谋	zhǔmóu	주모, 주모자

共谋	gòngmóu	공모

谋求	móuqiú	강구하다, 모색하다

媒	méi	중매하다, 매개하다

媒介	méijiè	매개
媒介体	méijiètǐ	매개체
媒体	méitǐ	매체, 미디어
多媒体	duōméitǐ	다매체, 멀티미디어
媒婆	méipó	매파, 중매쟁이 여자
触媒	chùméi	촉매
冷媒	lěngméi	냉매
灵媒	língméi	영매

媒人	méirén	중매인, 중매쟁이
做媒	zuòméi	중매하다
传媒	chuánméi	전달매체, 매스컴
大众传媒	dàzhòngchuánméi	대중 매체, 매스 미디어

煤	méi		석탄

한국어

煤烟	méiyān	매연

중국어

煤炭	méitàn	석탄
煤气	méiqì	석탄 가스
煤矿	méikuàng	탄광
煤气灶	méiqìzào	가스레인지
采煤	cǎiméi	석탄을 캐다
无烟煤	wúyānméi	무연탄

Part

P

| 音 | 皮 |

기본글자는 **咅**이고, 병음은 pǒu라고 읽습니다. 단독으로는 쓰이지 않습니다.

변형

咅에 부수 土(땅)을 붙이면 땅에 나무를 심어 '북돋다'는 뜻의 **培**가 됩니다.

부수 貝(돈, 재물)을 붙이면 돈을 물어주어 '배상하다'는 뜻의 **賠**가 됩니다.

부수 阝(언덕, 크다)를 왼쪽에 붙이면 옆에서 잘 크도록 '모시다'는 뜻의 **陪**가 됩니다.

부수 阝(마을)을 오른쪽에 붙이면 본래 사람들이 무리지어 살고 있는 구역을 뜻하는 말이었다가 구역별로 작게 나뉜 '부분'을 뜻하게 된 **部**가 됩니다.

부수 亻(사람)을 붙이면 붙어 있던 두 사람이 등을 지고 갈라서서 둘이 되는 모습에서 유래되어 '배', '배수'라는 뜻으로 사용되는 **倍**가 됩니다.

확장

咅에 부수 刂(칼)을 붙이면 칼로 '쪼개다', '가르다'는 뜻의 **剖**가 되고, 병음은 pōu라고 읽습니다.

예) 解剖 jiěpōu 해부

培	péi		북돋다

한국어

培养	péiyǎng	배양
栽培	zāipéi	재배

중국어

培训	péixùn	양성하다, 훈련하다
培训班	péixùnbān	양성소, 훈련원, 학원
培育	péiyù	기르다
培根	péigēn	베이컨

赔	péi		배상하다

한국어

赔偿	péicháng	배상
赔偿金	péichángjīn	배상금
损害赔偿	sǔnhàipéicháng	손해 배상

중국어

赔款	péikuǎn	배상하다, 배상금
赔本	péiběn	손해를 보다
赔罪	péizuì	사죄하다, 사과하다, 잘못을 빌다
索赔	suǒpéi	배상을 요구하다
赔了夫人又折兵	péilefūrenyòuzhébīng	부인도 잃고 병사도 잃다, 이중으로 손해보다

赔	péi		배상하다

한국어

陪审	péishěn	배심
陪审制	péishěnzhì	배심제
陪审员	péishěnyuán	배심원

중국어

陪同	péitóng	수행하다, 모시고 함께하다
陪伴	péibàn	함께하다, 동반하다
陪护	péihù	간병인, 요양 보호사
陪审团	péishěntuán	배심원단
失陪	shīpéi	먼저 실례하겠습니다

倍	bèi		배

한국어

倍数	bèishù	배수
倍加	bèijiā	배가
倍率	bèilǜ	배율
倍增	bèizēng	배증, 배로 증가하다
百倍	bǎibèi	백배, 아주 많다

중국어

加倍	jiābèi	갑절로
双倍	shuāngbèi	두 배
两倍	liǎngbèi	두 배

部	bù	부분

部署	bùshǔ	배치하다
部件	bùjiàn	부품

한국어

部分	bùfen	부분
大部分	dàbùfen	대부분
一部分	yíbùfēn	일부분
部门	bùmén	부문
部位	bùwèi	부위
部长	bùzhǎng	부장, 장관
部下	bùxià	부하
部队	bùduì	부대
部族	bùzú	부족
部落	bùluò	부락
部首	bùshǒu	부수, 한자의 부수
全部	quánbù	전부
局部	júbù	국부, 일부분
细部	xìbù	세부
内部	nèibù	내부
外部	wàibù	외부
上部	shàngbù	상부
下部	xiàbù	하부
本部	běnbù	본부
支部	zhībù	지부
干部	gànbù	간부
胸部	xiōngbù	흉부
头部	tóubù	두부
东部	dōngbù	동부
南部	nánbù	남부
西部	xībù	서부
北部	běibù	북부
俱乐部	jùlèbù	구락부, 클럽

皮

기본글자는 **皮**이고, 병음은 pí라고 읽습니다. 손(又)으로 동물의 가죽을 벗겨내는 모양을 형상화한 것으로 '가죽'이라는 뜻입니다.

기본

皮에 부수 疒(병)을 붙이면 병들어 '지치다', '피곤하다'는 뜻의 **疲**가 됩니다.

변형

皮에 부수 土(땅)을 붙이면 높은 땅 즉 '언덕'이라는 뜻의 **坡**가 됩니다.

부수 石(돌)을 붙이면 돌을 '깨다', '부수다'는 뜻의 **破**가 됩니다.

부수 氵(물)을 붙이면 물에서 나타나는 자연 현상인 '물결', '파도'를 뜻하는 **波**가 됩니다.

波에 부수 女(여자)를 붙이면 '늙은 여자', '할머니'를 뜻하는 **婆**가 됩니다.

皮에 부수 衤(옷, 싸다)를 붙이면 잠잘 때 몸을 덮는 천 즉 '이불'을 뜻하는 **被**가 됩니다. 이불을 뒤집어 쓰다는 의미에서 문법적으로 피동의 의미인 '당하다'는 뜻으로 활용됩니다.

확장

皮에 부수 扌(손)을 붙이면 손으로 '나누다' 또는 손으로 옷을 '걸치다'는 뜻의 **披**가 되고, 병음은 pī라고 읽습니다. 예) 披露 pīlù 까발리다, 공표하다

부수 页(머리)를 붙이면 정도가 강함을 나타내는 '꽤', '매우'라는 뜻의 **颇**가 되고, 병음은 pō라고 읽습니다. 예) 偏颇 piānpō 편파

부수 彳(걷다, 가다)를 붙이면 **彼**가 되고, 병음은 bǐ라고 읽습니다. 저쪽 편으로 걸어가는 '상대방'을 뜻하는 말로 이해하면 쉽습니다. 예) 彼此 bǐcǐ 피차, 서로

부수 王(구슬, 보석)을 붙이면 구슬처럼 투명한 '유리'를 뜻하는 **玻**가 되고, 병음은 bō라고 읽습니다. 예) 玻璃 bōli 유리

皮　pí　　　가죽

한국어

皮肤	pífū	피부
皮肤病	pífūbìng	피부병
皮革	pígé	피혁, 가죽
毛皮	máopí	모피
头皮	tóupí	두피, 비듬
真皮	zhēnpí	진피, 진짜 가죽
表皮	biǎopí	표피
外皮	wàipí	외피
内皮	nèipí	내피
虎皮	hǔpí	호피
羊皮	yángpí	양피
牛皮	niúpí	우피
桂皮	guìpí	계피
脱皮	tuōpí	탈피, 피부가 벗겨지다
剥皮	bāopí	박피, 껍질을 벗기다

중국어

皮带	pídài	가죽 벨트
皮鞋	píxié	구두
皮包	píbāo	가죽 핸드백
橡皮	xiàngpí	고무, 지우개
果皮	guǒpí	과일 껍질
草皮	cǎopí	잔디
树皮	shùpí	나무 껍질, 목피
眼皮	yǎnpí	눈꺼풀
双眼皮	shuāngyǎnpí	쌍꺼풀
调皮	tiáopí	장난이 심하다

顽皮	wánpí	장난이 심하다
厚脸皮	hòuliǎnpí	철면피
皮包骨头	píbāogǔtou	피골이 상접하다

疲　pí　　　피곤하다

한국어

疲劳	píláo	피로
疲困	píkùn	피곤

중국어

疲倦	píjuàn	피곤하다
疲乏	pífá	피로하다, 지치다
疲惫	píbèi	몹시 피로하다, 몹시 지치다
精疲力尽	jīngpílìjìn	기진맥진하다

坡　pō　　　언덕

중국어

坡路	pōlù	비탈길
上坡路	shàngpōlù	오르막길
下坡路	zhōubō	내리막길
坡度	pōdù	기울기, 경사도
斜坡	xiépō	비탈
新加坡	Xīnjiāpō	싱가포르

婆	pó		할머니

媒婆	méipó	매파, 중매쟁이 여자
麻婆豆腐	mápódòufu	마파두부, 중국 음식 이름

婆婆	pópo	시어머니
婆家	pójia	시댁
老婆	lǎopo	아내
外婆	wàipó	외할머니
苦口婆心	kǔkǒupóxīn	입 아프게 타이르다

破	pò		깨다, 부수다

破坏	pòhuài	파괴
破损	pòsǔn	파손
破裂	pòliè	파열
破碎	pòsuì	파쇄
破产	pòchǎn	파산
破格	pògé	파격
破绽	pòzhàn	파탄, 옷의 터진 부분, 약점
突破	tūpò	돌파
打破	dǎpò	타파
爆破	bàopò	폭파
击破	jīpò	격파

冲破	chōngpò	충파, 부수다, 돌파하다
看破	kànpò	간파
读破	dúpò	독파
破竹之势	pòzhúzhīshì	파죽지세, 대나무를 쪼개는 기세, 거침이 없다
破釜沉舟	pòfǔchénzhōu	파부침주, 솥을 부수고 배를 가라앉히다, 배수진을 치다

破例	pòlì	통례를 깨다
破解	pòjiě	풀다
破门	pòmén	골을 넣다
穿破	chuānpò	닳다, 떨어지다

波	bō		물결, 파도

波涛	bōtāo	파도
波浪	bōlàng	파랑, 물결
波澜	bōlán	파란, 큰 물결
波纹	bōwén	파문
波高	bōgāo	파고
波及	bōjí	파급
波动	bōdòng	파동
波长	bōcháng	파장
波形	bōxíng	파형
电波	diànbō	전파
脑波	nǎobō	뇌파

余波	yúbō	여파
风波	fēngbō	풍파
秋波	qiūbō	추파, 요염한 눈길
周波数	zhōubōshù	주파수, 헤르츠
超音波	chāoyīnbō	초음파
电磁波	diàncíbō	전자파
平地风波	píngdìfēngbō	평지풍파, 고요한 곳에 바람과 물결을 일으키다, 뜻밖에 분쟁이나 사고가 갑자기 발생하다

波兰	Bōlán	폴란드
奔波	bēnbō	분주하다
微波炉	wēibōlú	전자레인지

被　bèi　　　　이불, 당하다

被动	bèidòng	피동
被告	bèigào	피고
被告人	bèi gào rén	피고인
被害	bèihài	피해
被害者	bèihàizhě	피해자

被子	bèizi	이불
被迫	bèipò	강요 당하다, 어쩔 수 없이 ~하다
被害人	bèihàirén	피해자, 형사 사건의 피해자

Part

Q

| 其 | 齐 | 奇 | 前 | 签 | 乔 | 且 | 青 | 取 |

其

기본글자는 **其**이고, 병음은 qí라고 읽습니다. 其는 곡식의 알곡을 골라내는 도구인 키를 형상화한 것인데, 현재는 어원과 무관하게 대명사로서 '그것'이라는 뜻으로 사용됩니다.

기본

其에 부수 欠(하품)을 붙이면 입을 벌려 말을 하여 상대방을 '속이다'는 뜻의 **欺**가 됩니다.

부수 月(달)을 붙이면 **期**가 되는데, 달은 음력의 기초가 되므로 어떤 날부터 어떤 날까지의 간격을 의미하는 '기간'이라는 뜻 및 그로부터 파생된 다가올 날을 '기대하다'는 뜻으로 사용됩니다.

부수 方(네모, 방향)을 붙이면 네모난 천에 도안을 그리고 방향을 나타내는데 사용하는 '깃발'을 뜻하는 **旗**가 됩니다.

부수 木(나무)를 붙이면 나무를 잘라 만든 말과 판을 사용하는 게임인 '바둑', '장기'를 뜻하는 **棋**가 됩니다.

변형

其에 부수 土(흙, 땅)을 붙이면 흙을 쌓고 땅을 높여 만든 '집터' 및 그로부터 파생된 '기초'를 뜻하는 **基**가 됩니다.

其　qí　　　　　그, 그것

其他	qítā	기타
其实	qíshí	기실, 사실

其它	qítā	기타
其次	qícì	다음
其余	qíyú	나머지
其中	qízhōng	그중
其间	qíjiān	그간, 그사이
尤其	yóuqí	특히
极其	jíqí	극히, 아주
与其	yǔqí	~하기보다는
土耳其	Tǔěrqí	터키
名副其实	míngfùqíshí	이름이 실제와 부합하다, 명실상부
不计其数	bújìqíshù	헤아릴 수 없이 많다, 부지기수

欺　qī　　　　　속이다

欺瞒	qīmán	기만
欺罔	qīwǎng	기망
自欺欺人	zìqīqīrén	자기기인, 자기도 속이고 남도 속이다

欺骗	qīpiàn	속이다
欺诈	qīzhà	사기 치다
欺负	qīfu	얕보다, 괴롭히다
欺软怕硬	qīruǎnpàyìng	약자를 괴롭히고 강자를 두려워하다, 약자에게 강하고 강자에게 약하다

期　qī　　　　　기간, 기대하다

期待	qīdài	기대
期限	qīxiàn	기한
期间	qījiān	기간
期日	qīrì	기일
期末	qīmò	기말
长期	chángqī	장기
短期	duǎnqī	단기
前期	qiánqī	전기
后期	hòuqī	후기
初期	chūqī	초기
中期	zhōngqī	중기
末期	mòqī	말기
会期	huìqī	회기
学期	xuéqī	학기
任期	rènqī	임기
工期	gōngqī	공기, 공사 기한
时期	shíqī	시기
满期	mǎnqī	만기
周期	zhōuqī	주기

定期	dìngqī	정기, 날짜를 정하다
预期	yùqī	예기, 미리 생각하고 기대하다
同期	tóngqī	동기
延期	yánqī	연기
早期	zǎoqī	조기
早期教育	zǎoqījiàoyù	조기 교육

중국어

期望	qīwàng	기대하고 희망하다
期刊	qīkān	정기 간행물
日期	rìqī	날짜
星期	xīngqī	요일
上星期	shàngxīngqī	지난주
下星期	xiàxīngqī	다음 주
为期	wéiqī	약속한 기한
到期	dàoqī	기한이 되다
按期	ànqī	기한 내에
分期	fēnqī	기간을 나누다
过期	guòqī	기한을 넘기다
逾期	yúqī	기한을 넘기다
假期	jiàqī	휴가 기간
有效期	yǒuxiàoqī	유효 기간
保修期	bǎoxiūqī	수리 보증 기간
保质期	bǎozhìqī	품질 보증 기간
青春期	qīngchūnqī	사춘기
无期徒刑	wúqītúxíng	무기 징역
有期徒刑	yǒuqītúxíng	유기 징역
期中考试	qīzhōngkǎoshì	중간고사
期末考试	qīmòkǎoshì	기말고사
定期存款	dìngqīcúnkuǎn	정기 예금
分期付款	fēnqīfùkuǎn	분할 지급하다, 할부 지급하다

旗	qí	깃발

한국어

旗帜	qízhì	기치, 깃발
旗手	qíshǒu	기수
旗舰	qíjiàn	기함, 사령관이 탄 군함
白旗	báiqí	백기
半旗	bànqí	반기, 조기
国旗	guóqí	국기
万国旗	wànguóqí	만국기
星条旗	xīngtiáoqí	성조기

중국어

旗子	qízi	깃발
旗袍	qípáo	치파오, 중국 전통 여성복
旗舰店	qíjiàndiàn	플래그십 스토어, 주력 상점
五星红旗	wǔxīnghóngqí	우싱훙치, 중국의 국기

棋	qí	바둑, 장기

한국어

棋谱	qípǔ	기보
棋风	qífēng	기풍

중국어

棋师	qíshī	기사
棋盘	qípán	바둑판

下棋	xiàqí	바둑이나 장기를 두다
围棋	wéiqí	바둑
象棋	xiàngqí	장기
五子棋	wǔzǐqí	오목
国际象棋	guójìxiàngqí	체스

基　jī　기초

基础	jīchǔ	기초
基本	jīběn	기본
基准	jīzhǔn	기준
基调	jīdiào	기조, 기본 정신
基金	jījīn	기금, 펀드
基地	jīdì	기지
基层	jīcéng	기층, 밑바닥
基干	jīgàn	기간, 기초
基督教	jīdūjiào	기독교

중국어

基因	jīyīn	유전자
基金会	jījīnhuì	재단
比基尼	bǐjīní	비키니
肯德基	kěndéjī	KFC

기본글자는 **齐**이고, 병음은 qí라고 읽습니다. 번체 齊는 본래 곡식이 익어 이삭이 고개를 숙인 모양을 형상화한 것이고, 그로부터 '가지런하다'는 뜻과 '완전하게 갖추다'라는 의미로 사용됩니다. 간체 자체를 보아도 사람이 두 손을 교차시켜 가지런히 모으고 서 있는 모습을 연상시킵니다.

변형

齐에 부수 扌(손)을 붙이면 손으로 '밀다'는 뜻의 **挤**가 됩니다.

부수 氵(물)을 붙이면 물을 '건너다'는 뜻 및 물을 건널 수 있게 '도와주다'는 뜻의 **济**가 됩니다.

부수 刂(칼)을 붙이면 칼로 약재를 잘라 약을 '조제하다'는 뜻 및 칼로 조제한 '약제'를 뜻하는 **剂**가 됩니다.

齐	qí	가지런하다, 갖추다

齐唱	qíchàng	제창, 한 목소리로 부르다
一齐	yìqí	일제, 일제히
整齐	zhěngqí	정제, 단정하다
修身齐家	xiūshēnqíjiā	수신제가, 제 몸을 닦고 집안을 다스리다
百花齐放	bǎihuāqífàng	백화제방, 예술이 번성하다

齐心	qíxīn	뜻을 모으다
齐全	qíquán	완전히 갖추다
齐心协力	qíxīnxiélì	뜻을 모아 협력하다

挤	jǐ	밀다, 짜다

挤牙膏	jǐyágāo	치약을 짜다
拥挤	yōngjǐ	혼잡하다, 붐비다
排挤	páijǐ	배척하다, 따돌리다

济	jì	건너다, 돕다

救济	jiùjì	구제
共济	gòngjì	공제, 서로 돕다

经济	jīngjì	경제
经济学	jīngjìxué	경제학
市场经济	shìchǎngjīngjì	시장 경제
计划经济	jìhuàjīngjì	계획 경제
经济特区	jīngjìtèqū	경제특구

经济舱	jīngjìcāng	이코노미석
经济萧条	jīngjìxiāotiáo	불경기, 불황, 경기 침체
宏观经济	hóngguānjīngjì	거시경제
微观经济	wēiguānjīngjì	미시경제

剂	jì	조제하다, 약제

药剂	yàojì	약제, 조제한 약
调剂	tiáojì	조제, 조정하다
溶剂	róngjì	용제, 녹이는 물질
防腐剂	fángfǔjì	방부제
麻醉剂	mázuìjì	마취제
杀虫剂	mázuìjì	살충제
杀菌剂	shājūnjì	살균제
注射剂	zhùshèjì	주사제
洗涤剂	xǐdíjì	세척제, 세제
芳香剂	fāngxiāngjì	방향제
营养剂	yíngyǎngjì	영양제

奇

기본글자는 **奇**이고, 병음은 qí라고 읽습니다. 가능한(可) 한 가장 큰(大) 물건이 아주 '신기하다,' '기이하다'는 의미로 이해하면 쉽습니다.

기본
奇에 부수 马(말)을 붙이면 말을 '타다'는 뜻의 **骑**가 됩니다.

변형
奇에 부수 宀(집)을 붙이면 남의 집에 '붙어살다' 뜻 및 남의 집에 물건을 '맡기다' 또는 '부치다'는 뜻의 **寄**가 됩니다.
부수 亻(사람)을 붙이면 사람이 다른 사람에게 몸을 '기대다', '의지하다'는 뜻의 **倚**가 됩니다.
부수 木(나무)를 붙이면 나무로 만든 '의자'라는 뜻의 **椅**가 됩니다.

奇 qí 신기하다, 기이하다

奇迹	qíjì	기적
奇异	qíyì	기이
奇妙	qímiào	기묘
奇缘	qíyuán	기연, 기이한 인연
奇人	qírén	기인
奇才	qícái	기재
珍奇	zhēnqí	진기
神奇	shénqí	신기
好奇心	hàoqíxīn	호기심
奇花异草	qíhuāyìcǎo	기화이초, 진귀한 화초

奇怪	qíguài	이상하다
奇特	qítè	이상하고 특별하다
好奇	hàoqí	호기심을 갖다
惊奇	jīngqí	놀라며 의아해하다
古奇	gǔqí	구찌

骑 qí 타다

骑士	qíshì	기사
骑兵	qíbīng	기병
骑马	qímǎ	기마

骑车	qíchē	자전거를 타다

骑自行车	qízìxíngchē	자전거를 타다
骑虎难下	qíhǔnánxià	중간에 그만둘 수 없는 처지, 기호지세

寄 jì 부치다, 맡기다, 붙여 살다

寄托	jìtuō	기탁
寄宿	jìsù	기숙, 남의 집이나 학교에서 거주함
寄居	jìjū	기거, 얹혀살다
寄生	jìshēng	기생, 더부살이
寄生虫	jìshēngchóng	기생충

寄存	jìcún	보관시키다
寄费	jìfèi	우송료
邮寄	yóujì	우송하다

倚 yǐ 기대다, 의지하다

倚靠	yǐkào	기대다
倚赖	yǐlài	의지하다
不偏不倚	bùpiānbùyǐ	어느 쪽으로 기울거나 치우치지 않다, 공정하다

椅　yǐ　의자

椅子	yǐzi	의자

长椅	chángyǐ	긴 의자, 벤치
轮椅	lúnyǐ	휠체어
转椅	zhuànyǐ	회전의자
摇椅	yáoyǐ	흔들의자

前
●●●

기본글자는 **前**이고, 병음은 qián이라고 읽습니다. 前의 윗부분은 止가 변형된 것이고, 月은 舟가 변형된 것인데, 멈춰있던(止) 배(舟)를 칼(刂)로 끊어 '앞'으로 나간다는 의미입니다.

🗨 변형

前에 부수 灬(불)을 붙이면 불 위에 기름을 두르고 '지지다'는 뜻인 **煎**이 됩니다.
부수 刀(칼)을 붙이면 칼이나 가위로 '자르다'는 뜻의 **剪**이 됩니다.
부수 竹(대나무)를 붙이면 대나무로 만든 '화살'이라는 뜻의 **箭**이 됩니다.

前	qián		앞

한국어

前后	qiánhòu	전후
前面	qiánmian	전면
前方	qiánfāng	전방
前景	qiánjǐng	전경, 앞쪽 경치
前途	qiántú	전도
前进	qiánjìn	전진
前提	qiántí	전제
前夜	qiányè	전야
前期	qiánqī	전기
前卫	qiánwèi	전위, 전위대
以前	yǐqián	이전
从前	cóngqián	종전
事前	shìqián	사전
面前	miànqián	면전
产前	chǎnqián	산전
生前	shēngqián	생전
空前绝后	kōngqiánjuéhòu	공전절후, 전무후무

중국어

前边	qiánbian	앞쪽
前辈	qiánbèi	선배
目前	xiānqián	현재
当前	dāngqián	현재
先前	xiānqián	예전
眼前	yǎnqián	눈앞
跟前	gēnqián	곁, 옆
提前	tíqián	앞당기다
往前	wǎngqián	앞으로

前所未有	qiánsuǒwèiyǒu	종래에 없었다, 과거에 유례가 없다

煎	jiān		지지다

한국어

煎饼	jiānbǐng	전병

중국어

煎熬	jiān'áo	지지고 졸이다, 시달리다, 괴롭힘을 당하다
煎锅	jiānguō	프라이팬
煎饺	jiānjiǎo	군만두
煎鸡蛋	jiānjīdàn	계란프라이

剪	jiǎn		자르다

중국어

剪刀	jiǎndāo	가위
剪彩	jiǎncǎi	기념 테이프를 자르다
剪发	jiǎnfà	머리를 자르다
剪贴	jiǎntiē	스크랩하다
剪辑	jiǎnjí	편집하다
裁剪	cáijiǎn	재단하다

箭　jiàn　화살

箭筒	jiàntǒng	전통, 화살통

箭头	jiàntóu	화살촉, 화살표
射箭	shèjiàn	활을 쏘다, 양궁
火箭	huǒjiàn	불화살, 로켓
火箭炮	huǒjiànpào	로켓포
挡箭牌	dǎngjiànpái	방패, 구실
光阴似箭	guāngyīnsìjiàn	세월이 화살처럼 빠르다

签

• • • •

기본글자는 佥이고, 병음은 qiān이라고 읽습니다. 번체 僉은 많은 사람들이 모여 있는 모양을 형상화한 것으로 '모두' 또는 '양면'이라는 의미가 있으나, 단독으로는 거의 쓰임이 없습니다.

📢 기본

佥에 부수 竹(대나무)를 붙이면 대나무를 양면으로 잘라 만든 길쭉한 '꼬리표'라는 뜻 및 꼬리표에 '서명하다'라는 뜻의 签이 됩니다.

📢 변형

佥에 부수 木(나무)를 붙이면 나무의 전체적인 상태가 좋고 나쁨을 '검사하다'는 뜻의 检이 됩니다.
부수 亻(사람)을 붙이면 많은 사람들이 공생하기 위해서는 낭비하지 않고 '검소'해야 한다는 뜻의 俭이 됩니다.
부수 刂(칼)을 붙이면 양날을 가진 칼 즉 '검'이라는 뜻의 剑이 됩니다.
부수 月(신체)를 붙이면 신체의 일부인 '얼굴'이라는 뜻의 脸이 됩니다.
부수 阝(언덕)을 붙이면 높은 언덕은 '험하다', '위험하다'는 뜻의 险이 됩니다.
부수 马(말)을 붙이면 말의 전체적인 상태를 '검증하다', '시험하다'는 뜻의 验이 됩니다.

📢 확장

佥에 부수 扌(손)을 붙이면 손으로 물건을 '줍다'는 뜻의 捡이 되고, 병음은 jiǎn이라고 읽습니다.
예) 捡便宜 싸게 사다, 거저먹다

284

签 qiān 꼬리표, 서명하다

签署	qiānshǔ	서명하다, 사인하다
签名	qiānmíng	서명하다, 사인하다
签字	qiānzì	서명하다, 사인하다
签订	qiāndìng	체결하다
签证	qiānzhèng	비자
牙签	yáqiān	이쑤시개
棉签	miánqiān	면봉
书签	shūqiān	책갈피
价签	jiàqiān	가격표
标签	biāoqiān	라벨

检 jiǎn 검사하다

한국어

检查	jiǎnchá	검사
检讨	jiǎntǎo	검토
检阅	jiǎnyuè	검열
检索	jiǎnsuǒ	검색
检视	jiǎnshì	검시, 조사하다
检测	jiǎncè	검측
检疫	jiǎnyì	검역
检票	jiǎnpiào	검표
点检	diǎnjiǎn	점검

중국어

检察	jiǎnchá	수사하다
检察官	jiǎncháguān	검사
人民检察院	rénmínjiǎncháyuàn	인민 검찰원, 검찰청
检举	jiǎnjǔ	신고하다, 고발하다
检验	jiǎnyàn	검증하다
体检	tǐjiǎn	신체검사
安检	ānjiǎn	안전 검사
边检	biānjiǎn	출입국 검사

俭 jiǎn 검소하다

한국어

俭约	jiǎnyuē	검약, 아끼다
勤俭	qínjiǎn	근검
勤俭节约	qínjiǎnjiéyuē	근검절약

중국어

俭朴	jiǎnpǔ	검소하고 소박하다
勤工俭学	qíngōngjiǎnxué	일하면서 공부하다

剑 jiàn 검

한국어

剑术	jiànshù	검술
剑道	jiàndào	검도
剑客	jiànkè	검객
剑舞	jiànwǔ	검무

拔剑	bájiàn	발검, 검을 뽑다
宝剑	bǎojiàn	보검
佩剑	pèijiàn	패검, 차는 칼
短剑	duǎnjiàn	단검
刻舟求剑	kèzhōuqiújiàn	각주구검, 융통성 없이 낡은 생각을 고집하다

중국어

击剑	jījiàn	펜싱

脸	liǎn	얼굴

한국어

变脸	biànliǎn	변검, 안면을 바꾸다

중국어

脸面	liǎnmiàn	안면, 체면
脸色	liǎnsè	안색
脸皮	liǎnpí	얼굴 피부, 낯가죽
脸书	liǎnshū	페이스북
脸盆	liǎnpén	세숫대야
洗脸盆	xǐliǎnpén	세면대, 세숫대야
笑脸	xiàoliǎn	웃는 얼굴
丢脸	diūliǎn	체면을 구기다
红脸	hóngliǎn	얼굴을 붉히다
愁眉苦脸	chóuméikǔliǎn	수심에 찬 얼굴

险	xiǎn	위험하다

한국어

险恶	xiǎn'è	험악
险地	xiǎndì	험지
险峻	xiǎnjùn	험준
危险	wēixiǎn	위험
冒险	màoxiǎn	모험
探险	tànxiǎn	탐험
凶险	xiōngxiǎn	흉험
保险	bǎoxiǎn	보험
医疗保险	yīliáobǎoxiǎn	의료 보험
火灾保险	huǒzāibǎoxiǎn	화재 보험

중국어

风险	fēngxiǎn	위험, 리스크
工伤保险	gōngshāngbǎoxiǎn	산업 재해 보험

验	yàn	검증하다, 시험하다

한국어

经验	jīngyàn	경험
直接经验	zhíjiējīngyàn	직접 경험
间接经验	jiànjiējīngyàn	간접 경험
实验	shíyàn	실험
实验室	shíyànshì	실험실
体验	tǐyàn	체험
试验	shìyàn	시험
灵验	língyàn	영험

验收	yànshōu	검수하다
验证	yànzhèng	검증하다
验证码	yànzhèngmǎ	인증 번호
检验	jiǎnyàn	검증하다
测验	cèyàn	시험하다
考验	kǎoyàn	시험하다
化验	huàyàn	화학 실험

기본글자는 乔이고, 병음은 qiáo라고 읽습니다. 번체 喬는 高의 영향을 받아 높다는 뜻을 가지고 있으나, 단독으로는 거의 쓰임이 없습니다.

기본

乔에 부수 木(나무)를 붙이면 나무로 높게 만든 '다리'라는 뜻의 桥가 됩니다.
부수 亻(사람)을 붙이면 해외에 사는 같은 나라 사람 즉 '교포'라는 뜻의 侨가 됩니다.

변형

乔에 부수 女(여자)를 붙이면 여자가 '아름답다', '여리다'는 뜻의 娇가 됩니다.
부수 矢(화살, 곧다)를 붙이면 구부러진 화살을 펴서 '바로잡다'는 뜻의 矫가 됩니다.

확장

乔에 부수 马(말)을 붙이면 덩치가 큰 말이 제멋대로 하여 '교만하다'는 뜻의 骄가 되고, 병음은 jiāo 라고 읽습니다.
예) 骄傲 jiāo'ào 교만하다, 오만하다

288

桥 qiáo   다리

桥梁	qiáoliáng	교량
桥脚	qiáojiǎo	교각
桥头堡	qiáotóubǎo	교두보, 거점, 발판
铁桥	tiěqiáo	철교
浮桥	fúqiáo	부교, 배다리
舰桥	jiànqiáo	함교, 배를 지휘하기 위해 높게 만든 갑판

搭桥	dāqiáo	다리를 놓다
天桥	tiānqiáo	육교
吊桥	diàoqiáo	현수교, 구름다리
拱桥	gǒngqiáo	아치형 다리
立交桥	lìjiāoqiáo	입체 교차로

侨 qiáo   교포

侨民	qiáomín	교민
侨胞	qiáobāo	교포
华侨	huáqiáo	화교

娇 jiāo   아름답다, 여리다

娇态	jiāotài	교태
娇声	jiāoshēng	교성

娇气	jiāoqì	여리다
撒娇	sājiāo	애교를 부리다

矫 jiǎo   바로잡다

矫正	jiǎozhèng	교정, 잘못된 것을 바로잡다
牙齿矫正	yáchǐjiǎozhèng	치아교정

矫枉过正	jiǎowǎngguòzhèng	구부러진 것을 바로 잡으려다 정도를 지나치다

기본글자는 且이고, 병음은 qiě라고 읽습니다. 제사를 지내기 위하여 그릇 위에 그릇을 계속 포갠 모양을 형상화한 것으로 반복의 의미에서 '또'라는 뜻으로 사용됩니다. 且는 과거 jū라는 병음도 가지고 있었는데 아래 파생된 글자 중 상당수는 병음 jū에서 변형된 것입니다.

📢변형

且에 부수 女(여자)를 붙이면 나이가 더 많은 여자 즉 '언니', '누나'의 뜻인 姐가 됩니다.

부수 米(쌀)을 붙이면 현미처럼 거친 쌀에서 유래한 '거칠다'는 뜻의 粗가 됩니다.

부수 纟(실)을 붙이면 실로 '짜다', '조직하다'는 뜻의 组가 됩니다.

부수 禾(벼, 곡식)을 붙이면 租가 되는데, 과거에는 세금을 곡식으로 낸 데서 비롯되어 세금이라는 뜻도 가지고 있었으나 현재는 세금 대신 개인 간에 돈을 내고 '임대하다(세주다)', '임차하다(세내다)'는 뜻으로 사용됩니다.

부수 礻(보이다, 귀신)을 붙이면 祖가 되는데, 귀신을 뜻하는 礻와 제사음식을 뜻하는 且가 결합된 것으로 귀신이 된 조상에게 제사를 올린다는 의미에서 '조상', '할아버지'의 뜻으로 사용됩니다.

부수 阝(언덕)을 붙이면 언덕으로 길을 '막다'는 뜻의 阻가 됩니다.

부수 力(힘)을 붙이면 힘을 써서 '돕다'는 뜻의 助가 됩니다.

📢확장

且에 부수 氵(물)을 붙이면 물에 축축히 젖은 것처럼 '풀이 죽다'는 뜻의 沮가 되고, 병음은 jǔ라고 읽습니다. 예) 沮丧 jǔsàng 낙담하다, 풀이 죽다

부수 讠(말)을 붙이면 나쁜 말로 '저주하다'는 뜻의 诅가 되고, 병음은 zǔ라고 읽습니다.

예) 诅咒 zǔzhòu 저주하다

且	qiě		또, 잠시

而且	érqiě	게다가
并且	bìngqiě	게다가
况且	kuàngqiě	게다가
尚且	shàngqiě	여전히
姑且	gūqiě	잠시
暂且	zànqiě	잠시

姐	jiě		언니, 누나

姐姐	jiějie	언니
姐妹	jiěmèi	자매
姐夫	jiěfu	형부
大姐	dàjiě	큰언니
小姐	xiǎojiě	아가씨
空姐	kōngjiě	스튜어디스
空中小姐	kōngzhōngxiǎojiě	스튜어디스
师姐	shījiě	여자 선배
兄弟姐妹	xiōngdìjiěmèi	형제자매

粗	cū		거칠다

粗恶	cū'è	조악

粗细	cūxì	굵기
粗糙	cūcāo	거칠다
粗鲁	cūlǔ	거칠고 우악스럽다
粗暴	cūbào	난폭하다
粗粮	cūliáng	잡곡
粗心	cūxīn	부주의하다
粗心大意	cūxīndàyì	부주의하다, 세심하지 못하다

组	zǔ		짜다, 조직하다

组织	zǔzhī	조직
组织图	zǔzhītú	조직도
组合	zǔhé	조합
组长	zǔzhǎng	조장
组员	zǔyuán	조원, 팀원
组阁	zǔgé	조각, 내각을 조직하다
二人组	èrrénzǔ	2인조

组装	zǔzhuāng	조립하다
组成	zǔchéng	조직하여 구성하다
分组	fēnzǔ	조를 나누다
小组	xiǎozǔ	그룹
改组	gǎizǔ	조직을 개편하다
重组	chóngzǔ	재조직하다

租	zū	임대하다, 임차하다

한국어

租借	zūjiè	조차, 빌리다

중국어

租赁	zūlìn	임차
租金	zūjīn	임대료
租期	zūqī	임대차 기한
租车	zūchē	렌터카
租房	zūfáng	셋방, 집을 세내다
出租	chūzū	임대하다
出租人	chūzūrén	임대인
出租车	chūzūchē	택시
承租	chéngzū	임차하다
承租人	chéngzūrén	임차인
租用	zūyòng	빌려 쓰다
包租	bāozū	대절하다
房租	fángzū	집세

祖	zǔ	조상, 할아버지

한국어

祖国	zǔguó	조국
祖父	zǔfù	조부
祖母	zǔmǔ	조모
祖孙	zǔsūn	조손
祖师	zǔshī	조사, 창시자
始祖	shǐzǔ	시조
先祖	xiānzǔ	선조

高祖	gāozǔ	고조
曾祖	zēngzǔ	증조

중국어

祖先	zǔxiān	선조

阻	zǔ	막다

중국어

阻止	zǔzhǐ	저지하다
阻挡	zǔdǎng	저지하다
阻拦	zǔlán	저지하다
阻碍	zǔ'ài	가로막다
阻挠	zǔnáo	가로막다
阻力	zǔlì	저항, 저항력

助	zhù	돕다

한국어

助力	zhùlì	조력
助手	zhùshǒu	조수
助教	zhùjiào	조교
助长	zhùzhǎng	조장, 키우다
助产	zhùchǎn	조산, 출산을 돕다
助词	zhùcí	조사, 다른 말의 뜻을 도와주는 품사
帮助	bāngzhù	방조, 돕다
援助	yuánzhù	원조
协助	xiézhù	협조

补助	bǔzhù	보조, 보조금
扶助	fúzhù	부조
赞助	zànzhù	찬조
救助	jiùzhù	구조
拔苗助长	bámiáozhùzhǎng	발묘조장, 일을 급하게 이루려다 그르치다

중국어

助理	zhùlǐ	보좌하다
辅助	fǔzhù	거들다, 돕다
借助	jièzhù	도움을 받다
资助	zīzhù	금전적으로 돕다
互助	hùzhù	서로 돕다
自助餐	zìzhùcān	뷔페

기본글자는 **青**이고, 병음은 qīng이라고 읽습니다. 번체 青의 윗부분은 生(생명)이 변형된 것이고 아래 丹(붉은색)은 색을 나타내는 것으로, 생명을 나타내는 색 즉 '푸른색' 및 그로부터 파생된 '젊다'는 뜻으로 사용됩니다.

기본

青에 부수 氵(물)을 붙이면 물이 '맑다'는 뜻의 **清**이 됩니다.
부수 忄(마음)을 붙이면 마음의 움직임 즉 '감정'을 뜻하는 **情**이 됩니다.
부수 日(해, 날)을 붙이면 날이 '개다', 하늘이 '맑다'는 뜻의 **晴**이 됩니다.
부수 讠(말)을 붙이면 말로 '부탁하다'는 뜻의 **请**이 됩니다.

변형

青에 부수 目(눈)을 붙이면 눈에서 색깔이 있는 부분인 '눈동자'를 뜻하는 **睛**이 됩니다.
부수 米(쌀)을 붙이면 쌀을 곱게 찧어서 '정밀하다', '정교하다'는 뜻의 **精**이 됩니다.

참고

静은 언뜻 병음이 青으로부터 유래된 것처럼 오해할 수 있으나, 사실은 부수가 青이고 병음은 争(zhēng)에서 파생된 것입니다. 争과 함께 익히는 것이 좋습니다. 파란색이 주는 색감이 안정적인 것에서 '고요하다'는 뜻으로 사용되고, 병음은 jìng이라고 읽습니다.

青	qīng		푸르다, 젊다

한국어

青春	qīngchūn	청춘
青年	qīngnián	청년
青天	qīngtiān	청천
青松	qīngsōng	청송
青山	qīngshān	청산
青铜	qīngtóng	청동
青铜器	qīngtóngqì	청동기
青少年	qīngshàonián	청소년
青出于蓝	qīngchūyúlán	청출어람, 제자가 스승보다 낫다

중국어

青菜	qīngcài	채소
青蛙	qīngwā	청개구리
青春期	qīngchūnqī	사춘기
青春痘	qīngchūndòu	여드름
年青	niánqīng	젊다
共青团	gòngqīngtuán	공산주의 청년단, 공청단
万古长青	wàngǔchángqīng	영원토록 변하지 않다

清	qīng		맑다

한국어

清洁	qīngjié	청결
清净	qīngjìng	청정
清明	qīngmíng	청명

清凉	qīngliáng	청량
清纯	qīngchún	청순
清雅	qīngyǎ	청아
清廉	qīnglián	청렴
清算	qīngsuàn	청산
肃清	sùqīng	숙청, 완전히 없애다

중국어

清楚	qīngchu	분명하다, 이해하다
清醒	qīngxǐng	정신이 맑다
清淡	qīngdàn	담백하다
清晨	qīngchén	이른 아침
清理	qīnglǐ	깨끗이 정리하다
清除	qīngchú	깨끗이 없애다
清爽	qīngshuǎng	맑고 상쾌하다
清晰	qīngxī	또렷하다
清真	qīngzhēn	이슬람교식의
清澈	qīngchè	맑고 투명하다
澄清	chéngqīng	분명하게 하다

情	qíng		감정

한국어

情报	qíngbào	정보
情况	qíngkuàng	정황
情感	qínggǎn	정감
情人	qíngrén	정인
情分	qíngfèn	정분
情绪	qíngxù	정서

情趣	qíngqù	정취
情景	qíngjǐng	정경
情理	qínglǐ	정리, 인정과 도리
人情	rénqíng	인정
感情	gǎnqíng	감정
心情	xīnqíng	심정
热情	rèqíng	열정
激情	jīqíng	격정
爱情	àiqíng	애정
同情	tóngqíng	동정
友情	yǒuqíng	우정
恋情	liànqíng	연정
纯情	chúnqíng	순정
痴情	chīqíng	치정, 미련한 사랑
真情	zhēnqíng	진정
表情	biǎoqíng	표정
性情	xìngqíng	성정, 성격과 기질
无情	wúqíng	무정
人之常情	rénzhīchángqíng	인지상정

중국어

情形	qíngxíng	정황
情节	qíngjié	줄거리, 경위
情人节	qíngrénjié	발렌타인데이
事情	shìqing	일
盛情	shèngqíng	두터운 정
深情厚谊	shēnqínghòuyì	깊고 두터운 정
心甘情愿	xīngānqíngyuàn	기꺼이 원하다
一见钟情	yíjiànzhōngqíng	첫눈에 반하다
风土人情	fēngtǔrénqíng	풍토와 인정

晴 qíng 개다, 맑다

중국어

晴朗	qínglǎng	쾌청하다
晴空	qíngkōng	맑은 하늘
晴天	qíngtiān	맑은 날씨
晴天霹雳	qíngtiānpīlì	청천벽력, 마른 하늘에 날벼락

请 qǐng 부탁하다

한국어

请求	qǐngqiú	청구
请愿	qǐngyuàn	청원
请托	qǐngtuō	청탁
申请	shēnqǐng	신청
恳请	kěnqǐng	간청
提请	tíqǐng	제청

중국어

请客	qǐngkè	한턱내다
请假	qǐngjià	휴가를 내다
请教	qǐngjiào	가르침을 청하다
请示	qǐngshì	지시를 바라다
请柬	qǐngjiǎn	청첩장
请帖	qǐngtiě	청첩장
请问	qǐngwèn	말 좀 묻겠습니다
邀请	yāoqǐng	초청하다
邀请函	yāoqǐnghán	초청장, 초대장
宴请	yànqǐng	잔치를 베풀다

睛 jīng 눈동자

한국어

画龙点睛	huàlóngdiǎnjīng	화룡점정, 가장 중요한 부분을 완성하다

중국어

眼睛	yǎnjing	눈

精 jīng 정밀하다, 정교하다

한국어

精神	jīngshen	정신
精华	jīnghuá	정화
精通	jīngtōng	정통
精确	jīngquè	정확
精巧	jīngqiǎo	정교
精密	jīngmì	정밀
精致	jīngzhì	정치, 정교하고 치밀하다
精制	jīngzhì	정제
精进	jīngjìn	정진
精选	jīngxuǎn	정선
精算	jīngsuàn	정산
精读	jīngdú	정독
精气	jīngqì	정기
精力	jīnglì	정력
酒精	jiǔjīng	주정, 알코올
妖精	yāojing	요정

중국어

精彩	jīngcǎi	뛰어나다, 멋지다
精心	jīngxīn	정성을 들이다
精简	jīngjiǎn	정선하다
精美	jīngměi	정교하고 아름답다
精打细算	jīngdǎxìsuàn	세밀하게 계산하다
精益求精	jīngyìqiújīng	완벽을 추구하다
聚精会神	jùjīnghuìshén	정신을 집중하다
无精打采	wújīngdǎcǎi	풀이 죽다
博大精深	bódàjīngshēn	학식이 넓고 심오하다

取

• • •

기본글자는 **取**이고, 병음은 qǔ라고 읽습니다. 耳(귀)와 又(손)이 결합된 글자인데, 과거 전쟁에서 죽인 적군의 숫자를 세기 위해 귀를 베어 가져온 데서 유래한 것으로 물건을 '가지다', '얻다'는 뜻입니다.

기본

取에 부수 女(여자)를 붙이면 아내(女)를 얻다(取) 즉 '장가가다'는 뜻의 **娶**가 됩니다.

부수 走(달리다)를 붙이면 무언가를 얻기(取) 위해 달려간다(走)는 의미로부터 '취향', '재미'라는 뜻으로 사용되는 **趣**가 됩니다.

변형

取에 부수 日(해)를 붙이면 **最**가 되는데, 해는 유일하고 하늘 높은 곳이 있으므로 얻은(取) 것 중 '가장' 좋은(日) 것이라고 이해하면 쉽습니다.

聚의 글자 아래 부분은 세 사람이 나란히 서 있는 모양인 似이 변형된 글자로서 많은 사람들이 '모이다'는 뜻으로 사용됩니다.

取	qǔ	가지다, 얻다

取得	qǔdé	취득
取信	qǔxìn	취신, 신임을 얻다
取消	qǔxiāo	취소
取舍	qǔshě	취사, 취사선택하다
采取	cǎiqǔ	채취, 채택하다, 취하다
收取	shōuqǔ	수취
摄取	shèqǔ	섭취
听取	tīngqǔ	청취
录取	lùqǔ	녹취, 채용하다
进取	jìnqǔ	진취
争取	zhēngqǔ	쟁취
榨取	zhàqǔ	착취
掠取	lüèqǔ	약취
骗取	piànqǔ	편취, 속여서 뺏다
窃取	qièqǔ	절취, 훔치다
夺取	duóqǔ	탈취
舍生取义	shěshēngqǔyì	사생취의, 목숨을 버리고 의를 얻다
囊中取物	nángzhōngqǔwù	낭중취물, 주머니 속에 든 물건을 꺼내듯 쉽다

取款	qǔkuǎn	돈을 찾다
取缔	qǔdì	금지하다, 단속하다
提取	tíqǔ	뽑다, 찾다
吸取	xīqǔ	흡수하다
领取	lǐngqǔ	받다, 수령하다

获取	huòqǔ	획득하다
索取	suǒqǔ	요구하여 얻어내다
无理取闹	wúlǐqǔnào	이유 없이 소란을 피우다
自动取款机	zìdòngqǔkuǎnjī	자동 인출기, ATM

娶	qǔ	장가가다

再娶	zàiqǔ	재취, 다시 장가가다

娶妻	qǔqī	장가가다, 부인을 얻다
娶亲	qǔqīn	부인을 얻다
嫁娶	jiàqǔ	시집가고 장가가다
婚丧嫁娶	hūnsāngjiàqǔ	결혼하고 상을 치르고 자식들을 시집 장가 보내다

趣	qù	재미, 취향

趣味	qùwèi	취미, 재미
兴趣	xìngqù	흥취, 흥미
情趣	qíngqù	정취

有趣	yǒuqù	재미있다
风趣	fēngqù	재미, 유머
乐趣	lèqù	즐거움

感兴趣	gǎnxìngqù]	흥미를 느끼다

聚 jù 모이다

聚合	jùhé	취합, 모이다
聚落	jùluò	취락, 촌락

聚集	jùjí	한데 모이다
聚会	jùhuì	모임, 집회
聚餐	jùcān	회식하다
聚光灯	jùguāngdēng	스포트라이트
凝聚	níngjù	응집되다
团聚	tuánjù	한 자리에 모이다
聚精会神	jùjīnghuìshén	정신을 집중하다

最 zuì 가장

最近	zuìjìn	최근
最新	zuìxīn	최신
最初	zuìchū	최초
最后	zuìhòu	최후
最终	zuìzhōng	최종
最多	zuìduō	최다
最少	zuìshǎo	최소
最大	zuìdà	최대
最小	zuìxiǎo	최소
最高	zuìgāo	최고
最高价	zuìgāojià	최고가
最低	zuìdī	최저
最低价	zuìdījià	최저가
最尖端	zuìjiānduān	최첨단

最好	zuìhǎo	가장 좋다
最佳	zuìjiā	가장 좋다, 가장 적당하다
最坏	zuìhuài	가장 나쁘다, 최악의
最适合	zuìshìhéde	가장 적합하다

Part
S

|寺|

기본글자는 **寺**이고, 병음은 sì라고 읽습니다. 과거 토지(土)와 관련된 관청을 가리키는 말이었다가 인도 승려들이 중국으로 건너오면서부터 '절'을 뜻하게 된 것입니다.

변형

寺에 부수 讠(말)을 붙이면 사람의 감정을 말로 표현하는 문학 형식인 '시'를 뜻하는 **诗**가 됩니다.

부수 亻(사람)을 붙이면 높은 사람의 곁에서 '모시다', '시중들다'는 뜻의 **侍**가 됩니다.

부수 扌(손)을 붙이면 손에 물건을 '가지다'는 뜻 및 손으로 받치고 '지지하다'는 뜻의 **持**가 됩니다.

부수 彳(걷다, 가다)를 붙이면 앞으로 나가기 위해 때를 '기다리다'는 뜻의 **待**가 됩니다. 그 의미가 확장되어 누군가를 만나 어떤 태도로 '대하다'는 뜻으로도 자주 활용됩니다.

부수 牜(소)를 붙이면 제사를 지낼 때 특별히 고른 황소를 제물로 바친 것에서 '특별하다'는 뜻으로 사용되는 **特**가 됩니다.

寺　sì　절

한국어

寺院	sìyuàn	사원

중국어

寺庙	sìmiào	절
清真寺	qīngzhēnsì	이슬람 사원
少林寺	Shàolínsì	샤오린스, 소림사

诗　shī　시

한국어

诗人	shīrén	시인
诗句	shījù	시구
诗歌	shīgē	시가
诗画	shīhuà	시화
诗文	shīwén	시문
诗集	shījí	시집
诗选	shīxuǎn	시선
诗风	shīfēng	시풍
诗经	Shījīng	시경, 사서삼경 중 하나
古诗	gǔshī	고시
唐诗	tángshī	당시
七步成诗	qībùchéngshī	칠보성시, 일곱 걸음 안에 시를 짓다, 재주가 있다

중국어

吟诗	yínshī	시를 읊다

侍　shì　모시다, 시중들다

한국어

侍者	shìzhě	시자, 시중드는 사람
侍从	shìcóng	시종
侍女	shìnǚ	시녀

중국어

侍候	shìhòu	모시다, 시중들다
侍奉	shìfèng	모시다, 시중들다
侍酒师	shìjiǔshī	소믈리에

持　chí　가지다, 지지하다

한국어

持续	chíxù	지속
持久力	chíjiǔlì	지구력
持久战	chíjiǔzhàn	지구전
支持	zhīchí	지지
维持	wéichí	유지
坚持	jiānchí	견지

持有	chíyǒu	소지하다, 보유하다
持股	chígǔ	주식을 보유하다
持久	chíjiǔ	오래 버티다
持平	chípíng	공평하다
保持	bǎochí	지키다
主持	zhǔchí	주관하다, 사회를 보다
主持人	zhǔchírén	사회자, 진행자, MC
持之以恒	chízhīyǐhéng	오랫동안 견지하다, 끈기를 가지고 계속하다

等待	děngdài	기다리다
对待	duìdài	대하다, 다루다
看待	kàndài	대하다, 다루다
招待	zhāodài	접대하다, 대접하다
招待会	zhāodàihuì	연회, 리셉션
招待所	zhāodàisuǒ	사내 숙박 시설
款待	kuǎndài	정성껏 대접하다, 환대하다
亏待	kuīdài	푸대접하다
待人接物	dàirénjiēwù	남과 접촉하고 교제하다

待 dài 기다리다, 대하다

한국어

待机	dàijī	대기, 기회를 기다리다
待遇	dàiyù	대우, 대접
期待	qīdài	기대
接待	jiēdài	접대
优待	yōudài	우대
宽待	kuāndài	관대, 너그럽게 대하다
厚待	hòudài	후대
薄待	bódài	박대
冷待	lěngdài	냉대
虐待	nüèdài	학대

特 tè 특별하다

한국어

特别	tèbié	특별
特色	tèsè	특색
特殊	tèshū	특수
特征	tèzhēng	특징
特定	tèdìng	특정
特出	tèchū	특출
特大	tèdà	특대
特技	tèjì	특기
特区	tèqū	특구
特训	tèxùn	특훈
特异	tèyì	특이
特产	tèchǎn	특산, 특산물, 특산품
特等	tèděg	특등

特级	tèjí	특급
特辑	tèjí	특집
特价	tèjià	특가
特例	tèlì	특례
特派	tèpài	특파
特权	tèquán	특권
特设	tèshè	특설
特赦	tèshè	특사, 특별 사면
特使	tèshǐ	특사, 특별한 외교 사절
特效	tèxiào	특효
特性	tèxìng	특성
特有	tèyǒu	특유
特约	tèyuē	특약
特质	tèzhì	특질
特制	tèzhì	특제
特惠	tèhuì	특혜
特诊	tèzhěn	특진, 특별 진료
独特	dútè	독특

特点	tèdiǎn	특징, 특이점
特长	tècháng	특기, 특장점
特意	tèyì	특별히
特地	tèdì	특별히
特写	tèxiě	클로즈업
特快	tèkuài	특급 열차
特务	tèwu	특수 임무, 특수 요원
特许经营	tèxǔjīngyíng	프랜차이즈
模特	mótè	모델
奇特	qítè	이상하고 특별하다
因特网	yīntèwǎng	인터넷

Part T

| 台 | 廷 | 同 |

기본글자는 台이고, 병음은 tái라고 읽습니다. 번체 臺는 높게(高) 쌓은 집(室)을 의미하고 그로부터 높은 '건물'이라는 뜻 및 높이 쌓은 '무대'라는 뜻으로 사용됩니다. 台는 颱의 간체로도 사용되는데 颱는 큰 바람(風) 즉 '태풍'을 뜻합니다.

기본

台에 부수 月(신체)를 붙이면 임신하여 몸속에서 자라는 '태아'를 뜻하는 胎가 됩니다.
부수 扌(손, 행위)를 붙이면 손을 '들다'는 뜻 및 두 사람이 손으로 물건을 '맞들다'는 뜻의 抬가 됩니다.
부수 心(마음)을 붙이면 마음이 풀어져 '게으르다'는 뜻의 怠가 됩니다.

변형

台에 부수 女(여자)를 붙이면 여자의 뱃속에 아이가 생기는 것으로부터 처음 생명이 '시작되다'는 뜻의 始가 됩니다.
부수 氵(물)을 붙이면 물을 잘 '다스리다'는 뜻의 治가 됩니다.

台	tái		건물, 무대, 태풍

台本	táiběn	대본
台词	táicí	대사
台湾	Táiwān	대만, 타이완
台风	táifēng	태풍
舞台	wǔtái	무대
气象台	qìxiàngtái	기상대
化妆台	huàzhuāngtái	화장대

중국어

台阶	táijiē	계단
台球	táiqiú	당구
台灯	táidēng	탁상용 전등, 탁상용 스탠드
电台	diàntái	라디오 방송국
电视台	diànshìtái	텔레비전 방송국
前台	qiántái	호텔 프론트
后台	hòutái	배후
柜台	guìtái	계산대, 카운터
阳台	yángtái	발코니
讲台	jiǎngtái	강단
平台	píngtái	옥상, 컴퓨터 플랫폼
站台	zhàntái	열차 플랫폼
茅台酒	máotáijiǔ	마오타이주, 중국의 명주
服务台	fúwùtái	안내 데스크
收银台	shōuyíntái	계산대, 카운터

胎	tāi		태아

한국어

胎儿	tāier	태아
胎教	tāijiào	태교
胎生	tāishēng	태생
胎盘	tāipán	태반

중국어

堕胎	duòtāi	낙태, 인공 유산
轮胎	lúntāi	타이어
双胞胎	shuāngbāotāi	쌍둥이
脱胎换骨	tuōtāihuàngǔ	전혀 딴 사람이 되다, 환골탈태

抬	tái		들다, 맞들다

중국어

抬头	táitóu	고개를 들다
抬手	táishǒu	손을 들다
抬高	táigāo	높이 들다
抬价	táijià	값을 올리다

怠	dài		게으르다

한국어

怠慢	dàimàn	태만
懒怠	lǎndài	나태
倦怠	juàndài	권태
懈怠	xièdài	해태, 게을리하다

怠工　　　　　　　　dàigōng　　　　　　태업하다

始　　shǐ　　　　　　시작하다

始终	shǐzhōng	시종
始末	shǐmò	시말, 사건의 전말
始祖	shǐzǔ	시조
始发	shǐfā	시발, 시작
原始	yuánshǐ	원시
开始	kāishǐ	개시
创始	chuàngshǐ	창시
秦始皇	qínshǐhuáng	진시황
有始有终	yǒushǐyǒuzhōng	유시유종, 시작한 일을 끝까지 마무리하다
始终如一	shǐzhōngrúyī	시종여일, 처음부터 끝까지 변함이 없다

自始至终	zìshǐzhìzhōng	처음부터 끝까지, 시종일관

治　　zhì　　　　　　다스리다, 치료하다

治安	zhì'ān	치안
治世	zhìshì	치세, 잘 다스려 평화로운 세상
治罪	zhìzuì	치죄, 죄를 벌하다
治疗	zhìliáo	치료
治愈	zhìyù	치유
政治	zhèngzhì	정치
统治	tǒngzhì	통치
法治	fǎzhì	법치
人治	rénzhì	인치
自治	zìzhì	자치
自治区	zìzhìqū	자치구, 소수 민족이 거주하는 성급 행정 단위
不治	búzhì	불치
难治	nánzhì	난치

治理	zhìlǐ	다스리다
治病	zhìbìng	병을 치료하다
防治	fángzhì	예방하여 치료하다
三明治	sānmíngzhì	샌드위치

· · ·

기본글자는 **廷**이고, 병음은 tíng이라고 읽습니다. 과거 왕이 정사를 보던 '조정'을 뜻하는 말입니다.

기본

廷에 부수 广(집)을 붙이면 집 안에 있는 '정원' 및 그로부터 파생된 '법정'을 뜻하는 **庭**이 됩니다.
부수 扌(손)을 붙이면 본래는 손으로 뽑아내다는 의미였다가 그로부터 파생되어 깊게 박힌 물건을
뽑아낸 후 '꼿꼿이' 선 모습을 표현하는 뜻으로 사용되는 **挺**이 됩니다.
부수 舟(배)를 붙이면 배 중에서도 '작은 배'를 뜻하는 **艇**이 됩니다.

廷	tíng	조정

한국어

朝廷	cháotíng	조정
宫廷	gōngtíng	궁정

중국어

教廷	jiàotíng	교황청
阿根廷	Āgēntíng	아르헨티나

庭	tíng	정원, 법정

한국어

庭院	tíngyuàn	정원
法庭	fǎtíng	법정
开庭	kāitíng	개정
休庭	xiūtíng	휴정
出庭	chūtíng	출정
家庭	jiātíng	가정
家庭主妇	jiātíngzhǔfù	가정주부

중국어

庭长	tíngzhǎng	재판장
大家庭	dàjiātíng	대가족
核心家庭	héxīnjiātíng	핵가족
家庭影院	jiātíngyǐngyuàn	홈시어터
门庭若市	méntíngruòshì	찾아오는 사람이 많다, 문전성시

挺	tǐng	곧다, 매우

중국어

挺好	tǐnghǎo	매우 좋다
挺拔	tǐngbá	우뚝 솟다
挺立	tǐnglì	우뚝 서다
坚挺	jiāntǐng	꼿꼿하다

艇	tǐng	작은 배, 보트

한국어

舰艇	jiàntǐng	함정
潜水艇	qiánshuǐtǐng	잠수정

중국어

飞艇	fēitǐng	비행선
赛艇	sàitǐng	조정
皮艇	pítǐng	카누
快艇	kuàitǐng	모터보트
游艇	yóutǐng	레저 보트
橡皮艇	xiàngpítǐng	고무보트
核潜艇	héqiántǐng	핵잠수함
救生艇	jiùshēngtǐng	구명정

기본글자는 **同**이고, 병음은 tóng이라고 읽습니다. 같은 공간(冂) 안에 있는 사람들이 한(一) 가지의 말(口)을 한다는 의미에서 '같다', '함께'라는 뜻이 생긴 것으로 이해하면 쉽습니다. 同이 골목이라는 의미로 사용될 때에는 예외적으로 tòng이라고 읽습니다.

📢 기본

同에 부수 钅(쇠, 금속)을 붙이면 금속의 일종인 '동', '구리'를 뜻하는 **铜**이 됩니다.
부수 竹(대나무)를 붙이면 대나무로 만든 '통'을 뜻하는 **筒**이 됩니다.

📢 변형

同에 부수 氵(물)을 붙이면 물이 스며들어 생긴 '구멍', '동굴'이라는 뜻의 **洞**이 됩니다.

同	tóng / tòng		같다, 함께 / 골목

同一	tóngyī	동일
同意	tóngyì	동의
同时	tóngshí	동시
同期	tóngqī	동기, 같은 시기
同行	tóngxíng	동행
同情	tóngqíng	동정
同志	tóngzhì	동지
同乡	tóngxiāng	동향
同胞	tóngbāo	동포
同族	tóngzú	동족
同居	tóngjū	동거
同级	tóngjí	동급
同调	tóngdiào	동조
同等	tóngděng	동등
同名	tóngmíng	동명
同种	tóngzhǒng	동종
同席	tóngxí	동석
同感	tónggǎn	동감
同化	tónghuà	동화
同盟	tóngméng	동맹
同姓	tóngxìng	동성
同性	tòngxìng	동성
会同	huìtóng	회동
赞同	zàntóng	찬동
共同	gòngtóng	공동
同床异梦	tóngchuángyìmèng	동상이몽, 한 침대에서 다른 꿈을 꾸다
异口同声	yìkǒutóngshēng	이구동성, 모든 사람이 똑같이 말하다
吴越同舟	WúYuètóngzhōu	오월동주, 원수끼리 같은 배를 타다

同学	tóngxué	동창
同班	tóngbān	같은 반
同桌	tóngzhuō	짝꿍
同屋	tóngwū	룸메이트
同行	tóngháng	같은 업종
同业	tóngyè	같은 업종
同事	tóngshì	동료
同步	tóngbù	보조를 맞추다
相同	xiāngtóng	서로 같다
合同	hétong	계약, 계약서
连同	liántóng	~과 함께
同性恋	tóngxìngliàn	동성애
同甘共苦	tónggāngòngkǔ	즐거움과 어려움을 함께 나누다, 동고동락
胡同	hútòng	골목

铜	tóng	동, 구리

铜像	tóngxiàng	동상
铜矿	tóngkuàng	동광
铜版	tóngbǎn	동판, 인쇄용 동판
青铜	qīngtóng	청동
青铜器	qīngtóngqì	청동기

黄铜	huángtóng		황동, 놋쇠

铜牌	tóngpái	동메달
铜线	tóngxiàn	구리선

筒	tǒng	통

笔筒	bǐtǒng	필통
竹筒	zhútǒng	죽통

听筒	tīngtǒng	수화기
话筒	huàtǒng	송화기, 마이크로폰
手电筒	shǒudiàntǒng	손전등

洞	dòng	구멍, 동굴

洞穴	dòngxué	동혈, 동굴
洞察	dòngchá	통찰
洞察力	dòngchálì	통찰력
空洞	kōngdòng	공동, 내용이 없다

黑洞	hēidòng	블랙홀

Part
W

| 亡 | 未 |

기본글자는 亡이고, 병음은 wáng이라고 읽습니다. 厶이 변해 만들어진 글자로서 사람(人)이 망한 뒤 도망가서 은신처에 숨는다는 의미에서 '망하다' 및 '도망가다'는 뜻으로 이해하면 쉽습니다.

기본

亡에 부수 心(마음)을 붙이면 마음에서 없어지다(亡) 즉 '잊다'라는 뜻의 忘이 됩니다.

부수 女(여자, 부정적인 의미)를 붙이면 여자의 언행이 '허황되다', '망령되다'는 뜻의 妄이 됩니다.

부수 月(달)을 붙이면 望이 되는데, 높은(王) 곳에 올라 달(月)을 보면서 간절히 '바라다'는 뜻으로 이해하면 쉽습니다.

변형

亡에 부수 忄(마음)을 붙이면 여러 가지 일에 마음이 분산되어 '바쁘다'는 뜻의 忙이 됩니다.

부수 目(눈, 보다)를 붙이면 시력이 없어지다(亡) 즉 눈이 '멀다'는 뜻의 盲이 됩니다.

확장

亡에 부수 艹(풀)을 붙이면 벼나 보리의 수염 즉 '까끄라기' 뜻하는 芒이 되고, 병음은 máng이라고 읽습니다. 예) 光芒 guāngmáng 빛, 빛살, 芒果 mángguǒ 망고

芒에 부수 氵(물)을 붙이면 바다처럼 넓고 '아득하다'는 뜻의 茫이 되고, 병음은 máng이라고 읽습니다. 예) 茫茫 mángmáng 망망, 아득하다

亡 wáng 망하다, 도망가다

亡国	wángguó	망국
亡命	wángmìng	망명
亡灵	wánglíng	망령
亡魂	wánghún	망혼, 혼이 빠지다
灭亡	mièwáng	멸망
死亡	sǐwáng	사망
败亡	bàiwáng	패망
逃亡	táowáng	도망
兴亡盛衰	xīngwángshèngshuāi	흥망성쇠, 흥하고 망하고 성하고 쇠하다
唇亡齿寒	chúnwángchǐhán	순망치한, 입술이 없으면 이가 시리다, 밀접한 관계
多歧亡羊	duōqíwángyáng	다기망양, 갈림길이 많아 양을 잃다
生死存亡	shēngsǐcúnwáng	생사존망, 삶과 죽음 그리고 존립과 멸망

伤亡	shāngwáng	사상, 사상자
亡羊补牢	wángyángbǔláo	양을 잃고 우리를 고치다, 계속되는 손실을 방지하다
家破人亡	jiāpòrénwáng	가정이 파괴되고 가족이 죽다, 패가망신

忘 wàng 잊다

忘却	wàngquè	망각
难忘	nánwàng	난망, 잊기 어렵다
健忘症	jiànwàngzhèng	건망증
备忘录	bèiwànglù	비망록
忘年之交	wàngniánzhījiāo	망년지교, 나이에 상관없이 사귄 벗

忘记	wàngjì	잊어버리다
忘性	wàngxìng	건망증
别忘了	biéwàngle	잊지 마라
忘恩负义	wàng'ēnfùyì	배은망덕하다
废寝忘食	fèiqǐnwàngshí	침식을 잊다, 몰두하다

妄 wàng 허황하다, 망령되다

妄想	wàngxiǎng	망상
妄言	wàngyán	망언
轻举妄动	qīngjǔwàngdòng	경거망동, 경솔하게 행동하다

妄说	wàngshuō	함부로 말하다
狂妄	kuángwàng	아주 거만하다
妄自菲薄	wàngzìfěibó	지나치게 자신을 낮추다
妄自尊大	wàngzìzūndà	지나치게 잘난 체하다

望	wàng		바라다

한국어

望楼	wànglóu	망루
望远镜	wàngyuǎnjìng	망원경
欲望	yùwàng	욕망
希望	xīwàng	희망
愿望	yuànwàng	원망, 바람
渴望	kěwàng	갈망
失望	shīwàng	실망
绝望	juéwàng	절망
展望	zhǎnwàng	전망
观望	guānwàng	관망
可望	kěwàng	가망, 기대할 수 있다
有望	yǒuwàng	유망, 가능성이 있다
名望	míngwàng	명망
仰望	yǎngwàng	앙망, 우러러 바라다

중국어

盼望	pànwàng	간절히 바라다
期望	qīwàng	바라다
指望	zhǐwàng	바라다
看望	kànwàng	방문하다
探望	tànwàng	방문하다
威望	wēiwàng	명망, 명성과 명망
望洋兴叹	wàngyángxīngtàn	바다를 보며 자신의 부족함을 한탄하다, 망양지탄
东张西望	dōngzhāngxīwàng	두리번거리다

忙	máng		바쁘다

한국어

匆忙	cōngmáng	총망, 매우 바쁘다
慌忙	huāngmáng	황망

중국어

忙碌	mánglù	일하느라 바쁘다
帮忙	bāngmáng	돕다
繁忙	fánmáng	일이 많아 바쁘다
连忙	liánmáng	급히
急忙	jímáng	급히
赶忙	gǎnmáng	서둘러
忙里偷闲	mánglǐtōuxián	바쁜 가운데 여유를 가지다, 망중한

盲	máng		눈이 멀다

한국어

盲人	mángrén	맹인
盲目	mángmù	맹목
盲从	mángcóng	맹종
盲点	mángdiǎn	맹점
盲肠	mángcháng	맹장
文盲	wénmáng	문맹
色盲	sèmáng	색맹
夜盲症	yèmángzhèng	야맹증

중국어

盲人摸象	mángrénmōxiàng	장님이 코끼리를 만지다, 부분만 알고 전체를 모르다, 멋대로 추측하다

기본글자는 **未**이고, 병음은 wèi라고 읽습니다. 나무(木)의 가장 위쪽 작은 가지를 형상화한 것으로 아직 다 자라지 않았다는 의미에서 '아직'이라는 부정적인 뜻으로 사용됩니다.

기본

未에 부수 口(입)을 붙이면 입으로 먹고 느끼는 '맛'이라는 뜻의 **味**가 됩니다.

변형

未에 부수 女(여자)를 붙이면 '여동생'이라는 뜻의 **妹**가 됩니다.
부수 日(해)를 붙이면 아직(未) 해(日)가 뜨지 않아 '어둡다'는 뜻 및 그로부터 파생된 '어리석다'는 뜻의 **昧**가 됩니다.

확장

未에 부수 鬼(귀신)을 붙이면 귀신에 홀린 것처럼 '매혹적이다'는 뜻의 **魅**가 되고, 병음은 mèi라고 읽습니다.
예) 魅力 mèilì 매력

321

未	wèi		아직 ~하지 않다

未来	wèilái	미래
未知	wèizhī	미지
未知数	wèizhīshù	미지수
未定	wèidìng	미정
未婚	wèihūn	미혼
未决	wèijué	미결
未遂	wèisuì	미수
未详	wèixiáng	미상, 확실하지 않다
未然	wèirán	미연, 아직은 그렇지 않다
未完	wèiwán	미완, 아직 끝나지 않다
未成年	wèichéngnián	미성년

중국어

未免	wèimiǎn	~할 수밖에 없다
未必	wèibì	반드시 ~한 것은 아니다
未付	wèifù	미지급, 미납
未婚妻	wèihūnqī	약혼녀
未婚夫	wèihūnfū	약혼자
未成年人	wèichéngniánrén	미성년자
前所未闻	qiánsuǒwèiwén	이전에 들어 본 적이 없다, 전대미문

味	wèi		맛

한국어

味觉	wèijué	미각
意味	yìwèi	의미
趣味	qùwèi	취미
风味	fēngwèi	풍미
无味	wúwèi	무미

중국어

味道	wèidào	맛
口味	kǒuwèi	입맛
滋味	zīwèi	맛, 심정
苦味	kǔwèi	쓴맛
甜味	tiánwèi	단맛
酸味	suānwèi	신맛
咸味	xiánwèi	짠맛
尝味	chángwèi	맛을 보다
美味	měiwèi	맛있다, 맛있는 음식
气味	qìwèi	냄새
香味	xiāngwèi	향기
意味着	yìwèizhe	의미하다
赛百味	sàibǎiwèi	써브웨이, 샌드위치 전문점
津津有味	jīnjīnyǒuwèi	흥미진진하다
枯燥乏味	kūzàofáwèi	무미건조하다
山珍海味	shānzhēnhǎiwèi	산해진미

妹	mèi		여동생

한국어

妹夫	mèifū	매부

중국어

妹妹	mèimei	여동생
姐妹	jiěmèi	자매
兄弟姐妹	xiōngdìjiěmèi	형제자매
兄妹	xiōngmèi	오누이
师妹	shīmèi	여자 후배

昧	mèi		어둡다, 어리석다

한국어

愚昧	yúmèi	우매
暧昧	àimèi	애매
蒙昧	méngmèi	몽매

중국어

冒昧	màomèi	주제넘다
愚昧无知	yúmèiwúzhī	어리석고 아는 것이 없다, 무지몽매

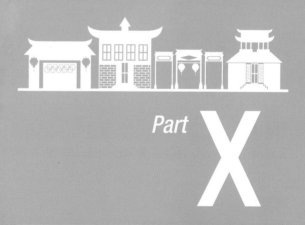

Part

X

| 昔 | 下 | 先 | 咸 | 相 | 肖 | 秀 |

기본글자는 **昔**이고, 병음은 xī라고 읽습니다. 날(日)이 많이 지난 '옛날'이라고 이해하면 쉽습니다.

기본

昔에 부수 忄 (마음, 생각)을 붙이면 마음으로 '안타까워하다', '아끼다'는 뜻의 **惜**가 됩니다.

변형

昔에 부수 亻 (사람)을 붙이면 다른 사람에게 돈이나 물건을 '빌리다'는 뜻의 **借**가 됩니다.

부수 犭 (개, 짐승)을 붙이면 짐승을 '사냥하다'는 뜻의 **猎**가 됩니다.

부수 扌 (손, 행위)를 붙이면 일을 '처리하다', '조치하다'는 뜻의 **措**가 됩니다.

부수 钅 (쇠, 금속)을 붙이면 **错**이 되는데, 본래 금속을 도금하는 것을 의미했으므로 도금 과정 중에 발생한 '잘못'이나 '착오'로 이해하면 좋습니다.

昔에 부수 酉(술, 발효액)를 붙이면 술에서 발효시킨 액체인 '식초'를 뜻하는 **醋**가 되고, 병음은
cù라고 읽습니다.

예) 吃醋 chīcù 질투하다

부수 虫(벌레)를 붙이면 벌이 벌집을 만들 때 쓰이는 물질인 '밀랍'과 밀랍으로 만들어 불을 켜는
'초'를 뜻하는 **蜡**이 되고, 병음은 là라고 읽습니다.

예) 蜡烛 làzhú 양초

부수 月(고기, 신체)를 붙이면 소금에 절여 '말린 고기'라는 뜻의 **腊**가 되고, 병음은 là라고 읽습니다.

예) 腊肉 làròu 훈제 돼지고기

猎, 蜡, 腊는 번체로 獵(렵), 蠟(랍), 臘(랍)이라고 쓰는데, 본래는 昔와 상관없는 글자였지만,
간체화되면서 연관이 생긴 경우입니다.

昔 xī　　　　　옛날

한국어

昔年	xīnián	석년, 여러 해 전
今昔	jīnxī	금석, 현재와 과거

중국어

昔日	xīrì	예전
奶昔	nǎixī	밀크세이크

惜 xī　　　　　안타까워하다, 아끼다

한국어

惜别	xībié	석별
惜败	xībài	석패

중국어

可惜	kěxī	아쉽다
珍惜	zhēnxī	소중히 여기다
爱惜	àixī	아끼다
不惜	bùxī	아끼지 않다
惋惜	wǎnxī	안타까워하다

借 jiè　　　　　빌리다

한국어

借用	jièyòng	차용
借入	jièrù	차입
假借	jiǎjiè	가차, 빌리다
租借	zūjiè	조차, 빌리다

转借	zhuǎnjiè	전차, 빌린 것을 다시 빌리다

중국어

借口	jièkǒu	핑계
借贷	jièdài	돈을 빌리다
借款	jièkuǎn	대출
借据	jièjù	차용증
借方	jièfāng	차변
借助	jièzhù	도움을 빌다
借鉴	jièjiàn	본보기로 삼다

猎 liè　　　　　사냥하다

한국어

猎奇	lièqí	엽기
狩猎	shòuliè	수렵
涉猎	shèliè	섭렵

중국어

猎人	lièrén	사냥꾼
猎狗	lièggǒu	사냥개
猎物	lièwù	사냥감
猎枪	lièqiāng	엽총
猎头	liètóu	헤드 헌팅
打猎	dǎliè	사냥하다
偷猎	tōulièzhě	밀렵

措	cuò	조치하다

措施	cuòshī	조치
措手不及	cuòshǒubùjí	미처 손쓸 방법이 없다
不知所措	bùzhīsuǒcuò	어쩔 줄을 모르다

错	cuò	착오, 잘못

错误	cuòwù	착오
错觉	cuòjué	착각
错视	cuòshì	착시
错乱	cuòluàn	착란, 무질서
精神错乱	jīngshencuòluàn	정신 착란
错杂	cuòzá	착잡, 뒤섞이다
倒错	dàocuò	도착, 이상 행동

错字	cuòzì	오자, 잘못된 글자
错过	cuòguò	놓치다, 엇갈리다
过错	guòcuò	잘못
不错	búcuò	좋다
没错	méicuò	맞다
差错	chācuò	착오
交错	jiāocuò	뒤얽히다

下

. . .

기본글자는 下이고, 병음은 xià라고 읽습니다. 땅(一)의 아랫부분을 관념적으로 표시한 것으로 '아래'라는 뜻입니다.

🗨️ 기본

下에 부수 虫(벌레)를 붙이면 새우를 뜻하는 虾가 되는데, 새우는 바다 동물임에도 그 생김새 때문에 虫으로 표현된 것입니다.

부수 口(입)을 붙이면 吓가 되는데 병음에 따라 뜻이 달라집니다. 입을 크게 벌리고 비명을 지르며 '놀라다'는 뜻일 때는 xià라고 읽습니다. 크게 소리를 질러 남을 '위협하다'는 뜻으로도 사용되는데 이때는 hè라고 읽습니다.

🗨️ 변형

卡는 下와 上을 결합시킨 것으로, 병음에 따라 뜻이 달라집니다. 위(上) 아래(下)로 '끼다'는 뜻일 때는 qiǎ라고 읽습니다. 카드, 칼로리, 트럭 등 외래어의 표기로도 사용되는데 이때는 kǎ라고 읽습니다.

下	xià		아래

下级	xiàjí		하급
下旬	xiàxún		하순
下降	xiàjiàng		하강
下落	xiàluò		하락, 행방
下山	xiàshān		하산
下达	xiàdá		하달
上下	shàngxià		상하
天下	tiānxià		천하
以下	yǐxià		이하
零下	língxià		영하
地下	dìxià		지하
低下	dīxià		저하
门下	ménxià		문하, 제자
手下	shǒuxià		수하

下午	xiàwǔ		오후
下雨	xiàyǔ		비가 내리다
下载	xiàzǎi		다운로드
下属	xiàshǔ		부하
下去	xiàqù		내려가다
下面	xiàmiàn		아랫부분
下课	xiàkè		수업이 끝나다
下班	xiàbān		퇴근하다
下站	xiàzhàn		다음 역
放下	fàngxià		내려놓다
眼下	yǎnxià		현재
一下	yíxià		좀 ~하다
不相上下	bùxiāngshàngxià		우열을 가릴 수 없다

虾	xiā		새우

大虾	dàxiā		대하

虾仁	xiārén		새우 살
龙虾	lóngxiā		랍스터
海虾	hǎixiā		바다 새우
河虾	héxiā		민물 새우

吓	xià / hè		놀라다 / 위협하다

吓人	xiàrén		놀라게 하다
吓倒	xiàdǎo		놀라 자빠지다
惊吓	jīngxià		깜짝 놀라다
吓我一跳	xiàwǒyítiào		깜짝 놀라다, 깜짝이야
恐吓	kǒnghè		위협하다

卡	kǎ / qiǎ		카드 외래어 표기 / 끼다

卡车	kǎchē		트럭
卡片	kǎpiàn		카드
卡通	kǎtōng		카툰, 만화
卡路里	kǎlùlǐ		칼로리
卡布奇诺	kǎbùqínuò		카푸치노
打卡	dǎkǎ		카드를 대다

刷卡	shuākǎ	카드를 긁다
房卡	fángkǎ	카드키
信用卡	xìnyòngkǎ	신용 카드
银行卡	yínhángkǎ	현금 카드
门禁卡	ménjìnkǎ	출입 카드
卡拉OK	kǎlāOK	가라오케, 노래방
关卡	guānqiǎ	초소, 검문소
发卡	fàqiǎ	머리핀

先

• • •

기본글자는 **先**이고, 병음은 xiān이라고 읽습니다. 사람의 다리 모양을 본 뜬 儿의 영향을 받아 '먼저' 앞으로 나가다는 뜻으로 사용됩니다.

기본

先에 부수 宀(집)을 붙이면 집(宀)이나 단체, 국가에서 가장 우선하여(先) 적용되는 법 즉 '헌법'을 뜻하는 **宪**이 됩니다.

변형

先에 부수 辶(가다)를 붙이면 앞에(先) 나설(辶) 사람을 '고르다', '뽑다'는 뜻인 **选**이 됩니다.
부수 氵(물)을 붙이면 물로 '씻다'는 뜻의 **洗**가 됩니다.

참고

宪, 选은 번체로는 憲(헌), 選(선)이라고 쓰는데, 본래는 先과 상관없는 글자였지만, 간체화되면서 연관이 생긴 경우입니다.

先	xiān		먼저

한국어

先后	xiānhòu	선후, 잇따라
先行	xiānxíng	선행
先导	xiāndǎo	선도
先进	xiānjìn	선진
先锋	xiānfēng	선봉
先生	xiānsheng	선생, ~씨
先祖	xiānzǔ	선조
先人	xiānrén	선인
先烈	xiānliè	선열
先知	xiānzhī	선지, 선지자
优先	yōuxiān	우선
先见之明	xiānjiànzhīmíng	선견지명, 미리 앞을 내다보는 지혜

중국어

先前	xiānqián	이전
祖先	zǔxiān	선조
预先	yùxiān	미리
首先	shǒuxiān	가장 먼저
事先	shìxiān	사전에
原先	yuánxiān	본래
领先	lǐngxiān	리드하다
当先	dāngxiān	앞장서다
争先恐后	zhēngxiānkǒnghòu	뒤질세라 앞을 다투다

宪	xiàn		헌법

한국어

宪法	xiànfǎ	헌법
宪章	xiànzhāng	헌장
宪政	xiànzhèng	헌정
立宪	lìxiàn	입헌
制宪	zhìxiàn	제헌
违宪	wéixiàn	위헌

중국어

修宪		헌법을 고치다, 개헌하다

选	xuǎn		고르다, 뽑다

한국어

选择	xuǎnzé	선택
选拔	xuǎnbá	선발
选手	xuǎnshǒu	선수
选举	xuǎnjǔ	선거
选定	xuǎndìng	선정
选集	xuǎnjí	선집, 고르고 모아 엮은 책
竞选	jìngxuǎn	경선
当选	dāngxuǎn	당선
落选	luòxuǎn	낙선
精选	jīngxuǎn	정선

选民	xuǎnmín	유권자
选课	xuǎnkè	수강 신청을 하다
选项	xuǎnxiàng	항목을 고르다
候选	hòuxuǎn	입후보하다
候选人	hòuxuǎnrén	후보자
挑选	tiāoxuǎn	고르다
筛选	shāixuǎn	걸러 내다, 필터링

洗　xǐ　씻다

洗手	xǐshǒu	세수, 손을 씻다
洗脑	xǐnǎo	세뇌
洗车	xǐchē	세차
洗涤	xǐdí	세척
洗涤剂	xǐdíjì	세제
洗涤槽	xǐdícáo	싱크대
洗耳恭听	xǐěrgōngtīng	세이공청, 귀를 씻고 공손히 듣다

洗脸	xǐliǎn	세면, 얼굴을 씻다
洗澡	xǐzǎo	목욕하다
洗发	xǐfà	머리를 감다
洗发水	xǐfàshuǐ	샴푸
洗衣	xǐyī	빨래하다
洗衣机	xǐyījī	세탁기
洗衣店	xǐyīdiàn	세탁소
洗碗	xǐwǎn	설거지하다
洗碗机	xǐwǎnjī	식기세척기
洗手间	Xǐshǒujiān	화장실
清洗	qīngxǐ	깨끗이 씻다, 청소하다
干洗	gānxǐ	드라이클리닝

咸

기본글자는 **咸**이고, 병음은 xián이라고 읽습니다. 咸은 입(口) 안에 느껴지는 맛이 '짜다'는 뜻으로
사용됩니다.

변형

咸에 부수 氵(물, 여기서는 氵를 줄인 것)을 붙이면 물을 '빼다'는 뜻 및 물을 빼면 물의 양이
'줄어들다'는 뜻의 **减**이 됩니다.
부수 心(마음)을 붙이면 마음으로 '느끼다', '감사하다'는 뜻의 **感**이 됩니다.
부수 口(입, 말하다)를 붙이면 입으로 크게 '외치다'는 뜻의 **喊**이 됩니다.

확장

感에 부수 忄(마음)을 한 번 더 붙이면 마음으로 '섭섭하다', '유감이다'는 뜻의 **憾**이 되고, 병음은
hàn이라고 읽습니다.
예) 遗憾 yíhàn 유감, 섭섭하다

336

咸 xián 짜다

咸味	xiánwèi	짠맛
咸淡	xiándàn	짜고 싱거움, 간
咸菜	xiáncài	장아찌
咸肉	xiánròu	소금에 절인 고기

减 jiǎn 빼다, 줄어들다

한국어

减少	jiǎnshǎo	감소
减员	jiǎnyuán	감원
减税	jiǎnshuì	감세
减缩	jiǎnsuō	감축
减产	jiǎnchǎn	감산
减价	jiǎnjià	감가
减刑	jiǎnxíng	감형
减免	jiǎnmiǎn	감면
减轻	jiǎnqīng	감경
减速	jiǎnsù	감속
减退	jiǎntuì	감퇴
减量	jiǎnliàng	감량
减额	jiǎn'é	감액
加减	jiājiǎn	가감
增减	zēngjiǎn	증감
轻减	qīngjiǎn	경감
低减	dījiǎn	저감
削减	xuējiǎn	삭감
递减	dìjiǎn	체감, 차례로 줄어들다

중국어

减肥	jiǎnféi	살을 빼다
减低	jiǎndī	내리다
减法	jiǎnfǎ	뺄셈
减半	jiǎnbàn	반으로 줄이다, 반감되다
减弱	jiǎnruò	약해지다
减缓	jiǎnhuǎn	늦추다, 가볍게 하다
缩减	suōjiǎn	감축하다
锐减	ruìjiǎn	급격히 줄다, 격감하다

感 gǎn 느끼다, 감사하다

한국어

感动	gǎndòng	감동
感情	gǎnqíng	감정
感性	gǎnxìng	감성
感受	gǎnshòu	감수, 받다, 느끼다
感受性	gǎnshòuxìng	감수성
感激	gǎnjī	감격
感怀	gǎnhuà	감회, 그리워하다
感慨	gǎnkǎi	감개, 감동
感恩	gǎnēn	감은, 은혜에 감사하다
感化	gǎnhuà	감화
感谢	gǎnxiè	감사
感触	gǎnchù	감촉
感想	gǎnxiǎng	감상
感觉	gǎnjué	감각
感知	gǎnzhī	감지

有感	yǒugǎn	유감
同感	tónggǎn	동감
反感	fǎngǎn	반감
预感	yùgǎn	예감
敏感	mǐngǎn	민감
灵感	línggǎn	영감
质感	zhìgǎn	질감
情感	qínggǎn	정감
好感	hǎogǎn	호감
快感	kuàigǎn	쾌감
直感	zhígǎn	직감
交感	jiāogǎn	교감
五感	wǔgǎn	오감
美感	měigǎn	미감
责任感	zérèngǎn	책임감
隔世之感	géshìzhīgǎn	격세지감, 많이 변하여 다른 세상이 된 느낌

중국어

感冒	gǎnmào	감기
感兴趣	gǎnxìngqù	흥미가 있다
口感	kǒugǎn	입맛
性感	xìnggǎn	섹시하다
流感	liúgǎn	유행성 감기
禽流感	qínliúgǎn	조류 독감
幽默感	yōumògǎn	유머 감각
感慨万千	gǎnkǎiwànqiān	감동이 끝이 없다, 감개무량하다

喊 hǎn 외치다

한국어

喊声	hǎnshēng	함성
高喊	gāohǎn	고함

중국어

喊价	hǎnjià	값을 부르다
喊叫	hǎnjiào	외치다
叫喊	jiàohǎn	외치다
呐喊	nàhǎn	함성

相

• • •

기본글자는 **相**이고, 병음은 xiāng 또는 xiàng이라고 읽으며, 성조에 따라 뜻이 달라집니다. 눈(目)으로 나무(木)를 자세히 살피다는 의미에서 관찰의 대상으로서 '모양', '생김새'를 뜻할 때는 xiàng이라고 읽습니다. 나무를 살피기 위해 서로 마주하다는 의미에서 '서로'라는 뜻일 때는 xiāng이라고 읽습니다.

기본

相에 부수 竹(대나무)를 붙이면 대나무로 만든 '상자'를 뜻하는 **箱**이 됩니다.
부수 心(마음)을 붙이면 가슴 깊이 '생각하다', '바라다', '그리워하다'는 뜻의 **想**이 됩니다.

변형

相에 부수 雨(비)를 붙이면 수증기가 물체의 표면에 얼어붙는 기상현상 즉 '서리'라는 뜻의 **霜**이 됩니다.

확장

부수 厂(집, 방)을 붙이면 독립된 '공간', '방'을 뜻하는 **厢**이 되고, 병음은 xiāng이라고 읽습니다.
예) 车厢 chēxiāng 객실

相 xiāng / xiàng 서로 / 모양, 생김새

相对	xiāngduì	상대
相互	xiānghù	상호
相同	xiāngtóng	상동
相反	xiāngfǎn	상반
相当	xiāngdāng	상당
相关	xiāngguān	상관
相应	xiāngyìng	상응
相生	xiāngshēng	상생
相克	xiāngkè	상극
相通	xiāngtōng	상통
相思病	xiāngsībìng	상사병
同病相怜	tóngbìngxiānglián	동병상련, 같은 병을 앓는 사람끼리 서로 가엽게 여기다
刮目相待	guāmùxiāngdài	괄목상대, 눈을 비비고 상대방을 보다
骨肉相残	gǔròuxiāngcán	골육상잔, 친족끼리 서로 해치다
一脉相通	yímàixiāngtōng	일맥상통, 하나로 서로 이어지다
心心相印	xīnxīnxiāngyìn	심심상인, 시로 마음이 통하다
真相	zhēnxiàng	진상, 참된 모습
色相	sèxiàng	색상
面相	miànxiàng	면상
手相	shǒuxiàng	수상, 손금
首相	shǒuxiàng	수상

相信	xiāngxìn	믿다
相似	xiāngsì	비슷하다
相处	xiāngchǔ	함께 지내다
相等	xiāngděng	같다
相亲	xiāngqīn	맞선, 소개팅
互相	hùxiāng	서로
相辅相成	xiāngfǔxiāngchéng	서로 보완하여 일을 완성하다
不相上下	bùxiāngshàngxià	우열을 가릴 수 없다
相册	xiàngcè	사진첩, 앨범
相声	xiàngsheng	만담
照相	zhàoxiàng	사진 찍다
照相机	zhàoxiàngjī	사진기

箱 xiāng 상자

箱子	xiāngzi	상자

冰箱	bīngxiāng	냉장고
邮箱	yóuxiāng	우체통
油箱	yóuxiāng	연료 탱크
音箱	yīnxiāng	스피커
保险箱	bǎoxiǎnxiāng	소형 금고
行李箱	xínglǐxiāng	트렁크, 캐리어
后备箱	hòubèixiāng	자동차 트렁크
集装箱	jízhuāngxiāng	컨테이너

想	xiǎng	생각하다, 바라다, 그리워하다

한국어

想象	xiǎngxiàng	상상
想起	xiǎngqǐ	상기, 떠올리다
感想	gǎnxiǎng	감상
空想	kōngxiǎng	공상
幻想	huànxiǎng	환상
联想	liánxiǎng	연상
妄想	wàngxiǎng	망상
构想	gòuxiǎng	구상
思想	sīxiǎng	사상
理想	lǐxiǎng	이상
梦想	mèngxiǎng	몽상, 꿈
预想	yùxiǎng	예상
假想	jiǎxiǎng	가상
回想	huíxiǎng	회상
着想	zhuóxiǎng	착상
断想	duànxiǎng	단상
冥想	míngxiǎng	명상
随想	suíxiǎng	수상, 그때그때 떠오르는 생각

중국어

想法	xiǎngfǎ	생각, 아이디어
想念	xiǎngniàn	그리워하다
猜想	cāixiǎng	추측하다
设想	shèxiǎng	상상하다, 가상하다
想起来	xiǎngqǐlái	생각이 나다
想出来	xiǎngchūlái	생각해 내다
想方设法	xiǎngfāngshèfǎ	모든 방법을 생각하다

霜	shuāng	서리

한국어

风霜	fēngshuāng	풍상, 고난
秋霜	qiūshuāng	추상, 위엄
雪上加霜	xuěshàngjiāshuāng	설상가상, 눈 위에 서리가 덮이다, 엎친 데 덮치다

중국어

面霜	miànshuāng	크림
冷霜	lěngshuāng	콜드크림
眼霜	yǎnshuāng	아이 크림
营养霜	yíngyǎngshuāng	영양 크림
润手霜	rùnshǒushuāng	핸드크림
润肤霜	rùnfūshuāng	수분 크림
防晒霜	fángshàishuāng	선크림
BB霜	bbshuāng	BB 크림

기본글자는 **肖**이고, 병음은 xiào라고 읽습니다. 小는 음(xiǎo)을 나타내고, 부수 月(신체)의 영향으로 두 사람의 몸이 서로 '닮다'는 뜻입니다.

🔖기본

肖에 부수 钅(쇠)를 붙이면 쇠를 '녹이다'는 뜻 및 그로부터 파생된 '없애다', '팔다'라는 뜻의 **销**가 됩니다.
부수 氵(물)을 붙이면 물방울처럼 '사라지다'는 뜻 및 그로부터 파생된 '없애다'는 뜻의 **消**가 됩니다.
부수 宀(집)을 붙이면 **宵**가 되는데, 사람들이 집으로 돌아가는 시간 즉 '밤'이라는 뜻으로 이해하면 쉽습니다.
부수 刂(칼)을 붙이면 **削**가 되는데 병음에 따라 뜻이 달라집니다. 칼로 '깎다'는 뜻일 때는 xiāo라고 읽습니다. 칼로 깎아 '없애다', '줄이다'라는 뜻일 때는 xuē라고 읽습니다.

🔖변형

肖에 부수 禾(벼)를 붙이면 가늘고 날카로운 벼의 끝을 의미한데서 유래하여 '조금', '약간'이라는 뜻으로 사용되는 **稍**가 됩니다.
부수 口(입)을 붙이면 입으로 부는 '호루라기'라는 뜻 및 그로부터 파생된 호루라기를 가지고 '망을 보다'라는 뜻의 **哨**가 됩니다.

🔖확장

肖에 부수 山(산)을 붙이면 산이 '험준하다', '가파르다'는 뜻의 **峭**가 되고, 병음은 qiào라고 읽습니다.
예) 陡峭 dǒuqiào 험준하다, 가파르다,
부수 忄(마음, 생각)을 붙이면 마음으로 '근심하다'는 뜻 및 그로부터 파생된 주위가 '고요하다', '조용하다'는 뜻의 **悄**가 되고, 병음은 qiǎo라고 읽습니다. 예) 悄悄 qiāoqiāo 몰래, 조용하다

肖	xiào		닮다

肖像	xiàoxiàng	초상
肖像画	xiàoxiànghuà	초상화
肖像权	xiàoxiàngquán	초상권
不肖	búxiào	불초, 품행이 안 좋다

生肖	shēngxiào	띠, 태어난 해
十二生肖	shí'èrshēngxiào	십이간지

销	xiāo		녹이다, 없애다, 팔다

销售	xiāoshòu	팔다, 판매하다
销路	xiāolù	판로
销量	xiāoliàng	판매량
销售额	xiāoshòu'é	판매액, 매출액
销毁	xiāohuǐ	없애다
促销	cùxiāo	판촉하다
畅销	chàngxiāo	잘 팔리다
推销	tuīxiāo	판로를 넓히다, 판매를 촉진하다
报销	bàoxiāo	경비를 청구하다
撤销	chèxiāo	취소하다

消	xiāo		사라지다, 없애다

消费	xiāofèi	소비
消费者	xiāofèizhě	소비자
消息	xiāoxi	소식
消极	xiāojí	소극
消耗	xiāohào	소모
消失	xiāoshī	소실, 자취를 감추다
消灭	xiāomiè	소멸
消毒	xiāodú	소독
消音	xiāoyīn	소음
消炎	xiāoyán	소염
消化	xiāohuà	소화
消火	xiāohuǒ	소화
消火器	xiāohuǒqì	소화기
消火栓	xiāohuǒshuān	소화전
消防	xiāofáng	소방
取消	qǔxiāo	취소

消除	xiāochú	없애다
消化药	xiāohuàyào	소화제
抵消	dǐxiāo	상쇄하다

宵	xiāo		밤

夜宵	yèxiāo	야식
通宵	tōngxiāo	밤을 새다, 철야

元宵节	yuánxiāojié	정월 대보름

削 xiāo / xuē 깎다 / 없애다, 줄이다

한국어

削除	xiāochú	삭제
切削	qiēxiāo	절삭
削减	xuējiǎn	삭감
削发	xuēfà	삭발

중국어

削皮	xiāopí	껍질을 깎다
刮削	guāxiāo	깎아 내다
刀削面	dāoxiāomiàn	중국 음식, 칼국수의 일종
削弱	xuēruò	약화되다
削价	xuējià	가격을 깎다, 할인하다
剥削	bōxuē	착취하다

稍 shāo 약간

중국어

稍等	shāoděng	잠깐 기다리다
稍后	shāohòu	나중에, 있다가
稍微	shāowēi	약간

哨 shào 호루라기, 망을 보다

한국어

哨兵	shàobīng	초병
哨所	shàosuǒ	초소
前哨	qiánshào	전초
步哨	bùshào	보초

중국어

哨子	shàozī	호루라기, 휘슬
哨声	shàoshēng	호루라기 소리, 휘파람 소리
口哨	kǒushào	휘파람
岗哨	gǎngshào	초소

秀

· · ·

기본글자는 **秀**이고, 병음은 xiù라고 읽습니다. 禾(벼)와 乃가 결합된 글자로서 乃는 임신하다는 의미인 孕(yùn)의 생략형 글자인데, 벼가 잘 익은 모양으로부터 '뛰어나다', '빼어나다'는 뜻으로 사용됩니다.

기본
秀에 부수 纟(실)을 붙이면 실로 '수를 놓다'는 뜻의 **绣**가 됩니다.

변형
秀에 부수 辶(가다)를 붙이면 뚫고 들어가다 즉 '통과하다', '스며들다'는 뜻의 **透**가 됩니다.
부수 讠(말)을 붙이면 말로 '꾀다', '유혹하다'는 뜻의 **诱**가 됩니다.

秀	xiù		빼어나다, 뛰어나다

한국어

秀丽	xiùlì		수려
秀才	xiùcai		수재
优秀	yōuxiù		우수
俊秀	jùnxiù		준수

중국어

秀气	xiùqi		기품이 있다

绣	xiù		수를 놓다

한국어

刺绣	cìxiù		자수
锦绣	jǐnxiù		금수, 수놓은 비단
十字绣	shízìxiù		십자수

중국어

绣花	xiùhuā		수놓다

透	tòu		통과하다, 스며들다

한국어

透明	tòumíng		투명
透明度	tòumíngdù		투명도
半透明	bàntòumíng		반투명
不透明	bútòumíng		불투명
透视	tòushì		투시
透过	tòuguo		투과
透射	tòushè		투사, 틈새로 비추다
透析	tòuxī		투석, 투석 요법
透彻	tòuchè		투철
浸透	jìntòu		침투
渗透	shèntòu		삼투, 스며들다

중국어

透露	tòulù		드러내다, 누설하다
透镜	tòujìng		렌즈
凹透镜	āotòujìng		오목 렌즈
凸透镜	tūtòujìng		볼록 렌즈

诱	yòu		꾀다, 유혹하다

한국어

诱惑	yòuhuò		유혹
诱导	yòudǎo		유도
诱发	yòufā		유발
诱拐	yòuguǎi		유괴
诱引	yòuyǐn		유인, 꾀어내다
诱因	yòuyīn		유인, 원인

중국어

诱饵	yòu'ěr		미끼
引诱	yǐnyòu		유인하다

Part

Y

|牙|炎|央|羊|昜|夭|乙|羍|用|
|甬|尤|由|禺|予|元|

牙

• • •

기본글자는 **牙**이고, 병음은 yá라고 읽습니다. 둥글넓적한 어금니의 위아래가 맞물린 모양을 형상화한 것으로 '이', '이빨'이라는 뜻으로 사용됩니다. 한편 齒는 앞니가 맞물린 모양을 형상화한 것으로 역시 '이빨'이라는 뜻입니다.

기본

牙에 부수 艹(풀, 꽃)을 붙이면 이빨이 나는 것처럼 돋아나는 식물의 '싹'을 뜻하는 **芽**가 됩니다. 부수 隹(새)를 붙이면 **雅**가 되는데, 공작과 같은 새의 모습이 '우아하다', '고상하다'는 뜻으로 이해하면 쉽습니다.

변형

牙에 부수 穴(구멍)을 붙이면 이빨로 구멍을 '뚫다'는 뜻의 **穿**이 되는데, 옷을 입을 때는 옷의 구멍을 통해 손이나 발을 넣게 되는 데서 유래하여 옷을 '입다'는 뜻으로도 사용됩니다.

확장

牙에 부수 口(입, 말하다)를 붙이면 입에서 '아!'하고 나오는 감탄사 **呀**가 되고, 병음은 yā라고 읽습니다.

예) 哎呀 āiyā 아이고

348

牙 yá 이빨

한국어

象牙	xiàngyá	상아

중국어

牙齿	yáchǐ	치아
牙刷	yáshuā	칫솔
牙膏	yágāo	치약
牙线	yáxiàn	치실
牙签	yáqiān	이쑤시개
牙科	yákē	치과
牙医	yáyī	치과 의사
牙疼	yáténg	치통
牙套	yátào	치아 교정기
刷牙	shuāyá	이를 닦다
西班牙	Xībānyá	스페인
葡萄牙	Pútáoyá	포르투갈

芽 yá 싹

한국어

发芽	fāyá	발아
胚芽	pēiyá	배아
萌芽	méngyá	맹아

중국어

出芽	chūyá	싹이 돋다
豆芽	dòuyá	콩나물

雅 yǎ 우아하다, 고상하다

한국어

雅号	yǎhào	아호
雅量	yǎliàng	아량
清雅	qīngyǎ	청아
端雅	duānyǎ	단아
优雅	yōuyǎ	우아
高雅	gāoyǎ	고아

중국어

文雅	wényǎ	품위가 있다
淡雅	dànyǎ	산뜻하고 우아하다, 아담하다

穿 chuān 뚫다, 입다

한국어

穿孔	chuānkǒng	천공, 구멍을 뚫다
穿凿	chuānzáo	천착, 뚫다

중국어

穿越	chuānyuè	통과하다
穿过	chuānguò	통과하다
穿上	chuānshàng	입다
穿破	chuānpò	구멍이 나다
试穿	shìchuān	입어 보다

기본 글자는 **炎**이고, 병음은 yán이라고 읽습니다. 불(火) 위에 불(火)이 겹쳐져 활활 타오르는 불꽃이라는 의미이고, 그로부터 날씨가 '덥다'는 뜻과 '염증'이라는 뜻이 파생되었습니다.

변형

炎에 부수 氵(물)을 붙이면 본래 물이 맑다는 의미의 **淡**이 되는데, 그로부터 농도가 '묽다', 맛이 '약하다', 색이 '연하다'는 뜻이 파생되었습니다.

부수 讠(말)을 붙이면 말로 '이야기하다'는 뜻의 **谈**이 됩니다.

부수 毛(털)을 붙이면 털실을 짜서 만든 '담요'를 뜻하는 **毯**이 됩니다.

확장

炎에 부수 疒(병)을 붙이면 병의 증상으로 생기는 '가래'를 뜻하는 **痰**이 되고, 병음은 tán이라고 읽습니다.

예) 吐痰 tǔtán 가래를 뱉다

炎 yán 덥다, 염증

炎症	yánzhèng	염증
鼻炎	bíyán	비염
肠炎	chángyán	장염
肝炎	gānyán	간염
胃炎	wèiyán	위염
肺炎	fèiyán	폐렴
肾炎	shènyán	신염, 신장염
消炎	xiāoyán	소염, 염증을 없애다
咽喉炎	yānhóuyán	인후염
关节炎	guānjiéyán	관절염

炎热	yánrè	무덥다
炎暑	yánshǔ	무더운 여름날, 무더위
发炎	fāyán	염증이 생기다
气管炎	qìguǎnyán	기관지염, 공처가
世态炎凉	shìtàiyánliáng	힘이 있으면 빌붙고 힘이 없으면 냉담해지는 세태, 염량세태

淡 dàn 묽다, 약하다, 연하다

淡水	dànshuǐ	담수
淡泊	dànbó	담박, 욕심이 없고 깨끗하다

冷淡	lěngdàn	냉담
暗淡	àndàn	암담
浓淡	nóngdàn	농담, 묽은 정도
淡淡	dàndàn	담담, 연하다, 은은하다

淡季	dànjì	비수기
清淡	qīngdàn	담백하다
淡雅	dànyǎ	산뜻하고 우아하다, 아담하다

谈 tán 이야기하다

谈判	tánpàn	담판
谈话	tánhuà	담화
谈论	tánlùn	담론
谈笑	tánxiào	담소
美谈	měitán	미담
座谈	zuòtán	좌담
密谈	mìtán	밀담
会谈	huìtán	회담
面谈	miàntán	면담
商谈	shāngtán	상담
怪谈	guàitán	괴담
奇谈	qítán	기담
恳谈会	kěntánhuì	간담회

谈恋爱	tánliàn'ài	연애하다
交谈	jiāotán	이야기를 나누다
洽谈	qiàtán	협의하다

毯	tǎn	담요

毯子	tǎnzi	담요, 깔개
毛毯	máotǎn	모포, 담요
地毯	dìtǎn	양탄자, 카펫

기본글자는 **央**이고, 병음은 yāng이라고 읽습니다. 한정된 공간을 나타내는 冂의 한 가운데에 사람이 팔을 벌리고 서 있는(大) 모습을 형상화한 것으로 '가운데', '중앙'이라는 뜻으로 사용됩니다.

🔲 기본
央에 부수 歹(죽음)을 붙이면 사람들이 죽음에 이를 정도로 큰 '재앙'을 뜻하는 **殃**이 됩니다.

🔲 변형
央에 부수 艹(꽃)을 붙이면 꽃봉오리처럼 '출중하다', '뛰어나다'는 뜻의 **英**이 됩니다.
부수 日(해)를 붙이면 햇빛이 '비추다'는 뜻의 **映**이 됩니다.

🔲 확장
央에 부수 鸟(새)를 붙이면 새의 일종인 '원앙'을 뜻하는 **鸯**이 되고, 병음은 yāng이라고 읽습니다.
예) 鸳鸯 yuānyāng 원앙

353

央	yāng		가운데

한국어

中央	zhōngyāng	중앙
中央集权	zhōngyāngjíquán	중앙 집권
中央政府	zhōngyāngzhèngfǔ	중앙 정부
中央银行	zhōngyāngyínháng	중앙 은행

중국어

党中央	dǎngzhōngyāng	중국 공산당 중앙 위원회
中央处理器	zhōngyāngchǔlǐqì	중앙 처리 장치, CPU
中央电视台	zhōngyāngdiànshìtái	중국 중앙 방송국, CCTV

殃	yāng		재앙

한국어

灾殃	zāiyāng	재앙

중국어

遭殃	zāoyāng	재난을 당하다

英	yīng		출중하다, 뛰어나다

한국어

英雄	yīngxióng	영웅
英雄豪杰	yīngxiónghਾojié	영웅호걸
英才	yīngcái	영재

英俊	yīngjùn	영준, 재능이 출중하다
英明	yīngmíng	영명, 지혜롭다
英勇	yīngyǒng	영용, 매우 용감하다
英国	Yīngguó	영국
英语	yīngyǔ	영어
英文	yīngwén	영문
精英	jīngyīng	정영, 가장 귀중한 사물이나 사람

중국어

英镑	yīngbàng	파운드, 영국 화폐
蒲公英	púgōngyīng	민들레

映	yìng		비추다

한국어

映像	yìngxiàng	영상
映射	yìngshè	영사, 반사하다
映山红	yìngshānhóng	영산홍, 진달랫과의 꽃
反映	fǎnyìng	반영
放映	fàngyìng	방영
上映	shàngyìng	상영

중국어

放映机	fàngyìngjī	영사기

기본글자는 **羊**이고, 병음은 yáng이라고 읽습니다. 동물인 양을 정면으로 본 얼굴과 뿔의 모습을 형상화한 것으로 '양'을 뜻합니다.

기본
羊에 부수 氵(물)을 붙이면 '바다'를 뜻하는 **洋**이 됩니다.
부수 木(나무)를 붙이면 나무의 '모양'을 뜻하는 **样**이 됩니다.
부수 气(기운, 공기)를 붙이면 공기 중의 '산소'를 뜻하는 **氧**이 됩니다.
养은 羊이 변형된 글자인데, 번체 養은 부수 食(밥, 음식)의 영향으로 양(羊)에게 밥을 먹여 '기르다'라는 뜻으로 사용됩니다.

변형
羊에 부수 讠(말)을 붙이면 말하는 내용이 '자세하다', '상세하다'는 뜻의 **详**이 됩니다.
부수 礻(보이다, 귀신)을 붙이면 귀신의 도움으로 '상서롭다', '길하다'는 뜻의 **祥**이 됩니다.

확장
羊에 부수 疒(병)을 붙이면 피부병 때문에 '가렵다'는 뜻의 **痒**이 되고, 병음은 yǎng이라고 읽습니다.
예) 痒痒 yǎngyang 가렵다, 근질근질하다

羊	yáng	양

羊毛	yángmáo	양모
羊皮	yángpí	양피, 양가죽
山羊	shānyáng	산양
绵羊	miányáng	면양
多歧亡羊	duōqíwángyáng	다기망양, 갈림길이 많아 양을 잃다

羊肉	yángròu	양고기
羊肉串	yángròuchuàn	양꼬치
亡羊补牢	wángyángbǔláo	양을 잃고 우리를 고치다, 계속되는 손실을 방지하다

洋	yáng	바다

洋酒	yángjiǔ	양주
西洋	xīyáng	서양
海洋	hǎiyáng	해양
远洋	yuǎnyáng	원양
大洋	dàyáng	대양
大洋洲	Dàyángzhōu	대양주, 오세아니아
太平洋	Tàipíngyáng	태평양
大西洋	Dàxīyáng	대서양
印度洋	Yìndùyáng	인도양

洋葱	yángcōng	양파
洋人	yángrén	서양인
崇洋	chóngyáng	외국을 숭배하다
出洋相	chūyángxiàng	추태를 보이다
洋洋得意	yángyángdéyì	뜻대로 되어 매우 만족하다
洋洋自得	yángyángzìdé	뜻대로 되어 매우 만족하다
望洋兴叹	wàngyángxīngtàn	바다를 보며 자신의 부족함을 한탄하다, 망양지탄

养	yǎng	기르다

养育	yǎngyù	양육
养老	yǎnglǎo	양로
养父母	yǎngfùmǔ	양부모
养子	yǎngzǐ	양자
养成	yǎngchéng	양성
养生	yǎngshēng	양생
养分	yǎngfèn	양분
养殖	yǎngzhí	양식
养蜂	yǎngfēng	양봉
养鸡	yǎngjī	양계
养鱼	yǎngyú	양어
素养	sùyǎng	소양, 소질
扶养	fúyǎng	부양
培养	péiyǎng	배양
营养	yíngyǎng	영양

滋养	zīyǎng	자양, 자양분
修养	xiūyǎng	수양
收养	shōuyǎng	수양, 입양
保养	bǎoyǎng	보양, 수리하다
教养	jiàoyǎng	교양
涵养	hányǎng	함양
疗养	liáoyǎng	요양
休养	xiūyǎng	휴양

중국어

抚养	fǔyǎng	부양하다
饲养	sìyǎng	사육하다

氧	yǎng	산소

중국어

氧气	yǎngqì	산소
氧化	yǎnghuà	산화하다
臭氧	chòuyǎng	오존, O_3
一氧化碳	yìyǎnghuàtàn	일산화탄소, CO
二氧化碳	èryǎnghuàtàn	이산화탄소, CO_2
有氧运动	yǒuyǎngyùndòng	유산소 운동
无氧运动	wúyǎngyùndòng	무산소 운동

样	yàng	모양

한국어

样式	yàngshì	양식
模样	múyàng	모양

多样	duōyàng	다양

중국어

样子	yàngzi	모양
样本	yàngběn	견본
样品	yàngpǐn	샘플
一样	yíyàng	같다
同样	tóngyàng	같다
照样	zhàoyàng	그대로 하다
榜样	bǎngyàng	모범, 본보기
纹样	wényàng	문양
这样	zhèyàng	이렇게
那样	nàyàng	그렇게
怎么样	zěnmeyàng	어때?
不怎么样	bùzěnmeyàng	그저 그래
各色各样	gèzhǒnggèyàng	각양각색

详	xiáng	자세하다

한국어

详细	xiángxì	상세
详述	xiángshù	상술
不详	bùxiáng	불상, 상세하지 않다
未详	wèixiáng	미상, 확실하지 않다

중국어

安详	ānxiáng	차분하다

祥	xiáng	상서롭다

昜

● ● ●

기본글자는 昜이고, 병음은 yáng이라고 읽습니다. 번체 昜을 간체화한 것으로 단독으로는 쓰이지 않습니다.

기본

昜에 부수 扌(손)을 붙이면 손으로 높이 들어 '휘날리다'는 뜻의 扬이 됩니다.

변형

昜에 부수 月(신체)를 붙이면 신체의 일부인 '창자'라는 뜻의 肠이 됩니다.

부수 土(땅)을 붙이면 어떤 일이 일어나는 곳 즉 '장소'라는 뜻의 场이 됩니다.

부수 氵(물)을 붙이면 뜨거운 '국물', '탕'이라는 뜻의 汤이 됩니다.

汤에 부수 火(불)을 아래에 붙이면 불 위에 올려 '데우다'는 뜻 및 그로부터 파생된 '뜨겁다'는 뜻의 烫이 됩니다.

畅은 昜과 申이 결합한 글자인데, 申은 申은 번개를 의미하는 电(diàn)에서 유래한 것으로서 번개가 치듯 '막힘이 없다,' '시원하다'는 뜻으로 이해하면 쉽습니다.

■확장

易에 부수 木(나무)를 붙이면 '백양나무', '포플러나무'를 뜻하는 **杨**이 되고, 병음은 yáng이라고 읽습니다.

예) 杨树 yángshù 백양나무

■구분

번체 陽도 易에서 파생된 글자이지만 다른 글자들과는 달리 간체로는 **阳**이라고 씁니다. 阳의 의미가 햇볕임에 착안하여 易을 日로 줄인 것이고, 언덕(阝) 위로 해(日)가 떠서 '햇볕'이 든다는 뜻이며, 병음은 yáng이라고 읽습니다.

예) 太阳 tàiyáng 태양

扬 yáng — 휘날리다

한국어

高扬	gāoyáng	고양
激扬	jīyáng	격양
赞扬	zànyáng	찬양
宣扬	xuānyáng	선양, 널리 알리다
昂扬	ángyáng	앙양, 드높이다
得意扬扬	déyìyángyáng	득의양양, 뜻대로 이루어져 우쭐거리다

중국어

表扬	biǎoyáng	칭찬하다
发扬	fāyáng	드높이다
飘扬	piāoyáng	펄럭이다
扬声器	yángshēngqì	스피커, 확성기

肠 cháng — 창자

한국어

肠子	chángzi	창자
肠炎	chángyán	장염
肝肠	gāncháng	간장
大肠	dàcháng	대장
小肠	xiǎocháng	소장
盲肠	mángcháng	맹장
胃肠	wèicháng	위장, 위와 장
断肠	duàncháng	단장, 극심한 슬픔

중국어

肠胃	chángwèi	창자와 위
香肠	xiāngcháng	소시지

场 chǎng — 장소

한국어

场所	chǎngsuǒ	장소
场面	chǎngmiàn	장면
现场	xiànchǎng	현장
立场	lìchǎng	입장, 처지
入场	rùchǎng	입장
登场	dēngchǎng	등장
当场	dāngchǎng	당장
广场	guǎngchǎng	광장
剧场	jùchǎng	극장
农场	nóngchǎng	농장
球场	qiúchǎng	구장
牧场	mùchǎng	목장
市场	shìchǎng	시장
战场	zhànchǎng	전장
渔场	yúchǎng	어장
刑场	xíngchǎng	형장
运动场	yùndòngchǎng	운동장
一场春梦	yìchǎngchūnmèng	일장춘몽, 한 바탕의 봄꿈, 덧없는 일

중국어

场合	chǎnghé	자리, 상황
场地	chǎngdì	장소
场景	chǎngjǐng	영화 속의 장면, 신

机场	jīchǎng	공항
商场	shāngchǎng	쇼핑몰
操场	cāochǎng	운동장
赌场	dǔchǎng	도박장
赛场	sàichǎng	경기장
停车场	tíngchēchǎng	주차장

畅 chàng 막힘이 없다, 시원하다

한국어

畅达	chàngdá	창달, 막힘없이 통하다
流畅	liúchàng	유창

중국어

畅销	chàngxiāo	잘 팔리다
畅销书	chàngxiāoshū	베스트셀러
畅快	changkuai	시원시원하다
畅通	chàngtōng	원활하다
通畅	tōngchàng	원활하다
舒畅	shūchàng	상쾌하다

汤 tāng 국물, 탕

한국어

汤面	tāngmiàn	탕면, 국물이 있는 국수
汤剂	tāngjì	탕제
汤药	tāngyào	탕약
鱼汤	yútāng	어탕

중국어

汤锅	tāngguō	냄비
汤碗	tāngwǎn	국그릇
汤勺	tāngsháo	국자
汤料	tāngliào	탕거리, 국거리
汤圆	tāngyuán	탕위안, 새알 모양의 음식
泡汤	pàotāng	물거품이 되다
酸辣汤	suānlàtāng	쑤안라탕, 시고 매운 탕
西红柿鸡蛋汤	xīhóngshìjīdàntāng	토마토 계란탕

烫 tàng 데우다, 뜨겁다

중국어

烫发	tàngfà	파마하다
烫头	tàngtóu	파마하다
烫伤	tàngshāng	뜨거운 물에 데다
熨烫	yùntàng	옷을 다리다
麻辣烫	málàtàng	마라탕, 얼얼하고 매운 탕

기본글자는 **夭**이고, 병음은 yāo라고 읽습니다. 어린아이가 고개를 숙이고 재롱을 떠는 모습을 형상화한 것으로 본래는 젊다는 의미였다가 '젊어서 죽다' 뜻으로 사용되는데, 쓰임이 많지는 않습니다. 예) 夭折 yāozhé 요절

기본

夭에 부수 女(여자, 부정적인 의미)를 부이면 여자의 행동이 '요사스럽다'는 뜻 및 요사스러운 귀신 즉 '요괴'를 뜻하는 **妖**가 됩니다.

변형

夭에 부수 竹(대나무)를 붙이면 대나무가 바람에 흔들리는 소리가 마치 웃음소리처럼 들리는 데서 유래한 '웃다'는 뜻의 **笑**가 됩니다.

부수 氵(물)을 붙이면 본래는 논에 물을 대다는 의미였다가 물을 잘 공급해준 논이 '비옥하다'는 뜻으로 사용되는 **沃**가 됩니다.

부수 足(발, 달리다)를 붙이면 발을 굴려 높이 '뛰어오르다'는 뜻의 **跃**가 됩니다.

참고

跃는 번체로 躍(약)이라고 쓰는데, 본래는 夭와 상관없는 글자였지만 간체화되면서 연관이 생긴 경우입니다.

妖　yāo　요사스럽다, 요괴

妖怪	yāoguài	요괴
妖精	yāojing	요정
妖物	yāowù	요물
妖妇	yāofù	요부
妖女	yāonǚ	요녀
妖艳	yāoyàn	요염
妖气	yāoqì	요기, 요사한 기운
妖术	yāoshù	요술

笑　xiào　웃다

微笑	wēixiào	미소
大笑	dàxiào	대소, 크게 웃다
爆笑	bàoxiào	폭소
嘲笑	cháoxiào	조소, 비웃다
冷笑	lěngxiào	냉소
失笑	shīxiào	실소
可笑	kěxiào	가소, 가소롭다
苦笑	kǔxiào	고소, 쓴웃음을 짓다
笑里藏刀	xiàolǐcángdāo	소리장도, 웃음 속에 칼을 숨기다
仰天大笑	yǎngtiāndàxiào	앙천대소, 하늘을 보고 크게 웃다

笑话	xiàohua	우스갯소리, 농담, 웃음거리
笑谈	xiàotán	웃으며 이야기하다, 담소하다
笑声	xiàoshēng	웃음소리
笑容	xiàoróng	웃는 얼굴
笑脸	xiàoliǎn	웃는 얼굴
玩笑	wánxiào	농담
开玩笑	kāiwánxiào	농담하다
搞笑	gǎoxiào	웃기다
欢笑	huānxiào	즐겁게 웃다
说笑	shuōxiào	웃으며 이야기하다
讥笑	jīxiào	비웃다
笑口常开	xiàokǒuchángkāi	항상 웃는 얼굴을 하다
似笑非笑	sìxiàofēixiào	웃는 것 같기도 하고 웃지 않는 것 같기도 하다

沃　wò　기름지다

肥沃	féiwò	비옥
沃土	wòtǔ	옥토

沃尔沃	wò'ěrwò	볼보
沃尔玛	wò'ěrmǎ	월마트

跃	yuè	뛰어오르다

한국어

跳跃	tiàoyuè	도약
飞跃	fēiyuè	비약
活跃	huóyuè	활약, 활발하다, 활기차다
跃进	yuèjìn	약진
跃动	yuèdòng	약동

중국어

踊跃	yǒngyuè	뛰어오르다

乙

• • •

기본글자는 **乙**이고, 병음은 yǐ라고 읽습니다. 10개 천간 중 하나로 甲 다음인 '2번째'라는 뜻으로 사용됩니다.

기본

乙에 부수 亻(사람)을 붙이면 사람이 만족할 만큼 많은 숫자인 '억'을 뜻하는 **亿**가 됩니다.
부수 忄(마음, 생각)을 붙이면 마음에 깊이 새겨 '생각하다', '기억하다'는 뜻의 **忆**가 됩니다.
부수 艹(풀, 꽃)을 붙이면 식물을 가꾸는 데 필요한 '재주', '예술'을 뜻하는 **艺**가 됩니다.

참고

亿, 忆, 艺는 번체로 億(억), 憶(억), 藝(예)라고 쓰는데, 본래는 乙와 상관없는 글자였지만 간체화되면서 연관이 생긴 경우입니다.

乙	yǐ	을, 두 번째

중국어

乙方	yǐfāng	을 측, 계약의 일방 당사자
乙等	yǐděng	이등
乙肝	yǐgān	B형 간염
乙醇	yǐchún	에탄올, 에틸알코올, 술의 원료

亿	yì	억

한국어

亿万	yìwàn	억만
一亿	yíyì	일억

중국어

亿万富翁	yìwànfùwēng	억만장자

忆	yì	생각하다, 기억하다

한국어

记忆	jìyì	기억
记忆力	jìyìlì	기억력
追忆	zhuīyì	추억

중국어

回忆	huíyì	회상하다
回忆录	huíyìlù	회고록
失忆症	shīyìzhèng	기억 상실증

艺	yì	재주, 예술

한국어

艺术	yìshù	예술
艺术家	yìshùjiā	예술가
艺术品	yìshùpǐn	예술품
艺人	yìrén	예인, 예술인
艺名	yìmíng	예명
文艺	wényì	문예
武艺	wǔyì	무예
陶艺	táoyì	도예
演艺	yǎnyì	연예, 공연 예술
园艺	yuányì	원예
工艺	gōngyì	공예
工艺品	gōngyìpǐn	공예품
手工艺	shǒugōngyì	수공예

중국어

手艺	shǒuyì	수공예 기술

睪

●●●

기본글자는 **睪**이고, 병음은 yì라고 읽습니다. 번체 罼를 간체화한 글자이고 단독으로는 쓰이지 않습니다.

기본

睪에 부수 讠(말)을 붙이면 말이나 글을 '번역하다', '통역하다'는 뜻의 **译**이 됩니다.

변형

睪에 부수 釆(짐승의 발자국 모양, 분별하다)를 붙이면 복잡하게 뒤섞인 것을 '풀다', '설명하다'는 뜻 및 그로부터 파생된 묶인 것을 풀어 주어 '석방하다'의 **释**가 됩니다.

부수 扌(손, 행위)를 붙이면 손으로 '고르다', '선택하다'는 뜻의 **择**가 됩니다.

부수 氵(물)을 붙이면 물이 괴어 있는 '연못'이라는 뜻 및 연못에 해가 비쳐 '윤이 나다'는 뜻하는 **泽**가 됩니다.

확장

睪에 부수 纟(실)을 붙이면 실을 '풀다'는 뜻의 **绎**가 되고, 병음은 yì라고 읽습니다.

예) 演绎 yǎnyì 연역, 추론하여 결론을 이끌어 내다

译　yì　번역하다, 통역하다

译者	yìzhě	역자, 번역자
翻译	fānyì	번역, 번역자, 통역
翻译家	fānyìjiā	번역가
直译	zhíyì	직역
意译	yìyì	의역, 단어에 구애받지 않고 전체적인 뜻을 살리는 번역
音译	yīnyì	음역, 한자의 음으로 외국어의 음을 나타내다
误译	wùyì	오역

译员	yìyuán	통역원, 통역사
笔译	bǐyì	번역
口译	kǒuyì	통역
同声翻译	tóngshēngfānyì	동시통역
同声传译	tóngshēngchuányì	동시통역

释　shì　풀다, 설명하다, 석방하다

释放	shìfàng	석방
解释	jiěshì	해석
注释	zhùshì	주석
保释	bǎoshì	보석
稀释	xīshì	희석, 묽게 하다
手不释卷	shǒubúshìjuàn	수불석권, 손에서 책을 떼지 않다, 열심히 공부하다

假释	jiǎshì	가석방
爱不释手	àibúshìshǒu	너무 좋아 손에서 놓지 못하다

择　zé　고르다, 선택하다

选择	xuǎnzé	선택
采择	cǎizé	채택

选择题	xuǎnzétí	객관식 문제, 선택형 문제
不择手段	bùzéshǒuduàn	목적을 위해 수단을 가리지 않다
饥不择食	jībùzéshí	배가 고프면 음식을 가릴 수 없다, 찬 밥 더운 밥 가릴 처지가 아니다

泽　zé　연못, 윤기

光泽	guāngzé	광택
润泽	rùnzé	윤택
沼泽	zhǎozé	소택, 늪과 연못
沼泽地	zhǎozédì	소택지, 습지

用

기본글자는 **用**이고, yòng이라고 읽습니다. 用은 甬과 어원이 같아 본래는 속이 빈 통을 의미하였는데, 물의 양을 잴 때 통을 '사용하다'는 뜻으로 이해하면 쉽습니다. 사실 다음에 나오는 甬도 用의 영향을 받은 글자이지만, 별도로 분류하여 익히는 것이 더 효율적입니다.

🔲 기본

用에 부수 扌(손)을 붙이면 팔을 벌려 '껴안다'는 뜻의 **拥**이 됩니다.
부수 亻(사람)을 붙이면 **佣**이 되고, 성조에 따라 뜻이 달라집니다. 사람을 돈을 주고 '고용하다'는 뜻일 때는 yōng이라고 읽습니다. 사람을 고용하여 사용할 때 지불하여야 하는 '중개수수료'를 뜻할 때는 yòng이라고 읽습니다.

🔲 구분

甩는 用에 손잡이가 달린 모양이고, 물건을 쓸 때 손잡이를 잡고 '휘두르다', '던지다'는 뜻으로 이해하면 쉽습니다. 병음은 shuǎi라고 읽습니다.
甭은 不과 用이 결합된 글자로서 직역하면 '~할 필요가 없다'는 뜻이고, 그 부정적인 의미를 살려 의역하면 '~하지 마라'는 뜻이 됩니다. 병음은 béng이라고 읽습니다.

🔲 참고

拥, 佣은 번체로 擁(옹), 傭(용)이라고 쓰는데, 본래는 用과 상관없는 글자였지만 간체화되면서 연관이 생긴 경우입니다.

用	yòng	쓰다, 사용하다

用法	yòngfǎ	용법
用语	yòngyǔ	용어
用量	yòngliàng	용량
用地	yòngdì	용지
用途	yòngtú	용도
用处	yòngchu	용처
用品	yòngpǐn	용품
日用品	rìyòngpǐn	일용품
利用	lìyòng	이용
通用	tōngyòng	통용
引用	yǐnyòng	인용
食用	shíyòng	식용
试用	shìyòng	시용
有用	yǒuyòng	유용
无用	wúyòng	무용
应用	yìngyòng	응용
援用	yuányòng	원용
常用	chángyòng	상용
商用	shāngyòng	상용
重用	zhòngyòng	중용
采用	cǎiyòng	채용
转用	zhuǎnyòng	전용, 다른 데 돌려 쓰다
专用	zhuānyòng	전용, 혼자 쓰다
占用	zhànyòng	점용
饮用	yǐnyòng	음용
军用	jūnyòng	군용
代用	dàiyòng	대용

费用	fèiyòng	비용
公用	gōngyòng	공용, 공적으로 사용하다
共用	gòngyòng	공용, 함께 사용하다
适用	shìyòng	적용
信用	xìnyòng	신용
使用	shǐyòng	사용
实用	shíyòng	실용
滥用	lànyòng	남용
盗用	dàoyòng	도용
效用	xiàoyòng	효용
并用	bìngyòng	병용
不用	búyòng	불용
运用	yùnyòng	운용
作用	zuòyòng	작용
副作用	fùzuòyòng	부작용

用功	yònggōng	노력하다
用心	yòngxīn	애쓰다
用户	yònghù	사용자
没用	méiyòng	쓸모없다
耐用	nàiyòng	오래 쓰다
信用卡	xìnyòngkǎ	신용 카드

拥	yōng	껴안다

拥护	yōnghù	옹호

拥挤	yōngjǐ	붐비다, 몰리다
拥抱	yōngbào	포옹하다
拥有	yōngyǒu	보유하다

佣 yōng / yòng 고용하다 / 중개수수료

한국어

佣兵	yōngbīng	용병
雇佣	gùyōng	고용

중국어

佣工	yōnggōng	고용인, 피고용인
佣人	yōngrén	하인
佣金	yòngjīn	중개수수료, 커미션

甩 shuǎi 휘두르다, 던지다

중국어

甩卖	shuǎimài	덤핑하다, 세일하다
甩货	shuǎihuò	덤핑하다, 덤핑 물건
甩手	shuǎishǒu	뿌리치다, 팽개치다
被甩	bèishuǎi	차이다

기본글자는 **甬**이고, 병음은 用의 영향으로 yǒng이라고 읽습니다. 종이 거꾸로 매달린 모양을 형상화한 것이지만 단독으로는 거의 쓰이지 않습니다.

기본

甬에 부수 氵(물)을 붙이면 물이 위로 '솟아오르다'는 뜻의 **涌**이 됩니다.
부수 力(힘)을 붙이면 힘이 세고 '용감하다'는 뜻의 **勇**이 됩니다. 번체로는 勇이라고 써서 마치 아랫부분 男에서 유래된 것처럼 착각할 수 있으나, 사실은 음은 甬에서 유래하고 뜻은 力에서 비롯된 글자입니다.

변형

甬에 부수 讠(말)을 붙이면 말로 읽으면서 '외우다'는 뜻의 **诵**이 됩니다.
부수 辶(가다)를 붙이면 가는 길이 막힘없이 '통하다'는 뜻의 **通**이 됩니다.
부수 木(나무)를 붙이면 나무로 만든 물건을 담는 '통'이라는 뜻의 **桶**이 됩니다.
부수 疒(병)을 붙이면 병들어 몸이 '아프다'는 뜻의 **痛**이 됩니다.

涌	yǒng		솟아오르다

涌出	yǒngchū	용출, 솟아나다
涌泉	yǒngquán	용천, 용솟는 샘물

涌现	yǒngxiàn	한꺼번에 나타나다
涌入	yǒngrù	밀려들다
汹涌	xiōngyǒng	물이 용솟음치다

勇	yǒng		용감하다

勇敢	yǒnggǎn	용감
勇气	yǒngqì	용기
勇猛	yǒngměng	용맹
勇士	yǒngshì	용사
勇将	yǒngjiàng	용장
勇力	yǒnglì	용력, 용기와 힘
英勇	yīngyǒng	영용, 매우 용감하다
义勇军	yìyǒngjūn	의용군, 민간에서 자발적으로 조직된 군대

勇于	yǒngyú	용감하게 하다
勇往直前	yǒngwǎngzhíqián	용감하게 앞으로 나가다
见义勇为	jiànyìyǒngwéi	의를 보면 용감히 행한다

诵	sòng		외우다

朗诵	lǎngsòng	낭송
吟诵	yínsòng	음송

背诵	bèisòng	외우다

通	tōng		통하다

通常	tōngcháng	통상
通信	tōngxìn	통신
通报	tōngbào	통보
通告	tōnggào	통고
通知	tōngzhī	통지
通话	tōnghuà	통화
通货	tōnghuò	통화
通用	tōngyòng	통용
通商	tōngshāng	통상, 무역
通过	tōngguò	통과
通路	tōnglù	통로
通行	tōngxíng	통행
通风	tōngfēng	통풍
通俗	tōngsú	통속
通称	tōngchēng	통칭
普通	pǔtōng	보통
交通	jiāotōng	교통
开通	kāitōng	개통

流通	liútōng	유통
共通	gòngtōng	공통
精通	jīngtōng	정통
变通	biàntōng	변통
不通	bùtōng	불통
疏通	shūtōng	소통, 막힌 곳을 뚫다
通货膨胀	tōnghuòpéngzhàng	통화 팽창, 인플레이션
四通八达	sìtōngbādá	사통팔달, 사방으로 통하다
万事亨通	wànshìhēngtōng	만사형통, 모든 일이 뜻대로 잘되다
一脉相通	yímàixiāngtōng	일맥상통, 하나로 서로 통하다

중국어

通讯	tōngxùn	통신, 전자적 방식에 의한 통신
通缉	tōngjī	지명 수배
畅通	chàngtōng	원활하다
沟通	gōutōng	연결하다, 소통하다
卡通	kǎtōng	만화, 카툰
普通话	pǔtōnghuà	표준어

桶 tǒng 통

중국어

饭桶	fàntǒng	밥통
水桶	shuǐtǒng	물통, 양동이
马桶	mǎtǒng	좌식변기
垃圾桶	lājītǒng	쓰레기통

痛 tòng 아프다

한국어

痛快	tòngkuài	통쾌
痛哭	tòngkū	통곡
痛恨	tònghèn	통한
痛觉	tòngjué	통각
痛饮	tòngyǐn	통음, 술을 많이 마시다
悲痛	bēitòng	비통
沉痛	chéntòng	침통
哀痛	āitòng	애통
镇痛	zhèntòng	진통, 통증을 진정시키다
阵痛	zhèntòng	진통, 출산 시 통증
头痛	tóutòng	두통
胃痛	wèitòng	위통
神经痛	shénjīngtòng	신경통
无痛分娩	wútòngfēnmiǎn	무통 분만

중국어

痛处	tòngchù	아픈 곳
痛苦	tòngkǔ	고통
痛经	tòngjīng	생리통
疼痛	téngtòng	아프다
牙痛	yátòng	치통
止痛	zhǐtòng	통증을 멈추게 하다
止痛药	zhǐtòngyào	진통제

기본글자는 **尤**이고, 병음은 yóu라고 읽습니다. 부수 尤는 한쪽 다리가 굽은 절름발이의 모양을 본뜬 것인데, 몸이 불편한 절름발이에게 짐을 더해 '더욱' 어렵게 만드는 모양으로 이해하면 쉽습니다.

기본

尤에 부수 忄(마음)을 붙이면 마음으로 '근심하다', '걱정하다'는 뜻의 **忧**가 됩니다.

부수 亻(사람)을 붙이면 **优**가 되는데, 본래는 무대 위에서 연기를 하는 사람 즉 배우라는 의미였으며, 그로부터 일반인과 비교하여 재능이 '뛰어나다', '우수하다'는 뜻으로 사용됩니다.

부수 犭(개, 짐승)을 붙이면 **犹**가 되는데, 번체 猶는 개(犭)와 술(酉)이 결합된 글자로서 술에 취하면 마치 개와 '같다'는 뜻으로 이해하면 쉽습니다.

변형

尤에 부수 扌(손)을 붙이면 손을 마구 내저어 '어지럽히다', '방해하다'는 뜻의 **扰**가 됩니다.

확장

尤에 부수 鱼(물고기, 해산물)을 붙이면 해산물의 일종인 '오징어'라는 뜻의 **鱿**가 되고, 병음은 yóu라고 읽습니다. 예) 鱿鱼 yóuyú 오징어

참고

忧, 优, 扰, 犹는 번체로는 憂(우), 優(우), 擾(요), 猶(유)라고 쓰는데, 본래는 尤와 상관없는 글자였지만 간체화되면서 연관이 생긴 경우입니다.

尤	yóu		더욱

한국어

尤物	yóuwù	우물, 미녀

중국어

尤其	yóuqí	특히
尤为	yóuwéi	특히

忧	yōu		근심하다, 걱정하다

한국어

忧郁	yōuyù	우울
忧郁症	yōuyùzhèng	우울증
忧虑	yōulǜ	우려
忧愁	yōuchóu	우수, 근심과 걱정
忧患	yōuhuàn	우환
忧国	yōuguó	우국
杞人忧天	qǐrényōutiān	기인우천, 기우, 기나라 사람이 하늘이 무너질까 걱정하다
内忧外患	nèiyōuwàihuàn	내우외환, 안팎으로 어려움

중국어

担忧	dānyōu	걱정하다
忧国忧民	yōuguóyōumín	나라와 국민을 걱정하다
无忧无虑	wúyōuwúlǜ	아무런 걱정이 없다
后顾之忧	hòugùzhīyōu	뒷걱정, 후환

优	yōu		뛰어나다, 우수하다

한국어

优劣	yōuliè	우열
优秀	yōuxiù	우수
优良	yōuliáng	우량
优势	yōushì	우세
优越	yōuyuè	우월
优先	yōuxiān	우선
优待	yōudài	우대
优雅	yōuyǎ	우아
优美	yōuměi	우미, 우아하고 아름답다

중국어

优点	yōudiǎn	장점
优化	yōuhuà	최적화하다
优质	yōuzhì	양질의
优异	yōuyì	특히 우수하다
优惠	yōuhuì	우대
优惠价	yōuhuìjià	우대 가격
优惠券	yōuhuìquàn	할인권
优柔寡断	yōuróuguǎduàn	우유부단

犹	yóu		마치 ~과 같다

한국어

犹豫	yóuyù	유예, 망설이다
犹太人	yóutàirén	유태인
犹太教	yóutàijiào	유태교

过犹不及	guòyóubùjí	과유불급, 지나침은 미치지 못함과 같다

犹如	yóurú	마치 ~와 같다

扰	rǎo	어지럽히다, 방해하다

骚扰	sāorǎo	소요, 소란을 피우다

扰乱	rǎoluàn	어지럽히다, 혼란시키다
打扰	dǎrǎo	방해하다
干扰	gānrǎo	방해하다
困扰	kùnrǎo	귀찮게 하다, 괴롭히다

由	yóu	원인, 이유

한국어

由来	yóulái	유래
自由	zìyóu	자유
理由	lǐyóu	이유
事由	shìyóu	사유
缘由	yuányóu	연유
自由泳	zìyóuyǒng	자유영
自由自在	zìyóuzìzài	자유자재
自由奔放	zìyóubēnfàng	자유분방

중국어

由于	yóuyú	~ 때문에
由此	yóucǐ	이로부터
由不得	yóubude	저절로, 저도 모르게, 피동의 의미
不由得	bùyóude	저절로, 저도 모르게, 능동의 의미

油	yóu	기름

한국어

油画	yóuhuà	유화
油价	yóujià	유가
油田	yóutián	유전
油井	yóujǐng	유정
石油	shíyóu	석유
原油	yuányóu	원유
重油	zhòngyóu	중유
轻油	qīngyóu	경유
食用油	shíyòngyóu	식용유
润滑油	rùnhuáyóu	윤활유

중국어

油炸	yóuzhá	기름에 튀기다
油腻	yóunì	기름지다
油船	yóuchuán	유조선
油门	yóumén	액셀, 가속페달
油菜	yóucài	청경채
油漆	yóuqī	페인트
油条	yóutiáo	요우티아오, 음식 이름
加油	jiāyóu	힘내다, 기름을 넣다
加油站	jiāyóuzhàn	주유소
汽油	qìyóu	휘발유
柴油	cháiyóu	디젤유
酱油	jiàngyóu	간장
黄油	huángyóu	버터
奶油	nǎiyóu	크림
芝麻油	zhīmayóu	참기름
指甲油	zhǐjiayóu	매니큐어

邮	yóu	우편, 부치다

한국어

邮票	yóupiào	우표
邮政	yóuzhèng	우정, 우편 행정

邮局	yóujú	우체국
邮件	yóujiàn	우편물
电子邮件	diànzǐyóujiàn	이메일
电邮	diànyóu	이메일
邮箱	yóuxiāng	우체통
邮寄	yóujì	우편으로 부치다, 우송하다
邮递员	yóudìyuán	우편집배원
邮编	yóubiān	우편 번호
邮政编码	yóuzhèngbiānmǎ	우편 번호
邮包	yóubāo	소포
包邮	bāoyóu	배송료 포함

抽 chōu 빼내다, 뽑다

抽象	chōuxiàng	추상
抽象画	chōuxiànghuà	추상화

抽烟	chōuyān	흡연하다
抽空	chōukòng	시간을 내다
抽奖	chōujiǎng	추첨하다
抽屉	chōuti	서랍

袖 xiù 소매

领袖	lǐngxiù	영수, 우두머리
袖手旁观	xiùshǒupángguān	수수방관, 팔짱을 끼고 보고만 있다

袖子	xiùzi	소매
半袖	bànxiù	반소매
短袖	duǎnxiù	반소매

届 jiè 이르다, 횟수

届时	jièshí	때가 되다
届满	jièmǎn	기간이 만료되다
上届	shàngjiè	지난번
下届	xiàjiè	다음번
本届	běnjiè	이번

禺

. . .

기본글자는 **禺**이고, 병음은 yú 또는 ǒu라고 읽습니다. 단독으로는 거의 쓰이지 않습니다.

기본 A

禺에 부수 辶(가다)를 붙이면 가는 길에 우연히 '만나다'는 뜻의 **遇**가 됩니다.
부수 心(마음, 생각)을 붙이면 생각이 '어리석다'는 뜻의 **愚**가 됩니다.
부수 宀(집)을 붙이면 '숙소'라는 뜻 및 남의 집에 빌붙어 살면서 생활을 '맡기다'는 뜻으로 사용되는
寓가 됩니다.

기본 B

禺에 부수 亻(사람)을 붙이면 사람의 '짝', '배우자'를 뜻하는 **偶**가 됩니다.

遇 yù　　　　　　　만나다

한국어

待遇	dàiyù	대우
礼遇	lǐyù	예우
境遇	jìngyù	경우
遭遇	zāoyù	조우, 만나다
千载一遇	qiānzǎiyīyù	천재일우

중국어

遇见	yùjiàn	우연히 만나다
遇到	yùdào	만나다
相遇	xiāngyù	만나다
机遇	jīyù	기회
外遇	wàiyù	외도, 바람피우다

愚 yú　　　　　　　어리석다

한국어

愚昧	yúmèi	우매
愚钝		우둔
愚弄	yúnòng	우롱
愚民	yúmín	우민
愚公移山	yúgōngyíshān	우공이산, 우공이 산을 옮기다, 끈기 있게 밀고 나가다

중국어

愚蠢	yúchǔn	어리석다
愚笨	yúbèn	어리석다
愚人节	yúrénjié	만우절

寓 yù　　　　　　　숙소, 맡기다

한국어

寓言	yùyán	우언, 우화
寓意	yùyì	우의, 함의

중국어

公寓	gōngyù	아파트

偶 ǒu　　　　　　　짝, 배우자

한국어

偶然	ǒurán	우연
偶像	ǒuxiàng	우상
木偶	mù'ǒu	목우, 꼭두각시
土偶	tǔ'ǒu	토우

중국어

偶尔	ǒu'ěr	이따금
偶数	ǒushù	짝수
配偶	pèi'ǒu	배우자

予

기본글자는 **予**이고, 병음은 yǔ라고 읽습니다. 양손을 겹친 모양을 형상화한 것으로 양손으로 물건을 '주다'는 뜻으로 사용됩니다.

기본

予에 부수 页(머리)를 붙이면 머리로부터 앞이라는 의미가 형성되어 '사전에' '미리'라는 뜻의 **预**가 됩니다.

변형

予에 부수 广(집)을 붙이면 본래는 집을 둘러싼 담장을 의미하였다가 담장이 길게 이어진 모양으로부터 '순서', '차례'라는 뜻의 **序**가 됩니다.

부수 里(마을)을 붙이면 마을로부터 멀리 떨어진 '들', '야외'를 뜻하는 **野**가 됩니다.

舒는 舍(집)과 予가 결합된 글자이고, 집 안에서 편안하게 몸을 '펴다' 및 집 안에 있으면 몸과 마음이 '편안하다'는 뜻으로 이해하면 쉽습니다.

확장

豫는 予와 象이 결합된 글자이고 본래 코끼리를 의미하였는데, 코끼리가 편안한 느낌을 주는 영물인데서 '편안하다'는 뜻으로 사용되며, 병음은 yù라고 읽습니다.

예) 犹豫 yóuyù 유예, 머뭇거리다

予	yǔ	주다

중국어

予以	yǔyǐ	주다
给予	jǐyǔ	주다
授予	shòuyǔ	수여하다
赋予	fùyǔ	부여하다
赠予	zèngyǔ	증여하다

预	yù	사전에, 미리

한국어

预告	yùgào	예고
预约	yùyuē	예약
预报	yùbào	예보
预定	yùdìng	예정
预防	yùfáng	예방
预算	yùcè	예산
预见	yùjiàn	예견
预测	yùcè	예측
预想	yùxiǎng	예상
预习	yùxí	예습
预审	yùshěn	예심
预热	yùrè	예열
预备	yùbèi	예비
预断	yùduàn	예단
预感	yùgǎn	예감
预选	yùxuǎn	예선
预言	yùyán	예언
预知	yùzhī	예지

预期	yùqī	예기, 미리 기대하다
预示	yùshì	예시, 미리 보여 주다

중국어

预订	yùdìng	예약하다
预售	yùshòu	예약 판매
预付	yùfù	선불하다
预料	yùliào	예상하다
预先	yùxiān	미리
预兆	yùzhào	징조
干预	gānyù	간여하다

舒	shū	펴다, 편안하다

중국어

舒服	shūfu	편안하다
舒适	shūshì	편안하다
舒畅	shūchàng	상쾌하다
舒展	shūzhǎn	펴다, 뻗다

序	xù	순서, 차례

한국어

序列	xùliè	서열
序言	xùyán	서언, 서문
序论	xùlùn	서론
序幕	xùmù	서막
序曲	xùqǔ	서곡

序数	xùshù	서수, 순서를 나타내는 수
顺序	shùnxù	순서
秩序	zhìxù	질서
长幼有序	zhǎngyòuyǒuxù	장유유서

序号	xùhào	순번
序列号	xùlièhào	시리얼 넘버, 일련번호
程序	chéngxù	절차
次序	cìxù	차례
循序渐进	xúnxùjiànjìn	순차적으로 점차 나아가다

野	yě	들, 야외

野外	yěwài	야외
野兽	yěshòu	야수
野蛮	yěmán	야만
野生	yěshēng	야생
野人	yěrén	야인
野性	yěxìng	야성
野心	yěxīn	야심
野战	yězhàn	야전
野营	yěyíng	야영
野史	yěshǐ	야사
视野	shìyě	시야
山野	shānyě	산야
朝野	cháoyě	조야, 정부와 민간
在野	zàiyě	재야, 관직을 맡지 않음
野生动物	yěshēngdòngwù	야생 동물

野花	yěhuā	야생화
野鸡	yějī	꿩
野猪	yězhū	멧돼지
野牛	yěniú	들소
田野	tiányě	논과 들

元

기본글자는 **元**이고, 병음은 yuán이라고 읽습니다. 儿은 사람의 다리 모양을 본뜬 글자로서 사람의 의미이고, 윗부분의 二는 사람의 머리 모양이므로 본래는 머리라는 의미를 가지고 있었다가 그로부터 '으뜸', '근본', '처음'이라는 뜻이 파생되었습니다.

기본

元에 부수 口(에워싸다)를 붙이면 담장 안에 있는 작은 '정원', '뜰'을 뜻하는 **园**이 됩니다.
부수 辶(가다)를 붙이면 가도 가도 '멀다'는 뜻의 **远**이 됩니다.
完에 부수 阝(언덕, 크다)을 붙이면 언덕만큼이나 '큰 집' 및 그로부터 파생된 많은 사람들이 이용하는 '공공시설'을 뜻하는 **院**이 됩니다.

변형

元에 부수 王(구슬, 보석)을 붙이면 구슬을 가지고 '놀다'는 뜻의 **玩**이 됩니다.
부수 页(머리)를 붙이면 **顽**이 되는데, 元이나 页이 모두 머리를 의미하므로 머리가 2개가 되면 스스로 똑똑하다고 생각하여 '고집이 세다', '완고하다'는 뜻으로 이해하면 쉽습니다.
부수 宀(집)을 붙이면 사람은 집 안에 들어와야 '완전하다'는 뜻 및 집으로 돌아와야 하루가 '완결되다'는 뜻의 **完**이 됩니다.

참고

远, 园은 번체로 遠(원), 園(원)이라고 쓰는데, 본래는 元과 상관없는 글자였지만 간체화되면서 연관이 생긴 경우입니다.

元	yuán	으뜸, 근본, 처음

元素	yuánsù	원소
元首	yuánshǒu	원수, 국가 원수
元帅	yuánshuài	원수, 장군의 계급
元年	yuánnián	원년, 첫해
元气	yuánqì	원기
元旦	yuándàn	원단, 설날
单元	dānyuán	단원
纪元	jìyuán	기원
状元	zhuàngyuan	장원, 1등
一元化	yìyuánhuà	일원화
多元化	duōyuánhuà	다원화

元宵节	yuánxiāojié	정월 대보름
公元	gōngyuán	서기
韩元	hányuán	원화
美元	měiyuán	달러
日元	rìyuán	엔화
欧元	ōuyuán	유로화

园	yuán	정원, 뜰

园艺	yuányì	원예
园林	yuánlín	원림, 정원
庭园	tíngyuán	정원
公园	gōngyuán	공원

田园	tiányuán	전원
乐园	lèyuán	낙원, 놀이동산
花园	huāyuán	화원
庄园	zhuāngyuán	장원, 봉건 시대 귀족 사유지
幼儿园	Yòu'éryuán	유아원, 유치원
动物园	dòngwùyuán	동물원
植物园	zhíwùyuán	식물원

校园	xiàoyuán	교정, 캠퍼스
果园	guǒyuán	과수원
游乐园	yóulèyuán	놀이동산
颐和园	Yíhéyuán	이허위안, 북경에 있는 정원

远	yuǎn	멀다

远近	yuǎnjìn	원근
远大	yuǎndà	원대
远视	yuǎnshì	원시
远祖	yuǎnzǔ	원조
远景	yuǎnjǐng	원경
远征	yuǎnzhēng	원정
远行	yuǎnxíng	원행, 멀리 가다
永远	yǒngyuǎn	영원
疏远	shūyuǎn	소원, 멀고 서먹하다
遥远	yáoyuǎn	요원, 아득히 멀다
深远	shēnyuǎn	심원
望远镜	wàngyuǎnjìng	망원경

远方	yuǎnfāng	먼 곳
高远	gāoyuǎn	높고 멀다
长远	chángyuǎn	시간이 길고 멀다
跳远	tiàoyuǎn	멀리뛰기
任重道远	rènzhòngdàoyuǎn	책임은 무겁고 갈 길은 멀다
远亲不如近邻	yuǎnqīnbùrújìnlín	먼 친척보다 가까운 이웃이 더 낫다

院　yuàn　큰 집, 공공시설

한국어

院长	yuànzhǎng	원장
医院	yīyuàn	의원, 병원
学院	xuéyuàn	학원, 단과 대학
寺院	sìyuàn	사원
法院	fǎyuàn	법원

중국어

院子	yuànzi	뜰, 마당
院校	yuànxiào	대학, 종합대와 단과대 총칭
住院	zhùyuàn	입원하다
出院	chūyuàn	퇴원하다
剧院	Jùyuàn	극장, 무대와 관객이 있는 극장
电影院	diànyǐngyuàn	영화관
检察院	jiǎncháyuàn	검찰청
国务院	Guówùyuàn	국무원, 중국 최고 행정 기관

完　wán　완전하다

한국어

完全	wánquán	완전
完成	wánchéng	완성
完备	wánbèi	완비
完结	wánjié	완결
完胜	wánshèng	완승
完败	wánbài	완패
完工	wángōng	완공
完了	wánliǎo	완료, 끝내다
未完	wèiwán	미완

중국어

完善	wánshàn	완벽하다
完美	wánměi	완전하다
完整	wánzhěng	온전하다
完毕	wánbì	마치다
吃完	chīwán	다 먹다
做完	zuòwán	다하다, 끝내다
没完	méiwán	끝나지 않다
完美无缺	wánměiwúquē	완전무결하다

玩　wán　놀다

한국어

玩具	wánjù	완구
玩赏	wánshǎng	완상, 즐기며 감상하다

玩笑	wánxiào	농담
开玩笑	kāiwánxiào	농담하다
玩儿	wánr	놀다
玩耍	wánshuǎ	놀다
玩弄	wánnòng	희롱하다
玩意	wányì	장난감

顽	wán	고집이 세다

한국어

顽固	wángù	완고
顽强	wánqiáng	완강

중국어

顽皮	wánpí	장난이 심하다, 개구지다
顽童	wántóng	개구쟁이

Part
Z

| 枭 | 则 | 曾 | 宗 |

기본글자는 喿이고, 병음은 zào라고 읽습니다. 새들이 나무 위에 앉아 시끄럽게 지저귀는 모양을 본뜬 글자이고, 단독으로는 쓰이지 않습니다.

기본

喿에 부수 氵(물)을 붙이면 물로 '씻다'는 뜻의 **澡**가 됩니다.

부수 口(입, 말하다)를 붙이면 큰 소리로 떠들어 '시끄럽다'는 뜻의 **噪**가 됩니다.

부수 火(불)을 붙이면 불이나 햇볕에 노출되어 '마르다'는 뜻의 **燥**가 됩니다.

부수 足(발, 달리다)를 붙이면 이리저리 뛰어다니면서 '조급하다' 뜻의 **躁**가 됩니다.

변형

喿에 부수 扌(손, 행위)를 붙이면 손으로 '잡다' 및 손에 쥐고 '조종하다'는 뜻의 **操**가 됩니다.

澡 zǎo 씻다

중국어

澡堂	zǎotáng	대중목욕탕
澡盆	zǎopén	욕조
洗澡	xǐzǎo	목욕
泡澡	pàozǎo	욕조에 몸을 담그다

噪 zào 시끄럽다

중국어

噪音	zàoyīn	소음
噪音污染	zàoyīnwūrǎn	소음 공해
噪声	zàoshēng	소음
噪声污染	zàoshēngwūrǎn	소음 공해

燥 zào 마르다

한국어

干燥	gānzào	건조
焦躁	jiāozào	초조

중국어

枯燥	kūzào	건조하다, 단조롭다
枯燥乏味	kūzàofáwèi	무미건조하다
口干舌燥	kǒugānshézào	입이 마르다

躁 zào 조급하다

한국어

躁郁症	zàoyùzhèng	조울증, 양극성 장애

중국어

急躁	jízào	조급하다
烦躁	fánzào	초조하다

操 cāo 잡다, 조종하다

한국어

操作	cāozuò	조작
操纵	cāozòng	조종
体操	tǐcāo	체조
操练	cāoliàn	조련, 훈련하다

중국어

操心	cāoxīn	신경을 쓰다
操场	cāochǎng	운동장
操劳	cāoláo	열심히 일하다
健美操	jiànměicāo	에어로빅
艺术体操	yìshùtǐcāo	리듬 체조

则

. . .

기본글자는 **则**이고, 병음은 zé라고 읽습니다. 왼쪽의 贝는 솥을 세운 모양을 본뜬 것으로 고대에 솥에 '법칙'과 '규칙'을 칼(刂)에 새겨 두어 사람들로 하여금 따르도록 한 데서 유래한 것입니다. 贝가 재물의 의미이므로 재물을 나누는(刂) '법칙'이라고 이해해도 좋습니다.

> 🔖 변형

则에 부수 氵(물)을 붙이면 물의 깊이를 '재다', '측정하다'는 뜻의 **测**가 됩니다.

부수 亻(사람)을 붙이면 사람의 몸이 한쪽으로 '기울다'는 뜻 및 그로부터 파생된 기울어진 쪽 즉 '옆', '곁'을 뜻하는 **侧**이 됩니다.

부수 厂(집, 방)을 붙이면 대소변을 보는 공간 즉 '변소'를 뜻하는 **厕**가 됩니다.

则 zé 법칙, 규칙

规则	guīzé	규칙
不规则	bùguīzé	불규칙
原则	yuánzé	원칙
准则	zhǔnzé	준칙
法则	fǎzé	법칙
罚则	fázé	벌칙
附则	fùzé	부칙
通则	tōngzé	통칙
总则	zǒngzé	총칙
细则	xìzé	세칙
铁则	tiězé	철칙
守则	shǒuzé	수칙

否则	fǒuzé	그렇지 않으면
四则运算	sìzéyùnsuàn	사칙 연산

测 cè 재다, 측정하다

测量	cèliáng	측량
测定	cèdìng	측정
探测	tàncè	탐측
推测	tuīcè	추측
臆测	yìcè	억측
观测	guāncè	관측
检测	jiǎncè	검측
目测	mùcè	목측
实测	shícè	실측

预测	yùcè	예측
不测	búcè	불측, 뜻밖의

测验	cèyàn	시험하다, 테스트하다
测试	cèshì	시험하다, 테스트하다
变幻莫测	biànhuànmòcè	변화막측

侧 cè 옆, 기울다

侧面	cèmiàn	측면
侧方	cèfāng	측방
侧门	cèmén	측문
两侧	liǎngcè	양측
左侧	zuǒcè	좌측
右侧	yòucè	우측
外侧	wàicè	외측
内侧	nèicè	내측
辗转反侧	zhǎnzhuǎnfǎncè	전전반측, 뒤척이며 잠들지 못하다

厕 cè 변소

厕所	cèsuǒ	화장실, 측간
公厕	gōngcè	공중화장실
男厕所	náncèsuǒ	남자 화장실
女厕所	nǚcèsuǒ	여자 화장실

曾

기본 글자는 **曾**이고, 병음은 zēng 또는 céng이라고 읽으며, 병음에 따라 뜻이 달라집니다. 떡을 찌는 시루 모양을 본뜬 것이고, 시루를 겹쳐 쌓은 모양으로부터 아버지와 할아버지의 윗세대를 뜻하는 '증조'의 의미가 생겨난 것으로 이래하면 쉬우며 이 때 병음은 zēng이라고 읽습니다. céng이라고 읽으면 '일찍이'라는 뜻으로 사용되는데 이 역시 과거의 의미가 포함되어 있습니다.

🗨 기본

曾에 부수 土(흙)을 붙이면 흙을 겹쳐 쌓아 '디하다', '보태다'는 뜻의 **增**이 됩니다.
부수 忄(마음)을 붙이면 마음으로 '미워하다', '증오하다'는 뜻의 **憎**이 됩니다.
부수 贝(돈, 재물)을 붙이면 재물을 '주다'는 뜻의 **赠**이 됩니다.

🗨 확장

曾에 부수 亻(사람)을 붙이면 출가한 사람 즉 '스님'을 뜻하는 **僧**이 되고, 병음은 sēng이라고 읽습니다.
예) 高僧 gāosēng 고승

曽 zēng / céng　　증조 / 일찍이

한국어

曽祖父	zēngzǔfù	증조부
曽祖母	zēngzǔmǔ	증조모
曽孙子	zēngsūnzi	증손자
曽孙女	zēngsūnnǚ	증손녀

중국어

曽经	céngjīng	일찍이
不曽	bùcéng	~한 적이 없다

增 zēng　　더하다, 보태다

한국어

增减	zēngjiǎn	증감
增加	zēngjiā	증가
增大	zēngdà	증대
增进	zēngjìn	증진
增强	zēngqiáng	증강
增设	zēngshè	증설
增资	zēngzī	증자
增量	zēngliàng	증량
增殖	zēngzhí	증식
增产	zēngchǎn	증산
增援	zēngyuán	증원, 지원을 늘리다
增幅	zēngfú	증폭
激增	jīzēng	격증
递增	dìzēng	체증
倍增	bèizēng	배증, 배로 증가하다

중국어

增幅	zēngfú	증가폭
增添	zēngtiān	보태다
增长	zēngzhǎng	증가하다, 성장하다
负增长	fùzēngzhǎng	마이너스 성장, 감소하다
增多	zēngduō	늘어나다, 많아지다
增收	zēngshōu	수입이 늘다, 수확이 늘다
增收节支	zēngshōujiézhī	수입을 늘리고 지출을 줄이다
与日俱增	yǔrìjùzēng	나날이 증가하다

憎 zēng　　미워하다, 증오하다

한국어

憎恶	zēngwù	증오
爱憎	àizēng	애증
可憎	kězēng	가증

중국어

憎恨	zēnghèn	혐오하다, 증오하다
爱憎分明	àizēngfēnmíng	좋고 싫음이 분명하다

| 赠 | zèng | | 주다 |

한국어

赠与	zèngyǔ	증여
遗赠	yízèng	유증

중국어

赠送	zèngsòng	증정하다
赠品	zèngpǐn	증정품, 선물
赠券	zèngquàn	증정권, 쿠폰
赠款	zèngkuǎn	기부금
捐赠	juānzèng	기증하다

宗

기본글자는 **宗**이고, 병음은 zōng이라고 읽습니다. 宗은 집(宀) 안에 모시는 귀신(示) 즉 '조상'이라는
뜻 및 그로부터 파생된 '근본'이라는 뜻으로 사용됩니다.

기본

宗에 부수 足(발)을 붙이면 발자국이 남긴 흔적 즉 '발자취'라는 뜻의 **踪**이 됩니다.
부수 糹(실)을 붙이면 천을 짜기 위해 실을 한 곳으로 '모으다'는 뜻의 **综**이 됩니다.

변형

宗에 부수 山(산)을 붙이면 산이 '높다'는 뜻 및 다른 사람을 산처럼 '높이다', '숭배하다'는 뜻의 **崇**이
됩니다.

宗　zōng　　조상, 근본

宗教	zōngjiào	종교
宗派	zōngpài	종파
宗旨	zōngzhǐ	종지, 취지
正宗	zhèngzōng	정종, 정통 종파

综　zōng　　모으다

综合	zōnghé	종합
综合大学	zōnghédàxué	종합 대학

综艺	zōngyì	종합 예술
综合征	zōnghézhēng	증후군

踪　zōng　　발자취

踪迹	zōngjì	종적
失踪	shīzōng	실종

跟踪	gēnzōng	뒤를 따르다
追踪	zhuīzōng	추적하다

崇　chóng　　높다, 숭배하다

崇拜	chóngbài	숭배
崇高	chónggāo	숭고
崇尚	chóngshàng	숭상
崇仰	chóngyǎng	숭앙, 높이 우러러보다

崇敬	chóngjìng	숭경하다, 숭배하고 존경하다

Part
CH

| 成 |

기본글자는 **成**이고, 병음은 chéng이라고 읽습니다. 부수인 戈(창, 무기)를 이용하여 어떤 일을 '이루다', '완성하다'는 뜻입니다.

🗨기본

成에 부수 土(흙)을 붙이면 흙을 높이 쌓아 만든 '성' 및 성벽으로 둘러싸인 '도시'를 뜻하는 **城**이 됩니다.
부수 讠(말)을 붙이면 말에 거짓이 없고 '진실하다'는 뜻의 **诚**이 됩니다.
부수 皿(그릇)을 붙이면 **盛**이 되는데, 병음에 따라 뜻이 달라집니다. 그릇에 '담다'는 뜻일 때는 chéng이라고 읽습니다. 皿은 제기를 의미하는데 제사를 지낼 때 제기 위에 제물을 가득 쌓아 올린 데서 유래한 '풍성하다', '번성하다'는 뜻일 때는 shèng이라고 읽습니다.

成	chéng	이루다, 완성하다

成熟	chéngshú	성숙
成长	chéngzhǎng	성장
成就	chéngjiù	성취
成人	chéngrén	성인
成年	chéngnián	성년
成语	chéngyǔ	성어, 고사성어
成功	chénggōng	성공
成果	chéngguǒ	성과
成绩	chéngjì	성적
成分	chéngfèn	성분
成立	chénglì	성립
成事	chéngshì	성사
成员	chéngyuán	성원, 구성원
成败	chéngbài	성패, 성공과 실패
完成	wánchéng	완성
养成	yǎngchéng	양성
赞成	zànchéng	찬성
形成	xíngchéng	형성
构成	gòuchéng	구성
造成	zàochéng	조성
合成	héchéng	합성
达成	dáchéng	달성
速成	sùchéng	속성
促成	cùchéng	촉성, 재촉하여 빨리 이루어지게 하다
混成	hùnchéng	혼성
集成	jíchéng	집성

落成	luòchéng	낙성, 준공되다
杀身成仁	shāshēnchéngrén	살신성인, 자신을 희생하여 인을 이루다
胸有成竹	xiōngyǒuchéngzhú	흉유성죽, 일을 하기 전에 이미 준비가 되어 있다
三人成虎	sānrénchénghǔ	삼인성호, 근거 없는 말이라도 여러 사람이 말하면 곧이 듣게 된다
大器晚成	dàqìwǎnchéng	대기만성, 크게 될 사람은 늦게 이루어진다

成效	chéngxiào	효능
成本	chéngběn	원가
成天	chéngtiān	하루 종일
成为	chéngwéi	~가 되다
成心	chéngxīn	일부러
成交	chéngjiāo	거래가 성립하다
成见	chéngjiàn	선입견
现成	xiànchéng	기성의, 이미 준비된
组成	zǔchéng	짜다, 조직하여 구성하다
急于求成	jíyúqiúchéng	급하게 목적을 이루려고 하다

城	chéng	성, 도시

城门	chéngmén	성문

城楼	chénglóu	성루, 성벽 위에 세운 건물
古城	gǔchéng	고성
土城	tǔchéng	토성
万里长城	wànlǐchángchéng	만리장성

중국어

城市	chéngshì	도시
城镇	chéngzhèn	지방 소도시
城堡	chéngbǎo	성, 중세 시대의 성
城墙	chéngqiáng	성벽
商城	shāngchéng	쇼핑센터
书城	shūchéng	서점
长城	Chángchéng	만리장성

诚 chéng　　진실하다

한국어

诚实	chéngshí	성실, 진실하다
诚心	chéngxīn	성심
诚意	chéngyì	성의
热诚	rèchéng	열성
至诚	zhìchéng	지성
忠诚	zhōngchéng	충성
诚心诚意	chéngxīnchéngyì	성심성의, 진실하고 간절한 마음과 뜻

중국어

诚恳	chéngkěn	진실하고 간절하다
诚挚	chéngzhì	성실하고 진지하다
诚信	chéngxìn	진실하고 믿을 만하다

真诚	zhēnchéng	진실하다

盛 shèng / chéng　풍성하다, 번성하다 / 담다

한국어

盛行	shèngxíng	성행
盛大	shèngdà	성대
盛况	shèngkuàng	성황
盛宴	shèngyàn	성연, 성대한 연회
盛装	shèngzhuāng	성장, 화려한 옷차림
昌盛	chāngshèng	창성
丰盛	fēngshèng	풍성
旺盛	wàngshèng	왕성
繁盛	fánshèng	번성
强盛	qiángshèng	강성
茂盛	màoshèng	무성
极盛	jíshèng	극성
兴盛	xīngshèng	흥성
隆盛	lóngshèng	융성
太平盛世	tàipíngshèngshì	태평성세

중국어

盛开	shèngkāi	꽃이 활짝 피다
盛情	shèngqíng	두터운 정
盛产	shèngchǎn	많이 나다
盛饭	chéngfàn	밥을 푸다, 밥을 담다
盛汤	chéngtāng	국을 뜨다, 국을 담다

Part SH

| 尚 | 少 | 申 | 生 | 是 |

尚

기본글자는 **尚**이고, 병음은 shàng이라고 읽습니다. 음은 向(xiàng)으로부터 파생된 것이고 '숭상하다'는 뜻입니다. 사람이 다른 사람을 높이기 위해 입을 벌리고 팔을 들어 환호하는 모습을 상상하면 쉽습니다.

기본
尚에 부수 贝(돈, 재물)을 붙이면 사람을 높이 평가하여 재물로 '상을 주다' 뜻의 **赏**이 됩니다.

변형
尚에 부수 巾(수건, 천)을 붙이면 **常**이 되는데, 깃발(巾)을 높이 매단 채로 '항상' 변하지 않음을 뜻한 것으로 이해하면 쉽습니다.
부수 手(손)을 붙이면 '손바닥'을 뜻하는 **掌**이 됩니다.
부수 儿(사람, 아이)를 붙이면 정치적인 목적을 가진 무리인 '정당'를 뜻하는 **党**이 됩니다. 번체 黨(당)은 부수 黑의 영향으로 나쁜 목적으로 모인 무리를 의미합니다.
부수 土(흙)을 붙이면 흙을 쌓아 올려 지은 '집' 및 그 집 안의 '큰 방'을 뜻하는 **堂**이 됩니다.

확장
尚에 부수 衣(옷)을 붙이면 옷의 일종인 '치마'를 뜻하는 **裳**이 되고, 병음은 shang이라고 읽습니다.
예) 衣裳 yīshang 의상
掌에 부수 扌(손)을 붙이면 손으로 '버티다', '지탱하다'는 뜻의 **撑**이 되고, 병음은 chēng이라고 읽습니다. 예) 支撑 zhīchēng 지탱하다

尚 shàng — 숭상하다, 아직

高尚	gāoshàng	고상
崇尚	chóngshàng	숭상
和尚	héshang	화상, 중

중국어

尚且	shàngqiě	그럼에도 불구하고
尚未	shàngwèi	아직 ~하지 않다
时尚	shíshàng	유행, 패션
风尚	fēngshàng	풍조
礼尚往来	lǐshàngwǎnglái	예는 오고 감이 중요하다, 오는 정이 있으면 가는 정이 있다

赏 shǎng — 상을 주다

한국어

赏罚	shǎngfá	상벌
赏金	shǎngjīn	상금
悬赏	xuánshǎng	현상, 상금을 걸다
观赏	guānshǎng	관상
观赏殖物	guānshǎngzhíwù	관상식물
鉴赏	jiànshǎng	감상
玩赏	wánshǎng	완상, 즐기며 감상하다
论功行赏	lùngōngxíngshǎng	논공행상, 공로를 따져 상을 주다
信赏必罚	xìnshǎngbìfá	신상필벌, 공이 있으면 상을 주고 죄가 있으면 벌을 주다

중국어

奖赏	jiǎngshǎng	상을 주다
欣赏	xīnshǎng	감상하다

常 cháng — 항상

한국어

常识	chángshí	상식
常住	chángzhù	상주
常任	chángrèn	상임
常设	chángshè	상설
常规	chángguī	상규, 관례
常用	chángyòng	상용
常务	chángwù	상무, 일상의 업무
日常	rìcháng	일상
正常	zhèngcháng	정상
平常	píngcháng	평상
通常	tōngcháng	통상
非常	fēicháng	비상, 매우
异常	yìcháng	이상
经常	jīngcháng	경상, 언제나
无常	wúcháng	무상
人生无常	rénshēngwúcháng	인생무상
人之常情	rénzhīchángqíng	인지상정

常常	chángcháng	늘, 언제나
常见	chángjiàn	흔하다
照常	zhàocháng	평소와 같다
反常	fǎncháng	정상이 아니다
时常	shícháng	항상
往常	wǎngcháng	평소
家常	jiācháng	가정의 일상
家常菜	jiāchángcài	가정 요리, 집밥
知足常乐	zhīzúchánglè	만족함을 알면 항상 즐겁다

掌 zhǎng 손바닥

掌握	zhǎngwò	장악
合掌	hézhǎng	합장
仙人掌	xiānrénzhǎng	선인장
孤掌难鸣	gūzhǎngnánmíng	고장난명, 손바닥이 부딪혀야 소리가 난다

掌声	zhǎngshēng	박수 소리
掌管	zhǎngguǎn	관장하다
手掌	shǒuzhǎng	손바닥
巴掌	bāzhang	손바닥
鼓掌	gǔzhǎng	박수 치다
击掌	jīzhǎng	손바닥을 마주치다, 하이 파이브
易如反掌	yìrúfǎnzhǎng	손바닥 뒤집는 것처럼 쉽다, 식은죽 먹기

党 dǎng 정당

党员	dǎngyuán	당원
党费	dǎngfèi	당비
党派	dǎngpài	당파
党籍	dǎngjí	당적
党旗	dǎngqí	당기
党性	dǎngxìng	당성, 정당의 본성
政党	zhèngdǎng	정당
入党	rùdǎng	입당
脱党	tuōdǎng	탈당
共产党	gòngchǎndǎng	공산당
党同伐异	dǎngtóngfáyì	당동벌이, 같은 편끼리 무리를 지어 다른 사람을 배척하다

党委	dǎngwěi	당위원회
党章	dǎngzhāng	당헌
党中央	dǎngzhōngyāng	공산당 중앙위원회

堂 táng 집, 큰 방

堂堂	tángtáng	당당
食堂	Shítáng	식당, 구내식당
天堂	tiāntáng	천당
讲堂	jiǎngtáng	강당
会堂	huìtáng	회당

殿堂	diàntáng	전당
佛堂	fótáng	불당

중국어

课堂	kètáng	교실
教堂	jiàotáng	예배당
礼堂	lǐtáng	식장
满堂	mǎntáng	전체, 전원
堂堂正正	tángtángzhèngzhèng	정정당당하다

기본글자는 少이고, 병음은 shǎo라고 읽습니다. 크기를 기준으로 작다는 의미인 小(xiǎo)와 구분하기 위해 글자를 변형시켜 양을 기준으로 '적다'는 의미로 사용됩니다.

변형

少에 부수 扌(손)을 붙이면 손으로 '베껴 쓰다'는 뜻의 抄가 됩니다.

부수 火(불)을 붙이면 불 위에 기름을 두르고 '볶다'는 뜻의 炒가 됩니다.

부수 禾(벼)를 붙이면 秒가 되는데, 본래는 벼의 수염을 본떠 작고 미세하다는 의미였다가 시간의 작은 단위인 '초'를 뜻하게 되었습니다.

부수 女(여자)를 붙이면 젊은(少) 여자(女)의 생김새가 '묘하다', '아름답다'라는 뜻의 妙가 됩니다.

부수 氵(물)을 붙이면 물가에 쌓인 고운 '모래'를 뜻하는 沙가 됩니다.

부수 石(돌)을 붙이면 암석에서 떨어져 나온 '돌가루', '모래'를 뜻하는 砂기 됩니다.

확장

少에 부수 口(입, 말하다)를 붙이면 큰소리로 '떠들다' 및 말로 '싸우다'는 뜻의 吵가 됩니다.

예) 吵架 chǎojià 말싸움하다

참고

沙와 砂는 둘 다 '모래'라는 뜻으로 혼용되기도 하는데, 엄밀히 구분하자면 沙는 자연현상으로 생긴 것이고 砂는 인공적으로 생긴 것입니다. 沙는 砂에 비해 입자가 더 곱습니다. 어원적으로는 沙는 바닷가의 모래이고, 砂는 암석의 부스러기로부터 유래한 것입니다.

少	shào	적다

少女	shàonǚ	소녀
少年	shàonián	소년
少量	shǎoliàng	소량
少数	shǎoshù	소수
老少	lǎoshào	노소
减少	jiǎnshǎo	감소
最少	zuìshǎo	최소
多少	duōshǎo	다소, 얼마
稀少	xīshǎo	희소
青少年	qīngshàonián	청소년
少数民族	shǎoshùmínzú	소수민족
男女老少	nánnǚlǎoshào	남녀노소

중국어

缺少	quēshǎo	부족하다
至少	zhìshǎo	적어도
不少	bùshǎo	적지 않다, 많다

抄	chāo	베끼다

한국어

抄本	chāoběn	초본
抄录	chāolù	초록

중국어

抄袭	chāoxí	표절하다
抄写	chāoxiě	베껴 적다

炒	chǎo	볶다, 투기하다

중국어

炒饭	chǎofàn	볶음밥
炒面	chǎomiàn	볶음면
炒菜	chǎocài	볶음 요리
炒股	chǎogǔ	주식 투자를 하다
炒房	chǎofáng	부동산 투기를 하다
炒鱿鱼	chǎoyóuyú	해고하다
炒鸡蛋	chǎojīdàn	계란 스크램블, 스크램블드에그

秒	miǎo	초

한국어

秒针	miǎozhēn	초침
秒速	miǎosù	초속
分秒	fēnmiǎo	분초
每秒	měimiǎo	매초, 초당

중국어

秒表	miǎobiǎo	초시계, 스톱워치

妙	miào	묘하다, 아름답다

한국어

妙手	miàoshǒu	묘수, 재주가 뛰어난 사람
妙龄	miàolíng	묘령, 여자의 젊은 나이

413

巧妙	qiǎomiào	교묘
美妙	měimiào	미묘
奇妙	qímiào	기묘
奥妙	àomiào	오묘
神妙	shénmiào	신묘
微妙	wēimiào	미묘
绝妙	juémiào	절묘
玄妙	xuánmiào	현묘

중국어

不妙	búmiào	좋지 않다, 심상치 않다
莫名其妙	mòmíngqímiào	영문을 알 수 없다 오묘하다

沙	shā	모래

한국어

沙漠	shāmò	사막
沙漠化	shāmòhuà	사막화
沙土	shātǔ	사토, 모래흙
沙金	shājīn	사금
风沙	fēngshā	풍사, 바람에 날리는 모래

중국어

沙子	shāzi	모래
沙滩	shātān	모래 사장
沙尘	shāchén	모래 먼지
沙尘暴	shāchénbào	모래 폭풍, 황사 현상
沙发	shāfā	소파

沙拉	shālā	샐러드
沙司	shāsī	소스
沙坑	shākēng	벙커, 골프 용어

砂	shā	모래

한국어

砂布	shābù	사포
砂岩	shāyán	사암
紫砂壶	zǐshāhú	자사호, 자줏빛 도자기 주전자

중국어

砂纸	shāzhǐ	사포
砂锅	shāguō	질그릇, 뚝배기

기본글자는 **申**이고, 병음은 shēn이라고 읽습니다. 번개가 치는 모습을 본뜬 电(diàn)에서 유래한 것으로 '알리다', '설명하다'는 뜻으로 사용됩니다. 번개가 하늘의 뜻을 알리는 의미가 있다고 이해하면 쉽습니다.

기본

申에 부수 亻(사람)을 붙이면 사람이 몸을 쭉 '펴다'는 의미의 **伸**이 됩니다.
부수 礻(보이다, 귀신)을 붙이면 '귀신', '정신'이라는 뜻의 **神**이 됩니다.
부수 宀(집)을 붙이면 집 안을 자세히 '조사하다', '심사하다'는 뜻의 **审**이 됩니다.

확장

申에 부수 口(입, 말하다)를 붙이면 입으로 '앓는 소리를 내다'는 뜻의 **呻**이 되고, 병음은 shēn이라고 읽습니다. 예) 呻吟 shēnyín 신음
부수 纟(실)을 붙이면 실을 짜서 만든 큰 띠를 허리에 두르던 귀족의 의미에서 변하여 '신사'를 뜻하는 **绅**이 되고, 병음은 shēn이라고 읽습니다.
예) 绅士 shēnshì 신사

참고

审은 번체로 審(심)이라고 쓰는데, 집(宀) 안에 들어온 짐승의 발자국(采)을 자세히 살핀다는 의미이고, 본래는 申과 상관없는 글자였지만 간체화되면서 연관이 생긴 경우입니다.

申	shēn	알리다, 설명하다

한국어

申请	shēnqǐng	신청
申请书	shēnqǐngshū	신청서

중국어

申报	shēnbào	신고하다, 서면으로 보고하다
申诉	shēnsù	이의하다, 상소하다

伸	shēn	펴다

한국어

伸缩	shēnsuō	신축
伸冤	shēnyuān	신원, 억울함을 풀다
伸张	shēnzhāng	신장, 늘어나다

중국어

伸手	shēnshǒu	손을 뻗다
伸腿	shēntuǐ	발을 뻗다
伸懒腰	shēnlǎnyāo	기지개를 켜다
延伸	yánshēn	뻗다, 펴다
伸展运动	shēnzhǎnyùndòng	스트레칭, 스트레칭 운동

神	shén	귀신, 정신

한국어

神童	shéntóng	신동
神经	shénjīng	신경
神学	shénxué	신학
神话	shénhuà	신화
神秘	shénmì	신비
神奇	shénqí	신기
神妙	shénmiào	신묘
神圣	shénshèng	신성
神父	shénfu	신부
神物	shénwù	신물
神仙	shénxiān	신선
神像	shénxiàng	신상
神医	shényī	신의
精神	jīngshen	정신
精神病	jīngshénbìng	정신병
鬼神	guǐshén	귀신
女神	nǚshén	여신
入神	rùshén	입신, 매우 뛰어나다
失神	shīshén	실신
死神	sǐshén	사신
神出鬼没	shénchūguǐmò	신출귀몰, 동에 번쩍 서에 번쩍하다

중국어

神气	shénqì	표정, 기색
神态	shéntài	표정, 태도
神经病	shénjīngbìng	신경질환, 정신병

| 出神 | chūshén | 넋이 나가다 |
| 聚精会神 | jùjīnghuìshén | 정신을 집중하다 |

审　shěn　심사하다, 조사하다

审查	shěnchá	심사
审理	shěnlǐ	심리
审议	shěnyì	심의
审美	shěnměi	심미
预审	yùshěn	예심
初审	chūshěn	초심
再审	zàishěn	재심
终审	zhōngshěn	종심
陪审	péishěn	배심
陪审员	péishěnyuán	배심원

审判	shěnpàn	재판
审判员	shěnpànyuán	판사
审判长	shěnpànzhǎng	재판장
审计	shěnjì	감사
审定	shěndìng	심사하여 결정하다
评审	píngshěn	평가하여 심사하다

生

• • •

기본글자는 **生**이고, 병음은 shēng이라고 읽습니다. 식물이 땅(土)에서 싹트고 자라나는 모양을 형상화한 것으로 '낳다', '자라다', '살다'는 뜻으로 사용됩니다.

🗨️기본

生에 부수 牛(소)를 붙이면 가축 또는 제사에 바친 '제물'을 뜻하는 **牲**이 됩니다.
부수 月(신체)를 붙이면 몸으로 싸워 '이기다'는 뜻의 **胜**이 됩니다.

🗨️변형

生에 부수 女(여자)를 붙이면 이름에 쓰는 '성씨'를 뜻하는 **姓**이 됩니다. 본래 姓은 여자(女)로부터 태어났다(生)는 의미이므로 모계의 혈통을 나타내는 말입니다.
부수 忄(마음)을 붙이면 사람이 마음속에 가지고 있는 '본성', '성품'을 뜻하는 **性**이 됩니다.

🗨️참고

胜은 번체로 勝(승)이라고 쓰는데, 본래는 生과 상관없는 글자였지만 간체화되면서 연관이 생긴 경우입니다.

生	shēng	낳다, 자라다, 살다

한국어

生日	shēngrì	생일
生活	shēnghuó	생활
生命	shēngmìng	생명
生产	shēngchǎn	생산
生成	shēngchéng	생성
生存	shēngcún	생존
生长	shēngzhǎng	생장
生姜	shēngjiāng	생강
生动	shēngdòng	생동
生疏	shēngshū	생소
生理	shēnglǐ	생리, 생명의 원리
生物	shēngwù	생물
生前	shēngqián	생전
生殖	shēngzhí	생식
生态	shēngtài	생태
生育	shēngyù	생육, 아이를 낳아 기름
生死	shēngsǐ	생사
卫生	wèishēng	위생
平生	píngshēng	평생
共生	gòngshēng	공생
寄生	jìshēng	기생
亲生	qīnshēng	친생
养生	yǎngshēng	양생
天生	tiānshēng	천생, 타고난
新生	xīnshēng	신생
更生	gēngshēng	갱생
众生	zhòngshēng	중생

野生	yěshēng	야생
派生	pàishēng	파생
先生	xiānsheng	선생, ~씨
发生	fāshēng	발생
出生	chūshēng	출생
人生	rénshēng	인생
诞生	dànshēng	탄생
民生	mínshēng	민생
学生	xuésheng	학생
留学生	liúxuéshēng	유학생
大学生	dàxuésheng	대학생
生老病死	shēnglǎobìngsǐ	생로병사
九死一生	jiǔsǐyìshēng	구사일생
起死回生	qǐsǐhuíshēng	기사회생, 죽을 뻔하다가 다시 살아나다

중국어

生气	shēngqì	화가 나다
生病	shēngbìng	병이 나다
生意	shēngyi	장사하다
生效	shēngxiào	효력이 발생하다
生菜	shēngcài	상추
生肖	shēngxiào	띠, 태어난 해
生机	shēngjī	생존 기회, 생명력
生锈	shēngxiù	녹슬다
医生	yīshēng	의사
产生	chǎnshēng	생기다
陌生	mòshēng	낯설다
女生	nǚshēng	여학생
男生	nánshēng	남학생
花生	huāshēng	땅콩

卫生间	wèishēngjiān	화장실
独生子	dúshēngzǐ	외아들
独生女	dúshēngnǚ	외동딸
维生素	wéishēngsù	비타민
小学生	xiǎoxuéshēng	초등학생
初中生	chūzhōngshēng	중학생
高中生	gāozhōngshēng	고등학생
研究生	yánjiūshēng	대학원생
长生不老	chángshēngbùlǎo	불로장생

决胜	juéshèng	결승
完胜	wánshèng	완승
必胜	bìshèng	필승
名胜古迹	míngshènggǔjì	명승고적
百战百胜	bǎizhànbǎishèng	백전백승

중국어

必胜客	bìshèngkè	피자헛
优胜劣汰	yōushèngliètài	나은 것은 살아남고 못한 것은 도태된다, 적자생존, 우승열패

牲 shēng 제물

한국어

牺牲	xīshēng	희생

중국어

牲畜	shēngchù	가축
牺牲品	xīshēngpǐn	희생물, 희생양

胜 shèng 이기다

한국어

胜败	shèngbài	승패
胜利	shènglì	승리
胜负	shèngfù	승부
胜诉	shèngsù	승소
胜算	shèngsuàn	승산
战胜	zhànshèng	전승, 승전
优胜	yōushèng	우승

姓 xìng 성씨

한국어

姓名	xìngmíng	성명
姓氏	xìngshì	성씨
百姓	bǎixìng	백성
同姓	tóngxìng	동성, 성이 같다

중국어

贵姓	guìxìng	상대방의 성
老百姓	lǎobǎixìng	백성

性 xìng 본성, 성품

한국어

性格	xìnggé	성격
性别	xìngbié	성별
性能	xìngnéng	성능

性质	xìngzhì	성질
性急	xìngjí	성급
性情	xìngqíng	성정
性欲	xìngyù	성욕
性交	xìngjiāo	성교
性向	xìngxiàng	성향, 성적 취향
性病	xìngbìng	성병
男性	nánxìng	남성
女性	nǔxìng	여성
两性	liǎngxìng	양성
中性	zhōngxìng	중성
母性	mǔxìng	모성
人性	rénxìng	인성
理性	lǐxìng	이성
本性	běnxìng	본성
同性	tóngxìng	동성
异性	yìxìng	이성
恶性	èxìng	악성
变性	biànxìng	변성
心性	xīnxìng	심성
知性	zhīxìng	지성
个性	gèxìng	개성
品性	pǐnxìng	품성
特性	tèxìng	특성
惰性	duòxìng	타성, 굳어진 나쁜 버릇
急性	jíxìng	급성
慢性	mànxìng	만성
弹性	tánxìng	탄성
油性	yóuxìng	유성, 지성
酸性	suānxìng	산성

毒性	dúxìng	독성
放射性	fàngshèxìng	방사성

중국어

性命	xìngmìng	생명
性感	xìnggǎn	섹시하다
记性	jìxing	기억력
任性	rènxìng	제멋대로 하다
索性	suǒxìng	차라리
碱性	jiǎnxìng	알칼리성
忍性	rěnxìng	인내심
柔性	róuxìng	유연성
同性恋	tóngxìngliàn	동성애

기본글자는 **是**이고, 병음은 shì라고 읽습니다. 태양(日)처럼 밝고 바르다(正)는 의미가 결합하여 '옳다'는 뜻으로 사용됩니다.

변형

是에 부수 土(흙)을 붙이면 흙을 쌓아 올려 만든 '둑', '제방'을 뜻하는 **堤**가 됩니다.
부수 扌(손)을 붙이면 손으로 잡아 '끌다', '꺼내다'는 뜻의 **提**가 됩니다.
부수 页(머리)를 붙이면 글의 맨 앞 즉 글머리에서 글을 대표하는 '제목'을 뜻하는 **题**가 됩니다.

확장

是에 부수 匕(비수)를 붙이면 비수처럼 짧고 가느다란 모양의 '열쇠'를 뜻하는 **匙**가 되고, 병음은 shi라고 읽습니다.
예) 钥匙 yàoshi 열쇠

是	shì		옳다

是非	shìfēi	시비
是是非非	shìshìfēifēi	시시비비
是非曲直	shìfēiqūzhí	시비곡직, 옳고 그름
实事求是	shíshìqiúshì	실사구시, 사실을 토대로 진리를 탐구하다

是否	shìfǒu	~인지 아닌지
是的	shìde	맞다
或是	huòshì	아마, 아니면
但是	dànshì	그러나
还是	háishì	여전히, 그래도, 아니면
总是	zǒngshì	늘
可是	kěshì	그러나
只是	zhǐshì	단지
要是	yàoshì	만약
于是	yúshì	그래서
凡是	fánshì	무릇
是不是	shìbúshì	~인가 아닌가
有的是	yǒudeshì	아주 많다

堤	dī		둑, 제방

堤防	dīfáng	제방
防波堤	fángbōdī	방파제

防潮堤	fángcháodī	방조제

堤坝	dībà	댐과 둑

提	tí		끌다, 꺼내다

提供	tígōng	제공
提示	tíshì	제시
提出	tíchū	제출
提议	tíyì	제의
提起	tíqǐ	제기
提案	tí'àn	제안
提高	tígāo	제고, 향상시키다
提倡	tíchàng	제창
前提	qiántí	전제

提前	tíqián	앞당기다
提醒	tíxǐng	일깨우다
提问	tíwèn	질문하다
提取	tíqǔ	추출하다, 인출하다
提款	tíkuǎn	돈을 인출하다
提存	tícún	공탁하다
提拔	tíbá	발탁하다
提炼	tíliàn	정제하다, 다듬다
提交	tíjiāo	제출하다
提到	tídào	언급하다
提纲	tígāng	요강, 개요

手提包	shǒutíbāo	핸드백
小提琴	xiǎotíqín	바이올린
大提琴	dàtíqín	첼로
拉小提琴	lāxiǎotíqín	바이올린을 켜다

题 tí 제목

题目	tímù	제목
题材	tícái	제재, 소재
主题	zhǔtí	주제
课题	kètí	과제
命题	mìngtí	명제
论题	lùntí	논제
标题	biāotí	표제
副题	fùtí	부제
无题	wútí	무제
话题	huàtí	화제
议题	yìtí	의제
问题	wèntí	문제
出题	chūtí	출제
解题	jiětí	해제, 문제를 풀다
难题	nántí	난제

중국어

专题	zhuāntí	특정한 제목, 테마
习题	xítí	연습 문제

| 乍 | 占 | 长 | 召 | 兆 | 者 | 真 | 正 | 争 |
| 支 | 只 | 止 | 直 | 周 | 中 | 朱 | 专 | 隹 |

乍

• • •

기본글자는 **乍**이고, 병음은 zhà라고 읽습니다. '갑자기'라는 뜻을 가지고 있으나, 단독으로는 거의
사용되지는 않습니다.

🔊 기본

乍에 부수 讠(말)을 붙이면 말로 남을 '속이다'는 뜻의 **诈**가 됩니다.

부수 火(불)을 붙이면 **炸**가 되는데 성조에 따라 뜻이 달라집니다. 불에 기름을 달구어 '튀기다'는
뜻일 때는 zhá라고 읽습니다. 불꽃이 일어나면서 '터지다', '폭발하다'는 뜻일 때는 zhà라고 읽습니다.

窄에 부수 木(나무)를 붙이면 나무(木)로 만든 기구에 좁은(窄) 구멍을 내서 즙을 '짜다'는 뜻의 **榨**가
됩니다.

변형

乍에 부수 穴(구멍)을 붙이면 구멍이 '좁다', '협소하다'는 뜻의 窄가 됩니다.

부수 亻(사람)을 붙이면 作가 되는데, 사람(亻)이 갑자기(乍) 몸을 일으켜 무언가를 하는 행동으로부터 '만들다', '일하다'는 뜻으로 사용됩니다.

부수 日(해, 날)을 붙이면 최근에 지나간 날 즉 '어제'를 뜻하는 昨가 됩니다.

확장

乍에 부수 口(입, 말하다)를 붙이면 '왜?'라고 묻는 의미의 咋가 되고, 병음은 zǎ라고 읽습니다. 为什么와 같은 뜻입니다.

부수 心(마음)을 붙이면 '어떻게?'라고 의문을 품는 의미로 사용되는 怎이 되고 병음은 zěn이라고 읽습니다.

예) 怎么 zěnme 어떻게?

炸	zhá / zhà	튀기다 / 터지다

한국어

炸酱面	zhájiàngmiàn	자장면
炸药	zhàyào	작약, 폭약

중국어

炸鸡	zhájī	치킨
炸猪排	zházhūpái	돈가스
油炸	yóuzhá	기름에 튀기다
炸弹	zhàdàn	폭탄
定时炸弹	dìngshízhàdàn	시한폭탄
爆炸	bàozhà	폭발하다

诈	zhà	속이다

한국어

诈欺	zhàqī	사기
诈取	zhàqǔ	사취, 속여서 빼앗다

중국어

欺诈	qīzhà	사기 치다
敲诈	qiāozhà	갈취하다, 공갈쳐서 빼앗다
诈骗	zhàpiàn	속이다, 사기 치다
诈骗罪	zhàpiànzuì	사기죄
保险欺诈	bǎoxiǎnqīzhà	보험 사기

榨	zhà	짜다

한국어

榨取	zhàqǔ	착취
榨油	zhàyóu	착유, 기름을 짜다
榨汁机	zhàzhījī	착즙기
压榨	yāzhà	압착

중국어

榨菜	zhàcài	자차이, 중국식 장아찌

窄	zhǎi	좁다

한국어

狭窄	xiázhǎi	협착, 좁다

중국어

窄小	zhǎixiǎo	협소하다
宽窄	kuānzhǎi	넓이
冤家路窄	yuānjiālùzhǎi	원수는 외나무 다리에서 만난다

作	zuò	만들다, 일하다

한국어

作用	zuòyòng	작용
作业	zuòyè	작업, 숙제
作品	zuòpǐn	작품
作物	zuòwù	작물
作战	zuòzhàn	작전

作弊	zuòbì	작폐, 나쁜 짓을 하다
作曲	zuòqǔ	작곡
作词	zuòcí	작사
作家	zuòjiā	작가
作文	zuòwén	작문
作风	zuòfēng	작풍, 작품의 풍격
作者	zuòzhě	작자
作为	zuòwéi	작위, ~로서
不作为	búzuòwéi	부작위
工作	gōngzuò	공작, 작업, 일
动作	dòngzuò	동작
制作	zhìzuò	제작
合作	hézuò	합작
振作	zhènzuò	진작, 일으키다, 정신 차리다
发作	fāzuò	발작
操作	cāozuò	조작, 다루다
造作	zàozuò	조작, 꾸미다, 만들다
耕作	gēngzuò	경작
创作	chuàngzuò	창작
名作	míngzuò	명작
新作	xīnzuò	신작
习作	xízuò	습작
遗作	yízuò	유작
力作	lìzuò	역작
杰作	jiézuò	걸작
原作	yuánzuò	원작
著作	zhùzuò	저작
著作权	zhùzuòquán	저작권

作废	zuòfèi	폐기하다
作息	zuòxī	작업과 휴식
协作	xiézuò	협력하다
写作	xiězuò	글을 짓다, 창작하다
炒作	chǎozuò	선전하여 띄우다

昨	zuó	어제

한국어

今是昨非	jīnshìzuófēi	금시작비, 과거의 잘못을 깨닫다, 오늘은 옳고 어제는 그르다

중국어

昨天	zuótiān	어제
昨日	zuórì	어제
昨晚	zuówǎn	어제저녁
昨夜	zuóyè	어젯밤

占

기본글자는 **占**이고, 병음은 zhān 또는 zhàn이라고 읽으며, 성조에 따라 뜻이 달라집니다. 거북의 등껍질이 갈라진 금을 본뜬 卜(점)에 口(말)을 결합하여 말로 '점치다'는 뜻인 경우에는 zhān이라고 읽습니다. '차지하다', '점령하다'는 뜻일 경우에는 병음은 zhàn이라고 읽습니다.

기본

占에 부수 氵(물)을 붙이면 물에 '젖다' 또는 물을 '적시다'라는 뜻의 **沾**이 됩니다.
부수 立(서다)를 붙이면 '서다', '멈추다'는 뜻 및 그로부터 파생된 가다가 멈추는 '역'이라는 뜻의 **站**이 됩니다.
부수 戈(창, 무기)를 붙이면 무기를 들고 '싸우다'는 뜻의 **战**이 됩니다.

변형

占에 부수 钅(쇠)를 붙이면 **钻**이 되는데 성조에 따라 뜻이 달라집니다. 쇠로 만든 공구의 일종인 '송곳'이라는 뜻 및 그로부터 파생된 송곳으로 구멍을 '뚫다'는 뜻일 때는 zuàn이라고 읽습니다.
송곳으로 구멍을 뚫듯 파고들어 '깊이 연구하다'는 뜻일 때는 zuān이라고 읽습니다.
부수 广(집)을 붙이면 집 안에 물건을 놓고 파는 '가게'라는 뜻의 **店**이 됩니다.

부수 灬(불)을 붙이면 点이 되는데, 번체 點은 부수 黑(검다)으로부터 검게 얼룩진 작은 '점' 및 그로부터 파생된 '조금'이라는 뜻으로 사용됩니다. 點이 간체화되면서 黑의 아랫부분인 灬만 남은 것인데, 黑은 불에 검게 그을린 것을 의미합니다.

부수 贝(돈, 재물)을 붙이면 남에게 돈을 '보태주다'는 뜻 및 그로부터 파생된 다른 물건 옆에 '붙이다', '달라붙다'는 뜻의 贴가 됩니다.

부수 巾(수건, 천)을 붙이면 글을 쓰기 위해 천으로 만든 '쪽지'라는 뜻의 帖가 됩니다.

확장

占에 부수 米(쌀)을 붙이면 쌀로 만든 풀을 사용해 '붙이다'라는 뜻의 粘이 되고, 병음은 zhān이라고 읽습니다.

예) 粘贴 zhāntiē 붙이다

부수 黍(기장)을 붙이면 찰기가 있는 곡식(禾)인 기장으로 밥을 하면 밥이 '끈적끈적하다'는 뜻의 黏이 되고, 병음은 nián이라고 읽습니다. 粘과 黏을 같은 자로 사용하기도 하는데 이 때 粘은 nián이라고 읽습니다.

예) 黏土(粘土) niántǔ 점토

참고

战, 钻은 번체로 戰(전), 鑽(찬)이라고 쓰는데, 본래는 占과 상관없는 글자였지만 간체화되면서 연관이 생긴 경우입니다.

占 zhàn / zhān 차지하다, 점령하다 / 점치다

한국어

占领	zhànlǐng	점령
占有	zhànyǒu	점유
占有率	zhànyǒulǜ	점유율
占用	zhànyòng	점용
占据	zhànjù	점거
独占	dúzhàn	독점
强占	qiángzhàn	강점
占卦	zhānguà	점괘
占星术	zhānxīngshù	점성술

중국어

占线	zhànxiàn	통화 중
侵占	qīnzhàn	침탈하다

沾 zhān 젖다, 적시다

한국어

均沾	jūnzhān	균점, 고르게 누리다

중국어

沾光	zhānguāng	덕을 보다, 덕분이다
沾上	zhānshang	묻다, 물들다
沾沾自喜	zhānzhānzìxǐ	스스로 만족해 하며 즐거워하다

站 zhàn 서다, 역

한국어

兵站	bīngzhàn	병참, 군대 후방 지원

중국어

站台	zhàntái	플랫폼
站起来	zhànqǐlái	일어서다
车站	chēzhàn	터미널
网站	wǎngzhàn	웹 사이트
加油站	jiāyóuzhàn	주유소
始发站	shǐfāzhàn	시발역
终点站	zhōngdiǎnzhàn	종착역
火车站	huǒchēzhàn	기차역
空间站	kōngjiānzhàn	우주 정거장
发电站	fādiànzhàn	발전소
水电站	shuǐdiànzhàn	수력 발전소
火电站	huǒdiànzhàn	화력 발전소
核电站	hédiànzhàn	원자력 발전소

战 zhàn 싸우다

한국어

战争	zhànzhēng	전쟁
战略	zhànlüè	전략
战术	zhànshù	전술
战斗	zhàndòu	전투
战斗力	zhàndòulì	전투력
战斗机	zhàndòujī	전투기
战场	Zhànchǎng	전장

战线	zhànxiàn	전선	空战	kōngzhàn	공중전
战乱	zhànluàn	전란	一战	yízhàn	제1차 세계 대전
战绩	zhànjì	전적	二战	èrzhàn	제2차 세계 대전
战功	zhàngōng	전공	贸易战	màoyìzhàn	무역 전쟁
战果	zhànguǒ	전과	战战兢兢	zhànzhànjīngjīng	전전긍긍
战况	zhànkuàng	전황	百战百胜	bǎizhànbǎishèng	백전백승
战犯	zhànfàn	전범	速战速决	sùzhànsùjué	속전속결
战死	zhànsǐ	전사	恶战苦斗	èzhànkǔdòu	악전고투
战士	zhànshì	전사			

중국어

星球大战	xīngqiúdàzhàn	스타워즈

战友	zhànyǒu	전우
战舰	zhànjiàn	전함
战胜	zhànshèng	전승, 전쟁에서 승리하다, 싸워 이기다

钻 zuàn / zuān 송곳, 뚫다 / 깊이 연구하다

중국어

钻石	zuànshí	다이아몬드
钻戒	zuànjiè	다이아몬드 반지
电钻	diànzuàn	전기 드릴
钻研	zuānyán	깊이 연구하다

决战	juézhàn	결전
作战	zuòzhàn	작전, 전투
内战	nèizhàn	내전
挑战	tiǎozhàn	도전
开战	kāizhàn	개전
大战	dàzhàn	대전
抗战	kàngzhàn	항전
出战	chūzhàn	출전
实战	shízhàn	실전
冷战	lěngzhàn	냉전
舌战	shézhàn	설전

店 diàn 가게

한국어

店铺	diànpù	점포
店员	diànyuán	점원
店主	diànzhǔ	점주
开店	kāidiàn	개점
闭店	bìdiàn	폐점
商店	shāngdiàn	상점

激战	jīzhàn	격전
血战	xuèzhàn	혈전
应战	yìngzhàn	응전
参战	cānzhàn	참전
奋战	fènzhàn	분전
交战	jiāozhàn	교전
海战	hǎizhàn	해전

书店	shūdiàn	서점
分店	fēndiàn	분점
连锁店	liánsuǒdiàn	연쇄점, 체인점

중국어

饭店	fàndiàn	호텔
酒店	jiǔdiàn	호텔
药店	yàodiàn	약국
总店	zǒngdiàn	본점
便利店	biànlìdiàn	편의점
专卖店	zhuānmàidiàn	전문점
旗舰店	qíjiàndiàn	플래그십 스토어, 주력 상점
零售店	língshòudiàn	소매점
快餐店	kuàicāndiàn	패스트푸드점
百货商店	bǎihuòshāngdiàn	백화점

点	diǎn	점, 조금

한국어

点检	diǎnjiǎn	점검
点火	diǎnhuǒ	점화
重点	zhòngdiǎn	중점
要点	yàodiǎn	요점
观点	guāndiǎn	관점
焦点	jiāodiǎn	초점
论点	lùndiǎn	논점
原点	yuándiǎn	원점
据点	jùdiǎn	거점
基点	jīdiǎn	기점
起点	qǐdiǎn	기점

终点	zhōngdiǎn	종점
强点	qiángdiǎn	강점
弱点	ruòdiǎn	약점
缺点	quēdiǎn	결점
盲点	mángdiǎn	맹점
顶点	dǐngdiǎn	정점
难点	nándiǎn	난점
地点	dìdiǎn	지점
视点	shìdiǎn	시점

중국어

点心	diǎnxin	간식, 딤섬
点缀	diǎnzhuì	꾸미다, 장식하다
点击	diǎnjī	클릭하다
优点	yōudiǎn	장점
特点	tèdiǎn	특징
标点	biāodiǎn	구두점, 문장 부호
有点儿	yǒudiǎn	조금
一点儿	yìdiǎner	조금
一点点	yìdiǎndiǎn	아주 조금
差点儿	chàdiǎnr	하마터면, 가까스로

贴	tiē	보태주다, 붙이다

중국어

贴吧	tiēbā	인터넷 게시판
贴膜	tiēmó	보호 필름
粘贴	zhāntiē	붙이다
体贴	tǐtiē	보살피다, 자상하다
补贴	bǔtiē	보조금

帖	tiě		쪽지

중국어

帖子	tiězi	청첩장, 쪽지, 게시물
跟帖	gēntiě	댓글
请帖	qǐngtiě	청첩장, 초대장

● ● ●

기본글자는 **长**이고, 병음은 zhǎng 또는 cháng이라고 읽으며, 병음에 따라 뜻이 달라집니다. 노인의 머리카락이 길게 자라있는 모양을 형상화한 것으로부터 파생된 '어른', '우두머리' 또는 머리카락이 '자라다'는 뜻일 때는 zhǎng이라고 읽습니다. 머리카락이 '길다' 또는 살아온 시간이 '오래다'는 뜻으로 사용되는 경우에는 cháng이라고 읽습니다.

🔖기본

长에 부수 弓(활)을 붙이면 활을 당기듯 '넓히다'는 뜻 및 그로부터 파생된 '펼치다', '열다'는 뜻의 **张**이 됩니다.

张에 부수 氵(물)을 붙이면 물이 불어나 수위가 '오르다'라는 뜻의 **涨**이 됩니다.

长에 부수 贝(돈, 재물)을 붙이면 입출금을 기록하는 '장부'를 뜻하는 **账**이 됩니다.

💬확장

长에 부수 巾(수건, 천)을 붙이면 천으로 만든 '장막'이라는 뜻의 **帐**이 되고, 발음은 zhàng이라고 읽습니다. 다만 대부분의 단어에서 帐과 账은 같은 의미로 혼용되므로 账을 帐으로 바꾸어도 뜻이 통합니다.

예) 帐篷 zhàngpeng 천막, 텐트

长 zhǎng / cháng 어른, 우두머리, 자라다 / 길다, 오래다

长子	zhǎngzǐ	장자
长孙	zhǎngsūn	장손
成长	chéngzhǎng	성장
生长	shēngzhǎng	생장
首长	shǒuzhǎng	수장, 우두머리
家长	jiāzhǎng	가장, 학부모
校长	xiàozhǎng	교장
班长	bānzhǎng	반장
部长	bùzhǎng	부장, 장관
处长	chùzhǎng	처장
局长	júzhǎng	국장
科长	kēzhǎng	과장
市长	shìzhǎng	시장
院长	yuànzhǎng	원장
团长	tuánzhǎng	단장
组长	zǔzhǎng	조장
机长	jīzhǎng	기장
船长	chuánzhǎng	선장
舰长	jiànzhǎng	함장
教学相长	jiàoxuéxiāngzhǎng	교학상장, 가르치고 배우면서 서로 발전하다
长短	chángduǎn	장단, 길이
长久	chángjiǔ	장구, 매우 길고 오래다
长生	chángshēng	장생
长寿	chángshòu	장수
长篇	chángpiān	장편
长期	chángqī	장기
长发	chángfà	장발
长方形	chángfāngxíng	장방형, 직사각형
身长	shēncháng	신장, 몸의 길이
延长	yáncháng	연장
波长	bōcháng	파장

长辈	zhǎngbèi	웃어른
省长	shěngzhǎng	성장, 성의 책임자
董事长	dǒngshìzhǎng	이사장
厂长	chǎngzhǎng	공장장
队长	duìzhǎng	팀장, 주장
增长	zēngzhǎng	증가하다, 성장하다
生长激素	shēngzhǎngjīsù	성장 호르몬
长度	chángdù	길이
长途	chángtú	장거리
长枪	chángqiāng	장총
长远	chángyuǎn	장래의 긴 시간
长处	chángchu	장점
长城	Chángchéng	만리장성
长江	Chángjiāng	장강
长征	chángzhēng	중국 공산당 홍군의 장정
长颈鹿	chángjǐnglù	기린
擅长	shàncháng	뛰어나다, 장기
漫长	màncháng	매우 길다
特长	tècháng	특기
专长	zhuāncháng	특기, 전문 기술
长生不老	chángshēngbùlǎo	불로장생
万古长青	wàngǔchángqīng	영원토록 변하지 않다
一技之长	yíjìzhīcháng	한 가지 재주

张   zhāng   펼치다, 열다

한국어

主张	zhǔzhāng	주장
紧张	jǐnzhāng	긴장
夸张	kuāzhāng	과장
扩张	kuòzhāng	확장
伸张	shēnzhāng	신장, 늘어나게 하다
张三李四	zhāngsānlǐsì	장삼이사, 평범한 사람, 누구든지
虚张声势	xūzhāngshēngshì	허장성세, 허세를 부라다

중국어

张嘴	zhāngzuǐ	입을 벌리다, 입을 열다
张开	zhāngkāi	벌리다
开张	kāizhāng	개시하다, 마수걸이하다
慌张	huāngzhāng	당황하다
纸张	zhǐzhāng	종이
一张	yīzhāng	한 장
东张西望	dōngzhāngxīwàng	두리번거리다

涨   zhǎng   오르다

중국어

涨跌	zhǎngdiē	오르내리다
涨落	zhǎngluò	오르내리다
涨潮	zhǎngcháo	밀물
涨价	zhǎngjià	가격이 오르다, 물가가 오르다
涨幅	zhǎngfú	상승 폭
涨势	zhǎngshì	상승세
上涨	shàngzhǎng	오르다, 상승하다
高涨	gāozhǎng	급등하다
暴涨	bàozhǎng	폭등하다

账   zhàng   장부

한국어

账簿	zhàngbù	장부
记账	jìzhàng	기장, 장부에 적다

중국어

账本	zhàngběn	장부
账户	zhànghù	계정
账号	zhànghào	계좌 번호
账单	zhàngdān	계산서, 명세서
账目	zhàngmù	장부상의 항목
账款	zhàngkuǎn	장부상의 금액
结账	jiézhàng	계산하다, 결산하다
转账	zhuǎnzhàng	이체하다, 대체하다
流水账	liúshuǐzhàng	금전 출납부

召

기본글자는 **召**이고, 병음은 zhào라고 읽습니다. 음을 나타내는 刀(dāo)와 뜻을 나타내는 口(입, 말하다)가 결합하여 입으로 '부르다', '소집하다'는 뜻입니다.

🔖기본

召에 부수 扌(손)을 붙이면 '손짓하다', 손짓하여 '부르다'는 뜻의 **招**가 됩니다.
부수 灬(불)과 日을 붙이면 **照**가 되는데, 灬과 日이 모두 빛을 의미하므로 밝게 '비추다'라는 뜻으로 사용됩니다. 사진의 원리가 빛을 이용하기 때문에 '사진을 찍다'는 의미로도 파생되었습니다.

🔖변형

召에 부수 走(달리다)를 붙이면 달려서 '뛰어넘다', '초과하다'는 뜻의 **超**가 됩니다.

🔖확장

召에 부수 纟(실)을 붙이면 **绍**가 되는데, 실을 잇듯이 사람과 사람이 이어지도록 '소개하다'는 뜻으로 사용되고, 병음은 shào라고 읽습니다.
예) 介绍 jièshào 소개하다

召	zhào	부르다, 소집하다

召唤	zhàohuàn	소환
召集	zhàojí	소집

召开	zhàokāi	개최하다
召回	zhàohuí	소환하다, 리콜하다
号召	hàozhào	호소하다, 불러일으키다

招	zhāo	손짓하다, 부르다

招待	zhāodài	초대
招聘	zhāopìn	초빙
自招	zìzhāo	자초

招牌	zhāopai	간판
招标	zhāobiāo	입찰하다
招收	zhāoshōu	뽑다, 채용하다
招生	zhāoshēng	학생을 모집하다
招呼	zhāohu	손짓하여 부르다
打招呼	dǎzhāohū	인사하다
招揽	zhāolǎn	끌어모으다
招商	zhāoshāng	투자를 유치하다
招商局	zhāoshāngjú	투자를 유치하는 기구
招待所	zhāodàisuǒ	사내 숙박 시설
应招	yīngzhāo	응모하다, 지원하다

照	zhào	비추다, 사진을 찍다

照明	zhàomíng	조명
照准	zhàozhǔn	조준, 겨냥하다
对照	duìzhào	대조
参照	cānzhào	참조
日照	rìzhào	일조, 햇볕을 쬐다
观照	guānzhào	관조
肝胆相照	gāndǎnxiāngzhào	간담상조, 서로 마음을 터놓고 진심으로 사귀다

照片	zhàopiàn	사진
照相	zhàoxiàng	사진을 찍다
照相机	zhàoxiàngjī	사진기
照顾	zhàogù	돌보다
照常	zhàocháng	평소대로
照样	zhàoyàng	그대로
照耀	zhàoyào	밝게 비추다
拍照	pāizhào	사진을 찍다
关照	guānzhào	돌보다
按照	ànzhào	~에 따라
依照	yīzhào	~에 비추다
护照	hùzhào	여권
牌照	páizhào	자동차 번호판
执照	zhízhào	허가증, 면허증
营业执照	yíngyèzhízhào	영업 허가

超	chāo	뛰어넘다, 초과하다

한국어

超过	chāoguò	초과
超然	chāorán	초연
超越	chāoyuè	초월
超人	chāorén	초인, 슈퍼맨
超脱	chāotuō	초탈
超豪华	chāoháohuá	초호화
超高速	chāogāosù	초고속
超自然	chāozìrán	초자연
超能力	chāonénglì	초능력
超高层	chāogāocéng	초고층
超大型	chāodàxíng	초대형

중국어

超市	chāoshì	슈퍼마켓
超级	chāojí	최상급
超出	chāochū	초과하다
超值	chāozhí	가격 이상의 가치가 있는
超声波	chāoshēngbō	초음파
高超	gāochāo	뛰어나다

兆

. . .

기본글자는 **兆**이고, 병음은 zhào라고 읽습니다. 거북의 등껍질을 불에 구워 갈라진 금을 형상화한 것으로 본래 점치다는 의미로부터 파생되어 점을 쳐 나온 '징조', 조짐'이라는 뜻으로 사용됩니다. 등껍질의 금이 아주 많다는 의미에서 큰 숫자 단위인 '조'를 뜻하기도 합니다.

💬**변형**

兆에 부수 木(나무)를 붙이면 '복숭아' 나무를 뜻하는 **桃**가 됩니다.

부수 辶(가다)를 붙이면 '달아나다', '도망가다'는 뜻의 **逃**가 됩니다.

부수 扌(손, 행위)를 붙이면 **挑**가 되는데, 성조에 따라 뜻이 달라집니다. 손으로 들추어내서 '고르다'는 뜻일 때는 tiāo라고 읽습니다. 손으로 막대기를 잡고 '파내다', '쑤시다'는 뜻 및 그로부터 파생된 '도발하다'는 뜻일 때는 tiǎo라고 읽습니다.

부수 足(발, 달리다)를 붙이면 발로 굴려 '뛰다', '뛰어넘다'는 뜻의 **跳**가 됩니다

兆	zhào		조짐, 조

한국어

征兆	zhēngzhào	징조
前兆	qiánzhào	전조
吉兆	jízhào	길조
凶兆	xiōngzhào	흉조

중국어

兆字节	zhàozìjié	메가바이트, MB
预兆	yùzhào	전조, 조짐

桃	táo		복숭아

한국어

桃花	táohuā	도화, 복숭아꽃
桃色	táosè	도색, 연분홍색, 색정적인
水蜜桃	shuǐmìtáo	수밀도, 중국산 복숭아
桃园结义	táoyuánjiéyì	도원결의, 삼국지에서 의형제를 맺은 이야기

중국어

桃子	táozi	외래종 복숭아
桃树	táoshù	복숭아나무
核桃	hétao	호두
樱桃	yīngtáo	앵두
猕猴桃	míhóutáo	키위
世外桃源	shìwàitáoyuán	무릉도원, 별천지

逃	táo		달아나다

한국어

逃避	táobì	도피
逃走	táozǒu	도주
逃亡	táowáng	도망

중국어

逃跑	táopǎo	달아나다
逃税	táoshuì	탈세
逃兵	táobīng	탈영병
逃犯	táofàn	도주범
逃课	táokè	수업을 빼먹다, 땡땡이치다

挑	tiāo / tiǎo	고르다 / 파내다, 도발하다

한국어

挑战	tiǎozhàn	도전

중국어

挑选	tiāoxuǎn	고르다, 선발하다
挑剔	tiāotì	트집잡다, 까다롭다
挑动	tiǎodòng	선동하다
挑拨	tiǎobō	도발하다, 충동질하다
挑衅	tiǎoxìn	도발하다

跳	tiào	뛰다, 뛰어넘다

한국어

跳跃	tiàoyuè	도약

중국어

跳舞	tiàowǔ	춤추다
跳动	tiàodòng	뛰다, 두근거리다
跳槽	tiàocáo	이직하다
跳高	tiàogāo	높이뛰기
跳远	tiàoyuǎn	멀리뛰기
跳水	tiàoshuǐ	다이빙
跳绳	tiàoshéng	줄넘기
心跳	xīntiào	심장이 뛰다

者

. . .

기본글자는 **者**이고, 병음은 zhě라고 읽습니다. 번체 者는 부수 耂(늙다)와 白(희다)가 결합한 글자이고, 본래는 머리가 흰 노인을 의미하였다가 나중에 나이의 의미가 사라지고 '사람' 자체를 지칭하는 말이 된 것으로 이해하면 쉽습니다. 번체와 간체의 차이는 글자 가운데 점이 찍혀 있는지 여부에 있습니다.

변형

者에 부수 大(크다)를 붙이면 분에 넘치게 큰돈을 써서 '사치하다'는 뜻의 **奢**가 됩니다.
부수 日(해, 날)을 붙이면 해가 뜨겁게 내리쬐어 '덥다'는 뜻 및 날이 더운 '여름'을 뜻하는 **暑**가 됩니다.
罒(그물)을 붙이면 그물망 같은 계통을 통하여 임무를 '배치하다'는 뜻 및 임무를 배치하는 서류에 '서명하다'는 뜻의 **署**가 됩니다.
署에 부수 艹(풀, 꽃)을 붙이면 식물의 일종인 '고구마', '감자'를 뜻하는 **薯**가 됩니다.
者에 부수 犭(개, 짐승)을 붙이면 짐승의 일종인 '돼지'를 뜻하는 **猪**가 됩니다.
부수 讠(말)을 붙이면 **诸**가 되는데, 여러 사람(者) 앞에서 '모두'를 상대로 말을 하다는 의미로 이해하면 쉽습니다.

부수 艹(풀, 꽃)을 붙이면 풀이 지면을 뚫고 나오는 모양으로부터 모습을 '드러내다'는 뜻 및 밖으로
드러난 모습이 '뚜렷하다'는 뜻의 著가 됩니다. 풀로 만든 종이 위에 '글을 쓰다'는 뜻 및 글로 쓰여진
'작품'의 뜻으로 이해할 수도 있습니다.

부수 阝(마을)을 붙이면 都가 되는데, 병음에 따라 뜻이 달라집니다. 많은 사람들이 사는 마을 즉
도시를 뜻할 때는 dū라고 읽습니다. 도시에 사는 사람 '모두'를 뜻할 때는 dōu라고 읽습니다.

부수 贝(돈, 재물)을 붙이면 내기에 돈을 걸고 '도박하다'는 뜻의 赌가 됩니다.

부수 土(흙)을 붙이면 본래는 흙을 쌓아 세운 담을 의미하였다가 담을 쌓아 '막다', '막히다'는 뜻으로
사용되는 堵가 됩니다.

🗨확장

者에 부수 灬(불)을 붙이면 끓인 물로 '삶다'는 뜻의 煮가 되고, 병음은 zhǔ라고 읽습니다.

예) 煮鸡蛋 zhǔjīdàn 삶은 계란

부수 纟(실)을 붙이면 감겨 있는 실의 첫머리 즉 '실마리'를 뜻하는 绪가 되고, 병음은 xù라고
읽습니다.

예) 情绪 qíngxù 정서, 기분

者　zhě　사람

한국어

作者	zuòzhě	작자, 지은이
著者	zhùzhě	저자
译者	yìzhě	역자, 번역자
笔者	bǐzhě	필자, 작가의 자칭
读者	dúzhě	독자
听者	tīngzhě	청자
学者	xuézhě	학자
贤者	xiánzhě	현자
记者	jìzhě	기자
患者	huànzhě	환자
使者	shǐzhě	사자, 심부름꾼
死者	sǐzhě	사자
强者	qiángzhě	강자
弱者	ruòzhě	약자
前者	qiánzhě	전자
后者	hòuzhě	후자
劳动者	láodòngzhě	노동자
经营者	jīngyíngzhě	경영자
管理者	guǎnlǐzhě	관리자
创业者	chuàngyèzhě	창업자
失业者	shīyèzhě	실업자
生产者	shēngchǎnzhě	생산자
消费者	xiāofèizhě	소비자
志愿者	zhìyuànzhě	지원자
第三者	dìsānzhě	제삼자, 내연남, 내연녀
先驱者	xiānqūzhě	선구자

중국어

或者	huòzhě	혹시, 혹은
自由职业者	zìyóuzhíyèzhě	프리랜서

奢　shē　사치하다

한국어

奢侈	shēchǐ	사치
奢侈品	shēchǐpǐn	사치품
豪奢	háoshē	호사

중국어

奢华	shēhuá	사치스럽고 화려하다, 화사하다, 럭셔리하다

暑　shǔ　덥다, 여름

한국어

避暑	bìshǔ	피서
酷暑	kùshǔ	혹서

중국어

暑假	shǔjià	여름 방학
放暑假	fàngshǔjià	여름 방학을 하다
暑期	shǔqī	여름 방학 기간
中暑	zhòngshǔ	더위 먹다

447

署 shǔ		배치하다

한국어

署名	shǔmíng	서명, 사인

중국어

部署	bùshǔ	배치하다, 안배하다
签署	qiānshǔ	서명하다, 사인하다

薯 shǔ		고구마, 감자

중국어

薯条	shǔtiáo	감자튀김, 프렌치프라이
薯片	shǔpiàn	감자칩, 포테이토칩
甘薯	gānshǔ	고구마
红薯	hóngshǔ	고구마
烤红薯	kǎohóngshǔ	군고구마
马铃薯	mǎlíngshǔ	감자

猪 zhū		돼지

한국어

猪八戒	zhūbājiè	저팔계

중국어

猪肉	zhūròu	돼지고기
猪排	zhūpái	돼지갈비
猪舍	zhūshè	돼지우리

猪肝	zhūgān	돼지간
猪蹄	zhūtí	돼지 족발
野猪	yězhū	멧돼지

诸 zhū		모두

한국어

诸位	zhūwèi	제위, 여러분
诸侯	zhūhóu	제후
诸子百家	zhūzǐbǎijiā	제자백가, 중국 춘추 전국 시대의 여러 학파

중국어

诸如此类	zhūrúcǐlèi	이와 같은 것들

著 zhù		뚜렷하다, 작품

한국어

著名	zhùmíng	저명
著作	zhùzuò	저작
著作权	zhùzuòquán	저작권
著作物	zhùzuòwù	저작물
著述	zhùshù	저술
著者	zhùzhě	저자
显著	xiǎnzhù	현저
编著	biānzhù	편저, 편집하여 저술하다
名著	míngzhù	명저
原著	yuánzhù	원저

都　dū / dōu　도시 / 모두

한국어

都市	dūshì	도시
都会	dūhuì	도회, 도시
都督	dūdu	도독, 과거 군사령관 직책
首都	shǒudū	수도
古都	gǔdū	옛 수도
大都市	dàdūshì	대도시

중국어

大都	dàdū	대도시
都是	dōushì	모두 ~이다
都有	dōuyǒu	다 있다
全都	quándōu	전부, 모두

赌　dǔ　도박하다

한국어

赌博	dǔbó	도박

중국어

赌场	dǔchǎng	도박장, 카지노
赌钱	dǔqián	돈을 걸다, 노름을 하다
赌徒	dǔtú	도박꾼, 갬블러
赌债	dǔzhài	도박 빚

堵　dǔ　막다

중국어

堵车	dǔchē	차가 막히다, 교통이 막히다
堵塞	dǔsè	막히다
添堵	tiāndǔ	더 막히다, 더 힘들게 하다

기본글자는 **真**이고, 병음은 zhēn이라고 읽습니다. 十(많다, 완전하다)와 具(갖추다)를 결합시킨
글자로서 완전히 갖추어진 '진짜', '참됨'을 뜻하는 것으로 이해하면 쉽습니다.

기본

真에 부수 钅(쇠)를 붙이면 쇠처럼 무거운 물건으로 눌러 '진정시키다'는 뜻의 **镇**이 됩니다.

변형

真에 부수 忄(마음, 생각)을 붙이면 마음으로 '조심하다', '신중하다'는 뜻의 **慎**이 됩니다.
부수 页(머리)를 붙이면 머리 꼭대기 즉 '정수리'라는 뜻 및 그로부터 파생된 정수리가 아래로 오도록
'뒤집히다'는 뜻의 **颠**이 됩니다.
부수 土(흙, 땅)을 붙이면 땅에 생긴 구명에 흙을 부어 '채우다'는 뜻 및 그로부터 파생된 빈칸에 '써넣다'는
뜻의 **填**이 됩니다.

真	zhēn	진짜, 참되다

真理	zhēnlǐ	진리
真心	zhēnxīn	진심
真实	zhēnshí	진실
真正	zhēnzhèng	진정
真意	zhēnyì	진의
真挚	zhēnzhì	진지, 참되고 성실하다
真空	zhēnkōng	진공
真皮	zhēnpí	진피
真品	zhēnpǐn	진품
真相	zhēnxiàng	진상
真伪	zhēnwěi	진위, 진짜와 가짜
纯真	chúnzhēn	순진
天真	tiānzhēn	천진
天真烂漫	tiānzhēnlànmàn	천진난만, 꾸밈없고 순진하다

真是	zhēnshì	정말로
真的	zhēnde	진짜
真话	zhēnhuà	참말
真诚	zhēnchéng	진실하다
认真	rènzhēn	성실하다, 진실로 믿다
当真	dàngzhēn	진실로 여기다
传真	chuánzhēn	팩스
清真	qīngzhēn	이슬람식, 회교식
清真教	qīngzhēnjiào	이슬람교
清真寺	qīngzhēnsì	이슬람 사원

镇	zhèn	진정시키다, 행정 구역 명칭

镇静	zhènjìng	진정
镇压	zhènyā	진압
镇痛	zhèntòng	진통

镇定	zhèndìng	침착하다, 차분하다
镇痛药	zhèntòngyào	진통제
冰镇	bīngzhèn	차게 하다
城镇	chéngzhèn	지방 소도시
乡镇	xiāngzhèn	지방 행정 구역 중 가장 작은 단위
古镇	gǔzhèn	오래된 마을

慎	shèn	신중하다

慎重	shènzhòng	신중
谨慎	jǐnshèn	근신, 조심스럽다

不慎	búshèn	부주의하다
谦虚谨慎	qiānxūjǐnshèn	겸허하고 신중하게 처세하다

颠	diān	꼭대기, 뒤집히다

颠倒	diāndǎo	전도, 뒤바뀌다
颠覆	diānfù	전복

중국어

颠簸	diānbǒ	흔들리다, 요동치다
颠三倒四	diānsāndǎosì	순서가 없이 뒤죽박죽이다

填	tián	채우다, 써넣다

한국어

填补	tiánbǔ	전보, 보충하다
充填	chōngtián	충전, 채워 넣다

중국어

填写	tiánxiě	써넣다, 기입하다
填空	tiánkòng	빈칸을 채우다
填充	tiánchōng	채워 넣다

기본글자는 正이고, 병음은 zhēng 또는 zhèng이라고 읽으며, 성조에 따라 뜻이 달라집니다. 숫자 一(일)과 발자국 모양을 본떠 발걸음을 의미하는 止(지)가 결합된 글자로서 하나의 목표를 위하여 '똑바르게' 나아간다는 뜻으로 이해할 수 있고, 이때 zhèng이라고 읽습니다. 정월 즉 1월을 뜻하기도 하는데, 이때는 zhēng이라고 읽습니다.

기본

正에 부수 彳(걷다, 가다)를 붙이면 '멀리 가다', '정벌하다'는 뜻의 征이 됩니다. 征은 번체 徵(징)의 간체자로도 활용되는데 徵은 攵(치다, 동작)의 영향으로 '불러 모으다', '징수하다'는 뜻이 있습니다.

부수 攵(치다, 동작)을 붙이고 束(묶다)를 결합하면 물건들을 한데 묶어 모아 바르게 '정리하다', '정돈하다'는 뜻의 整이 됩니다.

부수 讠(말)을 붙이면 말로 '증명하다'는 뜻 및 증명하기 위한 '증거'라는 뜻의 证이 됩니다.

부수 疒(병)을 붙이면 '병' 또는 병의 '증상'이라는 뜻의 症이 됩니다.

부수 攵(치다)를 붙이면 본래는 회초리를 치듯 백성들을 다스린다는 의미로부터 유래하여 나라를 다스리는 '정치'를 뜻하는 政이 됩니다.

변형

征에 부수 心(마음)을 붙이면 마음에 타격을 줄 수 있도록 혼내다 즉 '징계하다'는 뜻의 惩이 됩니다.

참고

证, 征(징수하다는 의미일 때), 惩은 번체로 證(증), 徵(징), 懲(징)이라고 쓰는데, 본래는 正과 상관없는 글자였지만 간체화되면서 연관이 생긴 경우입니다.

453

正	zhèng / zhēng	바르다, 표준의 / 정월

한국어

正当	zhèngdàng	정당
正确	zhèngquè	정확
正常	zhèngcháng	정상
正义	zhèngyì	정의
正直	zhèngzhí	정직
正道	zhèngdào	정도
正气	zhèngqì	정기
正规	zhèngguī	정규
正式	zhèngshì	정식
正品	zhèngpǐn	정품
正统	zhèngtǒng	정통
正宗	zhèngzōng	정종, 정통
正本	zhèngběn	정본
正面	zhèngmiàn	정면
正门	zhèngmén	정문
正比	zhèngbǐ	정비, 정비례
正午	zhèngwǔ	정오
正装	zhèngzhuāng	정장
公正	gōngzhèng	공정
真正	zhēnzhèng	진정
纯正	chúnzhèng	순정
端正	duānzhèng	단정
方正	fāngzhèng	방정, 바르다
改正	gǎizhèng	개정
校正	jiàozhèng	교정
修正	xiūzhèng	수정
更正	gēngzhèng	경정
正月	zhēngyuè	정월

新正	xīnzhēng	신정, 정월, 1월 1일

중국어

正当	zhèngdāng	막 ~할 때이다
正在	zhèngzài	지금
正好	zhènghǎo	마침
正经	zhèngjing	점잖다
反正	fǎnzhèng	어쨌든
正大光明	zhèngdàguāngmíng	광명정대, 떳떳하고 정당하다
公正无私	gōngzhèngwúsī	공정하고 사심이 없다, 공평무사

征	zhēng	정벌하다, 징수하다, 불러 모으다

한국어

征服	zhēngfú	정복
征伐	zhēngfá	정벌
远征	yuǎnzhēng	원정
出征	chūzhēng	출정
征收	zhēngshōu	징수
征集	zhēngjí	징집, 모으다
征求	zhēngqiú	징구, 의견을 구하다
征兵	zhēngbīng	징병
征税	zhēngshuì	징세
征候	zhēnghòu	징후, 조짐
征兆	zhēngzhào	징조
象征	xiàngzhēng	상징
特征	tèzhēng	특징
表征	biǎozhēng	표징

长征	chángzhēng	중국 공산당 홍군의 장정
征询	zhēngxún	의견을 구하다
征信	zhēngxìn	신용 조회, 신용을 조사하다

整　zhěng　정리하다

한국어

整理	zhěnglǐ	정리
整顿	zhěngdùn	정돈
调整	tiáozhěng	조정

중국어

整齐	zhěngqí	깔끔하다, 질서가 있다
整洁	zhěngjié	가지런하고 깨끗하다
整形	zhěngxíng	성형, 치료 목적
整形手术	zhěngxíngshǒushù	성형 수술
整容	zhěngróng	성형, 미용 목적
整容手术	zhngróngshǒushù	싱텽 ＋술
整体	zhěngtǐ	전체
整天	zhěngtiān	종일
整个	zhěnggè	모든 것
完整	wánzhěng	완전하다

证　zhèng　증명하다, 증거

한국어

证明	zhèngmíng	증명
证明书	zhèngmíngshū	증명서
证人	zhèngrén	증인
证言	zhèngyán	증언
证据	zhèngjù	증거
证书	zhèngshū	증서
证券	zhèngquàn	증권
保证	bǎozhèng	보증
保证人	bǎozhèngrén	보증인
保证金	bǎozhèngjīn	보증금
物证	wùzhèng	물증
书证	shūzhèng	서증
反证	fǎnzhèng	반증
人证	rénzhèng	인증
伪证	wěizhèng	위증
论证	lùnzhèng	논증
公证	gōngzhèng	공증
确证	quèzhèng	확증
实证	shízhèng	실증
考证	kǎozhèng	고증
辩证	biànzhèng	변증
辩证法	biànzhèngfǎ	변증법
资格证	zīgézhèng	자격증
学生证	xuéshēngzhèng	학생증
身份证	shēnfènzhèng	신분증
会员证	huìyuánzhèng	회원증
许可证	xǔkězhèng	허가증
有价证券	yǒujiàzhèngquàn	유가 증권

证实	zhèngshí	실증하다
证件	zhèngjiàn	증명서
证件照	zhèngjiànzhào	증명사진
凭证	píngzhèng	증빙
验证	yànzhèng	검증하다
签证	qiānzhèng	비자
信用证	xìnyòngzhèng	신용장
驾驶证	jiàshǐzhèng	운전면허증

症 zhèng 병, 증상

한국어

症状	zhèngzhuàng	증상
症候	zhènghòu	증후
症候群	zhènghòuqún	증후군
炎症	yánzhèng	염증
后遗症	hòuyízhèng	후유증
合并症	hébìngzhèng	합병증
忧郁症	yōuyùzhèng	우울증
多汗症	duōhànzhèng	다한증
健忘症	jiànwàngzhèng	건망증
自闭症	zìbìzhèng	자폐증
躁郁症	zàoyùzhèng	조울증

중국어

癌症	áizhèng	암
顽症	wánzhèng	고질병, 난치병
梦游症	mèngyóuzhèng	몽유병
失眠症	shīmiánzhèng	불면증

恐高症	kǒnggāozhèng	고소 공포증
失忆症	shīyìzhèng	기억 상실증

政 zhèng 정치

한국어

政治	zhèngzhì	정치
政府	zhèngfǔ	정부
政见	zhèngjiàn	정견
政权	zhèngquán	정권
政策	zhèngcè	정책
政务	zhèngwù	정무
政局	zhèngjú	정국
政变	zhèngbiàn	정변
政党	zhèngdǎng	정당
内政	nèizhèng	내정
财政	cáizhèng	재정
行政	xíngzhèng	행정
参政	cānzhèng	참정
市政	shìzhèng	시정
邮政	yóuzhèng	우정, 우편 행정
执政	zhízhèng	집정, 집권하다
暴政	bàozhèng	폭정

중국어

政协	zhèngxié	정치 협상 회의
专政	zhuānzhèng	독재 정치
邮政编码	yóuzhèngbiānmǎ	우편 번호
人民政府	rénmínzhèngfǔ	각급 국가 행정 기관

惩	chéng	징계하다

惩戒	chéngjiè	징계
惩罚	chéngfá	징벌

惩办	chéngbàn	처벌하다
奖惩	jiǎngchéng	상과 벌
严惩	yánchéng	엄벌에 처하다
惩恶劝善	chéng'èquànshàn	권선징악

기본글자는 **争**이고, 병음은 zhēng이라고 읽습니다. 번체 **爭**은 부수 爪(손톱)의 영향으로 손톱으로 할퀴며 '싸우다', '다투다'는 뜻으로 사용됩니다. 간체 争의 윗부분은 刀(칼)을 변형한 것이므로 칼로 싸우고 다투는 것으로 이해하여도 좋습니다.

🗨기본

争에 부수 扌(손)을 붙이면 손으로 밀치며 '발버둥치다'는 뜻 및 그로부터 파생된 노력하여 '얻다'는 뜻의 **挣**이 됩니다.

🗨변형

争에 부수 冫(얼음, 물)을 붙이면 물이 '맑다', '깨끗하다'는 뜻의 **净**이 됩니다.
부수 青(푸르다)를 붙이면 푸른 하늘처럼 '고요하다', '차분하다'는 뜻의 **静**이 됩니다.

🗨확장

争에 부수 目(눈)을 붙이면 '눈을 크게 뜨다'는 뜻의 **睁**이 되고, 병음은 zhēng이라고 읽습니다.
예) 睁眼 zhēngyǎn 눈을 뜨다

争 zhēng — 다투다

争议	zhēngyì	쟁의
争取	zhēngqǔ	쟁취
争斗	zhēngdòu	쟁투
争论	zhēnglùn	쟁론
争夺	zhēngduó	쟁탈
竞争	jìngzhēng	경쟁
竞争力	jìngzhēnglì	경쟁력
战争	zhànzhēng	전쟁
论争	lùnzhēng	논쟁
斗争	dòuzhēng	투쟁
纷争	fēnzhēng	분쟁
抗争	kàngzhēng	항쟁
党争	dǎngzhēng	당쟁
百家争鸣	bǎijiāzhēngmíng	백가쟁명, 자유롭게 논쟁하다

중국어

争端	zhēngduān	분쟁의 실마리
争气	zhēngqì	잘하려고 애쓰다
力争	lìzhēng	노력하여 쟁취하다
争先恐后	zhēngxiānkǒnghòu	앞을 다투다

挣 zhèng — 발버둥치다, 얻다

중국어

挣钱	zhèngqián	돈을 벌다
挣扎	zhēngzhá	발버둥 치다
挣得	zhèngde	얻다, 벌다

净 jìng — 맑다, 깨끗하다

한국어

净化	jìnghuà	정화
净水	jìngshuǐ	정수
净水器	jìngshuǐqì	정수기
清净	qīngjìng	청정
自净	zìjìng	자정

중국어

净价	jìngjià	원가, 정가
净利润	jìnglìrùn	순이익
净收入	jìngshōurù	순수입
干净	gānjìng	깨끗하다
洁净	jiéjìng	깨끗하다
纯净	chúnjìng	순수하고 깨끗하다

静 jìng — 고요하다, 차분하다

한국어

静脉	jìngmài	정맥
静坐	jìngzuò	정좌, 조용히 앉다
安静	ānjìng	안정
冷静	lěngjìng	냉정
镇静	zhènjìng	진정
平静	píngjìng	평정
动静	dòngjing	동정, 낌새

중국어

寂静	jìjìng	정적, 조용하다
沉静	chénjìng	조용하다

支

기본글자는 **支**이고, 병음은 zhī라고 읽습니다. 支는 손(又)으로 나뭇가지(十)를 들어 잡고 있는 모양을 형상화한 것으로 손으로 나뭇가지를 '받치다', '지탱하다'는 뜻입니다.

기본

支에 부수 木(나무)를 붙이면 나무의 '가지'를 뜻하는 **枝**가 됩니다.
부수 月(신체)를 붙이면 신체의 일부인 팔과 다리 즉 '사지'를 뜻하는 **肢**가 됩니다.

변형

支에 부수 羽(깃털)을 붙이면 깃털이 달린 '날개'를 뜻하는 **翅**가 됩니다.
부수 扌(손)을 붙이면 손을 사용하여 부릴 수 있는 '재주', '기술'을 뜻하는 **技**가 됩니다.
부수 止(발자국, 그치다)를 붙이면 '갈림길' 및 갈림길에서 '갈리지다'는 뜻의 **歧**가 되는데, 길을 가다 갈림길을 만나 발걸음을 멈춘 모습을 연상하면 쉽습니다.

支 zhī 지탱하다, 지불하다

支持	zhīchí	지지
支配	zhīpèi	지배, 안배하다
支援	zhīyuán	지원
支撑	zhīchēng	지탱
支柱	zhīzhù	지주
支部	zhībù	지부
支出	zhīchū	지출
支流	zhīliú	지류
干支	gānzhī	간지, 천간과 지지
收支	shōuzhī	수입과 지출

중국어

支付	zhīfù	지급하다
支票	zhīpiào	수표
空头支票	kōngtóuzhīpiào	부도 수표, 공수표
旅行支票	lǚxíngzhīpiào	여행자 수표
开支	kāizhī	지불하다
超支	chāozhī	과다 지출하다

枝 zhī 가지

한국어

枝叶	zhīyè	지엽, 부차적인
剪枝	jiǎnzhī	전지, 가지를 치다
金枝玉叶	jīnzhīyùyè	금지옥엽, 귀한 자손

중국어

树枝	shùzhī	나뭇가지

肢 zhī 사지

한국어

肢体	zhītǐ	지체, 팔다리와 몸
四肢	sìzhī	사지
上肢	shàngzhī	상지, 팔
下肢	xiàzhī	하지
节肢动物	jiézhīdòngwù	절지동물

중국어

肢解	zhījiě	해체하다
义肢	yìzhī	의수와 의족

翅 chì 날개

중국어

翅膀	chìbǎng	날개
鱼翅	yúchì	상어 지느러미
鸡翅	jīchì	닭 날개

技 jì 재주, 기술

한국어

技术	jìshù	기술
技巧	jìqiǎo	기교

技艺	jìyì	기예
技法	jìfǎ	기법
技师	jìshī	기사
技能	jìnéng	기능
演技	yǎnjì	연기
秘技	mìjì	비기, 비결
特技	tèjì	특기
杂技	zájì	잡기

중국어

技术员	jìshùyuán	기술자
科技	kējì	과학 기술

歧 qí　　갈림길, 갈라지다

한국어

歧路	qílù	기로, 갈림길
分歧	fēnqí	분기, 갈라지다
多歧亡羊	duōqíwángyáng	다기망양, 길이 복잡하여 양을 잃다, 여러 가지를 해보지만 성취하지는 못하다

중국어

歧途	qítú	갈림길, 잘못된 길
歧视	qíshì	경시하다, 차별하다
种族歧视	zhǒngzúqíshì	종족 차별, 인종 차별
歧路亡羊	qílùwángyáng	길이 복잡하여 양을 잃다, 갈피를 못잡다, 다기망양

기본글자는 **只**이고, 성조에 따라 뜻이 달라집니다. 동물을 세는 단위 즉 '마리'를 뜻하는 경우에는 동물의 몸통(口)과 다리(八)를 연상하면 이해하기 쉽고, 이때 zhī라고 읽습니다. '다만', '오직'이라는 뜻으로 더 많이 사용되며 이때는 zhǐ라고 읽습니다.

기본

只에 부수 纟(실)을 붙이면 실로 직물을 '짜다'는 뜻의 **织**가 됩니다.
부수 耳(귀, 듣다)를 붙이면 **职**가 되는데, 왕이나 상관의 명을 잘 듣고 수행해야 하는 '직책', '직무'라는 뜻이고, 그로부터 '직업'이라는 뜻이 파생된 것으로 이해하면 쉽습니다.

변형

只에 부수 讠(말)을 붙이면 말을 듣고 나서 '알다'는 뜻의 **识**가 됩니다.
부수 禾(벼, 곡식)를 붙이면 곡식을 '쌓아두다'는 뜻의 **积**가 됩니다.

참고

织, 职, 识, 积는 번체로 織(직), 職(직), 識(식), 積(적)이라고 쓰는데, 본래는 只와 상관없는 글자였지만 간체화되면서 연관이 생긴 경우입니다.

只	zhǐ / zhī		다만, 오직 / 마리

只是	zhǐshì	단지
只有	zhǐyǒu	~만 있다
只好	zhǐhǎo	~할 수밖에 없다
只能	zhǐnéng	~할 수밖에 없다
只要	zhǐyào	~하기만 하면
不只	bùzhǐ	~뿐만 아니라
一只	yīzhī	한 마리, 한 짝
脚踏两只船	jiǎotàliǎngzhīchuán	양다리를 걸치다

织	zhī		짜다

织物	zhīwù	직물
织造	zhīzào	직조
织女	zhīnǚ	직녀
组织	zǔzhī	조직
纺织	fǎngzhī	방직, 실을 뽑아 천을 짜다
纺织品	fǎngzhīpǐn	방직품
编织	biānzhī	편직, 짜다

世贸组织	shìmàozǔzhī	세계 무역 기구, WTO

职	zhí		직업, 직책

职业	zhíyè	직업
职员	zhíyuán	직원
职权	zhíquán	직권
职能	zhínéng	직능
职位	zhíwèi	직위
职级	zhíjí	직급
职务	zhíwù	직무
职分	zhífèn	직분
职责	zhízé	식책
在职	zàizhí	재직
停职	tíngzhí	정직
解职	jiězhí	해직
免职	miǎnzhí	면직
退职	tuìzhí	퇴직
辞职	cízhí	사직
复职	fùzhí	복직
官职	guānzhí	관직
公职	gōngzhí	공직
求职	qiúzhí	구직
就职	jiùzhí	취직, 취임하다
现职	xiànzhí	현직
兼职	jiānzhí	겸직
闲职	xiánzhí	한직
要职	yàozhí	요직
本职	běnzhí	본직
代职	dàizhí	대직, 직무를 대행하다

职工	zhígōng	직원, 종업원
专职	zhuānzhí	전임, 전문적인 임무

识 shí 알다

识别	shíbié	식별
认识	rènshi	인식, 알다
知识	zhīshi	지식
常识	chángshí	상식
意识	yìshí	의식
见识	jiànshi	견식
博识	bóshí	박식
学识	xuéshí	학식
有识	yǒushí	유식
标识	biāozhì	표식
无意识	wúyìshi	무의식
目不识丁	mùbùshídīng	목불식정, 丁자도 모른다, 낫 놓고 기역자도 모른다
博学多识	bóxuéduōshí	박학다식, 학식이 넓고 아는 것이 많다

相识	xiāngshí	서로 알다
潜意识	qiányìshí	잠재의식
知识分子	zhīshifènzǐ	지식인, 인텔리
见多识广	jiànduōshíguǎng	본 것도 많고 식견도 넓다, 박학다식

一字不识	yízìbùshí	일자무식, 한 글자도 모르다

积 jī 쌓아두다

积极	jījí	적극
积分	jīfēn	적분, 포인트를 적립하다
蓄积	xùjī	축적
累积	lěijī	누적
堆积	duījī	퇴적
沉积	chénjī	침적, 가라앉아 쌓이다
面积	miànjī	면적
容积	róngjī	용적, 들이
体积	tǐjī	체적, 부피
积雪量	jīxuěliàng	적설량

积蓄	jīxù	모으다
积累	jīlěi	쌓이다, 누적되다

기본글자는 止이고, 병음은 zhǐ라고 읽습니다. 사람의 발자국 모양을 본뜬 것으로 발걸음을 '멈추다', '정지하다'는 뜻입니다.

기본

止에 부수 土(땅)을 붙이면 땅에 터 잡은 '위치'를 뜻하는 址가 됩니다.

변형

止에 부수 耳(귀)를 붙이면 耻가 되는데, 귀가 빨개지도록 '부끄러워하다'라고 이해하면 쉽습니다. 번체 恥는 본래 부끄러운 마음이라는 뜻이었는데, 간체화되면서 心 대신 止가 사용되었습니다.

부수 人(사람)을 붙이면 사람이 발돋움(止)을 하면서 간절히 '바라다', '기대하다'는 뜻의 企가 됩니다.

此는 止와 匕를 결합시킨 글자인데, 止는 부수이자 음을 나타내며, 지시대명사로서 '이것'이라는 뜻으로 사용됩니다.

此에 부수 木(나무)를 붙이면 나무를 쪼개 만든 '장작' '땔감'을 뜻하는 柴가 됩니다.

齿는 번체로 齒라고 쓰고 입 안으로 보이는 이빨의 형상을 본뜬 것으로 '치아'를 뜻하는데, 간체화되면서 이빨이 4개에서 하나로 줄어든 것입니다.

止	zhǐ	멈추다

한국어

止血	zhǐxuè	지혈
禁止	jìnzhǐ	금지
防止	fángzhǐ	방지
停止	tíngzhǐ	정지
中止	zhōngzhǐ	중지
抑止	yìzhǐ	억지
制止	zhìzhǐ	제지
废止	fèizhǐ	폐지
休止	xiūzhǐ	휴지, 멈추고 쉬다

중국어

止步	zhǐbù	걸음을 멈추다
止痛药	zhǐtòngyào	진통제
阻止	zǔzhǐ	저지하다
终止	zhōngzhǐ	마치다, 종료하다
不止	bùzhǐ	그치지 않다
截止	jiézhǐ	마감하다
迄今为止	qìjīnwéizhǐ	지금까지

址	zhǐ	위치

중국어

地址	dìzhǐ	주소
遗址	yízhǐ	유적지
网址	wǎngzhǐ	웹 사이트 주소

耻	chǐ	부끄러워하다

한국어

耻辱	chǐrǔ	치욕
羞耻	xiūchǐ	수치
羞耻心	xiūchǐxīn	수치심
廉耻	liánchǐ	염치
国耻	guóchǐ	국치
不耻下问	bùchǐxiàwèn	불치하문, 아랫사람에게 묻는 것을 부끄럽게 여기지 않다
厚颜无耻	hòuyánwúchǐ	후안무치, 뻔뻔하게 부끄러움을 모르다

중국어

无耻	wúchǐ	수치를 모르다

齿	chǐ	치아

한국어

切齿腐心	qièchǐfǔxīn	절치부심, 이를 갈고 마음을 썩히며 분하게 생각하다

중국어

齿轮	chǐlún	기어, 톱니바퀴
牙齿	yáchǐ	치아
智齿	zhìchǐ	사랑니
咬牙切齿	yǎoyáqièchǐ	이를 악물고 부득부득 갈다

此	cǐ	이것

한국어

此后	cǐhòu	차후, 이후
彼此	bǐcǐ	피차

중국어

此时	cǐshí	이때
此外	cǐwài	이외에
从此	cóngcǐ	지금부터
由此	yóucǐ	이로부터
如此	rúcǐ	이와 같다
因此	yīncǐ	이로 인하여, 그래서
彼此彼此	bǐcǐbǐcǐ	피차일반
岂有此理	qǐyǒucǐlǐ	어떻게 이럴 수 있어?

企	qǐ	바라다

한국어

企业	qǐyè	기업
企业家	qǐyèjiā	기업가
企图	qǐtú	기도
企划	qǐhuà	기획

중국어

企鹅	qǐ'é	펭귄
国企	guóqǐ	국유 기업
私企	sīqǐ	사영 기업
外企	wàiqǐ	외상 투자 기업

柴	chái	장작, 땔감

중국어

柴油	cháiyóu	디젤유
柴油车	cháiyóuchē	디젤차
火柴	huǒchái	성냥
木柴	mùchái	땔감, 장작
柴米油盐	cháimǐyóuyán	생필품

直

기본글자는 **直**이고, 병음은 zhí라고 읽습니다. 번체 直은 열개(十)의 눈(目)으로 보면 구부러진(ㄴ)
것도 곧게 보인다는 의미에서 '곧다'는 뜻으로 사용됩니다.

■기본
直에 부수 亻(사람)을 붙이면 사람 사이에 물건을 거래할 때 매긴 '값', '가치'를 뜻하는 **値**가 됩니다.
부수 木(나무)를 붙이면 나무를 '심다'는 뜻의 **植**가 됩니다.
부수 歹(죽음)을 붙이면 생명체가 죽고 나면 몸의 지방이 썩어 '불어나다', '번식하다'는 뜻의 **殖**가
됩니다.
부수 罒(그물)을 붙이면 그물을 세워 '놓다', '설치하다'는 뜻의 **置**가 됩니다.

直	zhí		곧다

直接	zhíjiē	직접
直言	zhíyán	직언
直说	zhíshuō	직설
直线	zhíxiàn	직선
直角	zhíjiǎo	직각
直径	zhíjìng	직경
直系	zhíxì	직계
直播	zhíbō	직파, 생방송
直观	zhíguān	직관
直属	zhíshǔ	직속
直面	zhímiàn	직면
直视	zhíshì	직시
直感	zhígǎn	직감
直立	zhílì	직립
直译	zhíyì	직역
直列	zhíliè	직렬
直流	zhíliú	직류
直辖	zhíxiá	직할
直辖市	zhíxiáshì	직할시, 중국 4개 직할시 (베이징, 상하이, 텐진, 충칭)
正直	zhèngzhí	정직
刚直	gāngzhí	강직
率直	shuàizhí	솔직
忠直	zhōngzhí	충직
垂直	chuízhí	수직
单刀直入	dāndāozhírù	단도직입, 바로 핵심으로 들어가다

是非曲直	shìfēiqūzhí	시비곡직, 옳고 그름

중국어

直达	zhídá	직통하다, 직행하다
直率	zhíshuài	솔직하다
直销	zhíxiāo	직접 판매하다
直升机	zhíshēngjī	헬리콥터
一直	yìzhí	곧장, 계속
简直	jiǎnzhí	정말로
直来直去	zhíláizhíqù	직설적으로
理直气壮	lǐzhíqìzhuàng	이유가 정당하고 태도가 당당하다

值	zhí		값, 가치

한국어

价值	jiàzhí	가치
价值观	jiàzhíguān	가치관
数值	shùzhí	수치

중국어

值得	zhídé	~할 만한 가치가 있다
值班	zhíbān	당직을 서다
充值	chōngzhí	돈을 충전하다
超值	chāozhí	가격 이상의 가치가 있는
总值	zǒngzhí	총가치
面值	miànzhí	액면가
币值	bìzhí	화폐 가치
升值	shēngzhí	평가 절상

贬值	biǎnzhí		평가절하
增值	zēngzhí		가치가 늘다
增值税	zēngzhíshuì		부가세

植 zhí 심다

植物	zhíwù	식물
植树	zhíshù	식수
移植	yízhí	이식
植物园	zhíwùyuán	식물원
动植物	dòngzhíwù	동식물

植树节	zhíshùjié	식목일
植物人	zhíwùrén	식물인간
种植	zhòngzhí	재배하다, 씨를 뿌리고 나무를 심다

殖 zhí 불어나다, 번식하다

殖民	zhímín	식민
殖民地	zhímíndì	식민지
养殖	yǎngzhí	양식
养殖场	yǎngzhíchǎng	양식장
养殖业	yǎngzhíyè	양식업
繁殖	fánzhí	번식
生殖	shēngzhí	생식, 낳아서 번식하다

增殖	zēngzhí		증식

置 zhì 놓다, 설치하다

置换	zhìhuàn	치환, 바꾸다
位置	wèizhi	위치
处置	chǔzhì	처치
设置	shèzhì	설치
装置	zhuāngzhì	장치
备置	bèizhì	비치
配置	pèizhì	배치
放置	fàngzhì	방치
安置	ānzhì	안치, 제자리에 두다
前置	qiánzhì	전치
倒置	dàozhì	도치, 거꾸로 놓다
留置	liúzhì	유치, 남겨 두다
留置权	liúzhìquán	유치권

布置	bùzhì	배치하다

周

. . .

기본글자는 **周**이고, 병음은 zhōu라고 읽습니다. 밭(田)에 나무가 골고루 심어져 있는 모양을 본뜬 것으로 어떤 영향이 두루 미치다 즉 '보편적'이라는 뜻으로 쓰입니다. 周는 번체 週(주)의 간체자로도 활용되는데 週는 부수 辶(가다)의 영향으로 주위를 '돌다'는 뜻 및 그로부터 파생된 '바퀴', '일주일'이라는 뜻이 있습니다.

변형

周에 부수 纟(실)을 붙이면 명주실로 만든 '비단'이라는 뜻의 **绸**가 됩니다.
부수 隹(새)를 붙이면 雕가 되는데, 본래는 새의 일종인 독수리를 뜻하는 말이었으나 현재는 '조각하다'는 뜻으로 사용됩니다. 독수리가 날카로운 부리로 쪼는 모습을 상상하면 이해하기 쉽습니다.
부수 讠(말)을 붙이면 **调**가 되고 병음에 따라 뜻이 달라집니다. 말로 물어 '조사하다'는 뜻일 때는 diào라고 읽습니다. 말이나 음을 '조절하다', '조율하다'는 뜻일 때는 tiáo라고 읽습니다.

확장

周에 부수 禾(벼)를 붙이면 벼가 논에 '촘촘히' 심어져 있다는 뜻의 **稠**가 되고, 병음은 chóu라고 읽습니다.
예) 稠密 chóumì 조밀

周	zhōu	보편적이다, 돌다, 일주일

한국어

周边	zhōubiān	주변
周游	zhōuyóu	주유, 두루 돌아다니다
周知	zhōuzhī	주지, 두루 알다
周易	Zhōuyì	주역
周波数	zhōubōshù	주파수, 헤르츠
周末	zhōumò	주말
周日	zhōurì	주일, 일요일
周期	zhōuqī	주기
周刊	zhōukān	주간
周年	zhōunián	주년
每周	měizhōu	매주
一周	yīzhōu	일주, 일주일

중국어

周到	zhōudào	세심하다, 꼼꼼하다
周密	zhōumì	주도면밀하다
众所周知	zhòngsuǒzhōuzhī	모든 사람이 다 알고 있다
周薪	zhōuxīn	주급
周岁	zhōusuì	만 나이
周转	zhōuzhuǎn	돌리다, 자금 회전
周折	zhōuzhé	곡절, 순탄치 않음
上周	shàngzhōu	지난주
下周	xiàzhōu	다음 주

绸	chóu	비단

한국어

绸缎	chóuduàn	주단, 비단

중국어

丝绸	sīchóu	실크
丝绸之路	sīchóuzhīlù	실크 로드

雕	diāo	새기다, 조각하다

한국어

雕刻	diāokè	조각
雕塑	diāosù	조소, 조각과 소조
雕琢	diāozhuó	조탁, 조각하다, 다듬다
浮雕	fúdiāo	부조, 돌을새김
石雕	shídiāo	석조, 돌조각
木雕	mùdiāo	목조, 나무 조각

중국어

雕像	diāoxiàng	조각상

调	diào / tiáo	조사하다 / 조절하다

한국어

调查	diàochá	조사
语调	yǔdiào	어조
声调	shēngdiào	성조
同调	tóngdiào	동조

步调	bùdiào	보조, 보폭과 속도
基调	jīdiào	기조, 기본 정신
单调	dāndiào	단조, 단조롭다
强调	qiángdiào	강조
变调	biàndiào	변조
色调	sèdiào	색조
调节	tiáojié	조절
调整	tiáozhěng	조정
调和	tiáohé	조화
调理	tiáolǐ	조리, 몸조리하다
调剂	tiáojì	조제, 조정하다

중국어

调动	diàodòng	옮기다
调皮	tiáopí	장난스럽다
调解	tiáojiě	조정하다
调料	tiáoliào	조미료
空调	kōngtiáo	에어컨
协调	xiétiáo	어울리다

기본글자는 **中**이고, 병음은 zhōng이라고 읽습니다. 물건의 중앙을 뚫고 지나가는 선을 형상화한 것으로 '가운데'를 뜻합니다.

기본

中에 부수 钅(쇠)를 붙이면 쇠로 만든 '종'을 뜻하는 **钟**이 됩니다. 종을 울려 시간을 알리던 것에서 비롯된 '시간'이라는 뜻 및 시간을 알리는 '시계'를 뜻하기도 합니다.
부수 心(마음)을 붙이면 마음 깊숙이에서 우러나오는 '충성'을 뜻하는 **忠**이 됩니다.
부수 衣(옷)을 붙이면 옷 속에 깊숙이 숨어 있는 '내심'이라는 뜻 및 한 가운데서 어디에도 '치우지지 않다'는 뜻의 **衷**이 됩니다.
부수 月(신체)를 붙이면 신체가 건강하지 못할 때 붓는 증상 즉 '종기', '종양'을 뜻하는 **肿**이 됩니다.
부수 禾(벼, 곡식)을 붙이면 **种**이 되고, 성조에 따라 뜻이 달라집니다. 곡식의 '씨앗'을 뜻할 때는 zhǒng이라고 읽습니다. 씨앗을 뿌려 식물을 '심다'는 뜻는 뜻일 때는 zhòng이라고 읽습니다.

변형

中에 부수 冫(얼음, 물)을 붙이면 물줄기가 세게 '부딪히다' 및 물줄기로 '씻어 내다'는 뜻의 **冲**이 됩니다.

참고

钟, 肿, 种, 冲은 번체로 鐘(종), 腫(종), 種(종), 衝(충)이라고 쓰는데, 본래는 中과 상관없는 글자였지만 간체화되면서 연관이 생긴 경우입니다.

中	zhōng	가운데

中间	zhōngjiān	중간
中心	zhōngxīn	중심, 센터
中止	zhōngzhǐ	중지
中旬	zhōngxún	중순
中途	zhōngtú	중도
中文	zhōngwén	중문
中流	zhōngliú	중류
中立	zhōnglì	중립
中断	zhōngduàn	중단
中央	Zhōngyāng	중앙
中性	zhōngxìng	중성
中等	zhōngděng	중등
中期	zhōngqī	중기
中年	zhōngnián	중년
中部	zhōngbù	중부
中毒	zhòngdú	중독
中风	zhòngfēng	중풍
中坚	zhōngjiān	중견, 중요한 역할을 하다
中原	zhōngyuán	중원, 황허 중하류 지방
中国	Zhōngguó	중국, 중화 인민 공화국
中华	Zhōnghuá	중화, 중국
中和	zhōnghé	중화, 섞여서 중간 성질이 되다
其中	qízhōng	그중
集中	jízhōng	집중
空中	kōngzhōng	공중

水中	shuǐzhōng	수중
心中	Xīnzhōng	심중
胸中	xiōngzhōng	흉중, 마음속
暗中	ànzhōng	암중, 비밀리에
地中海	Dìzhōnghǎi	지중해
百发百中	bǎifābǎizhòng	백발백중
囊中取物	nángzhōngqǔwù	낭중취물, 아주 쉬운 일

中午	zhōngwǔ	정오
中介	zhōngjiè	중개
中奖	zhòngjiǎng	당첨되다
中途	zhōngtú	중도, 도중
中线	zhōngxiàn	중앙선
中学	zhōngxué	중고등학교
中医	zhōngyī	중국 전통 의학, 중국 전통 의사
中药	zhōngyào	중국 전통 약
折中	zhézhōng	절충하다
当中	dāngzhōng	그 가운데
初中	chūzhōng	중학교
高中	gāozhōng	고등학교
目中无人	mùzhōngwúrén	눈에 뵈는 게 없다, 안하무인
风中之烛	fēngzhōngzhīzhú	바람 속의 촛불, 풍전등화
锥处囊中	zhuīchǔnángzhōng	낭중지추, 재능이 뛰어난 사람은 언젠가 두각을 나타낸다

钟	zhōng	종, 시간, 시계

한국어

钟楼	zhōnglóu	종루, 시계탑
挂钟	guàzhōng	괘종시계
警钟	jǐngzhōng	경종

중국어

钟声	zhōngshēng	종소리
钟表	zhōngbiǎo	시계
闹钟	nàozhōng	자명종, 알람시계
台钟	táizhōng	탁상시계
座钟	zuòzhōng	탁상시계
分钟	fēnzhōng	분
一见钟情	yíjiànzhōngqíng	첫눈에 반하다

忠	zhōng	충성

한국어

忠实	zhōngshí	충실
忠告	zhōnggào	충고
忠言	zhōngyán	충언
忠诚	zhōngchéng	충성
忠臣	zhōngchén	충신
忠烈	zhōngliè	충렬
忠孝	zhōngxiào	충효
忠心	zhōngxīn	충심
忠义	zhōngyì	충의
不忠	bùzhōng	불충
忠言逆耳	zhōngyánnì'ěr	충언역이, 충언은 귀에 거슬린다

尽忠报国	jìnzhōngbàoguó	진충보국, 충성을 다하여 나라에 보답하다

衷	zhōng	내심, 치우치지 않다

한국어

衷心	zhōngxīn	충심, 참된 마음
苦衷	kǔzhōng	고충
折衷	zhézhōng	절충

중국어

由衷	yóuzhōng	마음에서 우러나다
无动于衷	wúdòngyúzhōng	마음에 와닿지 않다

肿	zhǒng	종기, 종양

한국어

囊肿	nángzhǒng	낭종, 혹
浮肿	fúzhǒng	부종

중국어

肿瘤	zhǒngliú	종양

种	zhǒng / zhòng	씨앗 / 심다

种类	zhǒnglèi	종류
种子	zhǒngzi	종자, 씨
种族	zhǒngzú	종족
人种	rénzhǒng	인종
灭种	mièzhǒng	멸종
同种	tóngzhǒng	동종
杂种	zázhǒng	잡종
纯种	chúnzhǒng	순종
各种	gèzhǒng	각종
变种	biànzhǒng	변종
品种	pǐnzhǒng	품종
播种	bōzhǒng	파종
接种	jiēzhòng	접종
种豆得豆	zhòngdòudédòu	종두득두, 콩 심은 데 콩 난다

良种	liángzhǒng	우량종
黑种人	hēizhǒngrén	흑인, 흑인종
白种人	báizhǒngrén	백인, 백인종
黄种人	huángzhǒngrén	황인종
种族歧视	zhǒngzúqíshì	종족 차별, 인종 차별
各种各样	gèzhǒnggèyàng	각양각색
种植	zhòngzhí	재배하다

冲	chōng	부딪히다, 씻어 내다

冲突	chōngtū	충돌
冲击	chōngjī	충격
冲动	chōngdòng	충동
冲破	chōngpò	충파, 부수다, 돌파하다
缓冲	huǎnchōng	완충, 완화시키다
怒气冲天	nùqìchōngtiān	노기충천, 분노가 하늘을 찌르다

冲洗	chōngxǐ	물로 씻어내다, 사진을 현상하다
冲浪	chōnglàng	서핑, 인터넷 서핑
冲撞	chōngzhuàng	충돌하다

朱

기본글자는 **朱**이고, 병음은 zhū라고 읽습니다. 부수 木(나무)의 영향으로 붉은색이 도는 나무를 가리키는 말이었다가 현재는 '붉은색' 그 자체를 뜻하는 말로 사용됩니다.

기본

朱에 부수 王(구슬, 보석)을 붙이면 '구슬'이라는 뜻의 **珠**가 됩니다.
부수 虫(벌레)를 붙이면 벌레의 일종인 '거미'를 뜻하는 **蛛**가 됩니다.

변형

朱에 부수 歹(죽음)을 붙이면 **殊**가 되는데, 본래는 형벌의 일종인 사형을 의미하였으나, 현재는 변형되어 '다르다', '특수하다'는 뜻으로 사용됩니다. 사형은 다른 형벌과 질적으로 다르고 특수한 경우에만 집행되어야 한다는 의미로 이해하면 쉽습니다.

확장

부수 木(나무)를 붙이면 나무의 아랫부분 즉 '그루터기'라는 뜻의 **株**가 되고, 병음은 zhū라고 읽습니다.
예) 守株待兔 shǒuzhūdàitù 수주대토, 융통성이 없다

朱	zhū	붉다

朱红	zhūhóng	주홍, 주홍색
朱雀	zhūquè	주작, 4신 중 하나
朱砂	zhūshā	주사, 붉은 모래, 수은의 원료
近朱者赤	jìnzhūzhěchì	근주자적, 주사를 가까이 한 사람은 붉어진다

珠	zhū	구슬

珠算	zhūsuàn	주산
珍珠	zhēnzhū	진주
珍珠奶茶	zhēnzhūnǎichá	버블티
明珠	míngzhū	아름다운 구슬
夜明珠	yèmíngzhū	야명주, 밤에 빛나는 구슬

珠宝	zhūbǎo	진주와 보석, 보석류
佛珠	fózhū	염주
圆珠笔	yuánzhūbǐ	볼펜
掌上明珠	zhǎngshàngmíngzhū	손바닥 위의 구슬, 애지중지하는 자식

蛛	zhū	거미

蜘蛛	zhīzhū	거미
毒蜘蛛	dúzhīzhū	독거미
蜘蛛侠	zhīzhūxiá	스파이더맨
蛛网	zhūwǎng	거미집
蛛丝	zhūsī	거미줄

殊	shū	다르다, 특수하다

特殊	tèshū	특수
特殊性	tèshūxìng	특수성

悬殊	xuánshū	차이가 크다
殊途同归	shūtútóngguī	길은 달라도 목적지는 같다

기본글자는 **专**이고, 병음은 zhuān이라고 읽습니다. 번체 專은 손(寸)으로 물레(叀)를 돌리는 모양을 형상화한 것으로 물레를 계속 한 방향으로만 돌리는 데서 '오로지'라는 뜻으로 사용됩니다. 오로지 한 가지 일만 하다보면 그 일에 '전문적이다'는 뜻으로도 사용됩니다.

🔲 기본

专에 부수 石(돌)을 붙이면 흙을 구워 돌처럼 단단하게 만든 '벽돌'을 뜻하는 **砖**이 됩니다.

부수 车(차)를 붙이면 차바퀴가 구르는 모양을 형상화한 **转**이 되는데 성조에 따라 뜻이 달라집니다. 바퀴가 구르는 방향이 '바뀌다'는 뜻일 때는 zhuǎn이라고 읽습니다. 바퀴가 빙글빙글 '회전하다'는 뜻일 때는 zhuàn이라고 읽습니다.

부수 亻(사람)을 붙이면 **传**이 되는데 병음에 따라 뜻이 달라집니다. 어떤 사람의 일생을 적은 글 즉 '전기'를 뜻할 때는 zhuàn이라고 읽습니다. 사람을 보내 물건을 '전하다'는 뜻일 때는 chuán이라고 읽습니다.

专	zhuān	오로지, 전문적이다

한국어

专门	zhuānmén	전문
专业	zhuānyè	전업, 전공
专用	zhuānyòng	전용
专有	zhuānyǒu	전유
专卖	zhuānmài	전매, 독점 판매
专制	zhuānzhì	전제, 전제 정치

중국어

专利	zhuānlì	특허
专利权	zhuānlìquán	특허권
专家	zhuānjiā	전문가
专人	zhuānrén	전담자
专科	zhuānkē	전문 과목, 전문 대학
专心	zhuānxīn	전념하다
专题	zhuāntí	전문 주제
专长	zhuāncháng	전문 기술
专程	zhuānchéng	특별히
专车	zhuānchē	전용차
专机	zhuānjī	전용기
专卖店	zhuānmàidiàn	전문 매장

砖	zhuān	벽돌

중국어

砖头	zhuāntóu	벽돌
瓷砖	cízhuān	타일
面砖	miànzhuān	타일, 벽면

地砖	dìzhuān	타일, 바닥

转	zhuǎn / zhuàn	바꾸다, 바뀌다 / 회전하다

한국어

转移	zhuǎnyí	전이
转达	zhuǎndá	전달
转化	zhuǎnhuà	전화, 바뀌다
转换	zhuǎnhuàn	전환
转向	zhuǎnxiàng	전향, 방향을 바꾸다
转科	zhuǎnkē	전과, 학과를 옮기다
转学	zhuǎnxué	전학
转机	zhuǎnjī	전기, 전환의 기회, 비행기를 갈아타다
转卖	zhuǎnmài	전매, 되팔다
转嫁	zhuǎnjià	전가, 떠넘기다
移转	yízhuǎn	이전
回转	huízhuǎn	회전, 되돌아오다
运转	yùnzhuǎn	운전, 돌다
好转	hǎozhuǎn	호전
流转	liúzhuǎn	유전, 떠돌아다니다
逆转	nìzhuǎn	역전
反转	fǎnzhuǎn	반전
转祸为福	zhuǎnhuòwéifú	전화위복, 화가 변하여 복이 되다
辗转反侧	zhǎnzhuǎnfǎncè	전전반측, 뒤척이며 잠들지 못하다
急转直下	jízhuǎnzhíxià	급전직하, 상황이 급변하다

482

转变	zhuǎnbiàn	바꾸다
转告	zhuǎngào	말을 전달하다
转让	zhuǎnràng	양도하다
转折	zhuǎnzhé	방향이 바뀌다, 추세 전환
转账	zhuǎnzhàng	계좌이체
周转	zhōuzhuǎn	돌리다, 자금 회전
扭转	niǔzhuǎn	되돌리다
旋转	xuánzhuǎn	돌리다
起承转合	qǐchéngzhuǎnhé	기승전결, 글의 구성 방식
转门	zhuànmén	회전문
转盘	zhuànpán	회전판

传 chuán / zhuàn 전하다 / 전기

한국어

传染	chuánrǎn	전염
传说	chuánshuō	전설
传统	chuántǒng	전통
传授	chuánshòu	전수
传承	chuánchéng	전승
传达	chuándá	전달
传播	chuánbō	전파
传单	chuándān	전단, 전단지
传言	chuányán	전언
传导	chuándǎo	전도, 전기나 열이 전달되다
宣传	xuānchuán	선전
遗传	yíchuán	유전
口传	kǒuchuán	구전
传记	zhuànjì	전기
水浒传	shuǐhǔzhuàn	수호전, 중국 고전 소설

중국어

传媒	chuánméi	대중 매체
传真	chuánzhēn	팩스
传人	chuánrén	전수자
流传	liúchuán	전해져 널리 퍼지다

隹

• • •

기본글자는 **隹**이고, 병음은 zhuī라고 읽습니다. 꼬리가 짧은 작은 새의 모양을 형상화한 것으로 단독으로는 거의 쓰이지 않습니다.

기본

隹에 부수 钅(쇠)를 붙이면 쇠로 만든 뾰족한 '송곳'을 뜻하는 **锥**가 됩니다.
부수 木(나무)를 붙이면 나무로 만든 긴 막대기의 모양처럼 생긴 신체의 일부인 '척추'를 뜻하는 **椎**가 됩니다.

변형

隹에 부수 土(흙)을 붙이면 흙이 '쌓이다'는 뜻 및 흙이 쌓여 생긴 '더미'를 뜻하는 **堆**가 됩니다.
부수 扌(손)을 붙이면 손으로 '밀다'는 뜻의 **推**가 됩니다.
부수 讠(말)을 붙이면 '누구'인지 묻는 의문사인 **谁**가 됩니다.
부수 纟(실)을 붙이면 실로 '잇다', '유지하다'는 뜻의 **维**가 됩니다. 마음으로 생각하다는 의미인 惟와 같은 자로 보아 '생각하다'는 뜻도 있습니다.
부수 口(입, 말하다)를 붙이면 **唯**가 되는데, '오직', '다만'이라고 말로 간절하게 원한다는 의미로 이해하면 쉽습니다.

참고

비록 기본 병음에서 많이 변형되었지만, 불에 '타다'는 뜻의 焦(jiāo), 손님에게 말하여 '팔다'는 뜻의 售(shòu), 수면처럼 '정확하다' 및 수면을 기준으로 하여 '준하다'는 뜻의 准(zhǔn)도 함께 익혀두면 좋습니다. 예) 焦点 jiāodiǎn 초점, 销售 xiāoshòu 팔다, 准备 zhǔnbèi 준비

锥　zhuī　송곳

圆锥	yuánzhuī	원추

锥子	zhuīzi	송곳
锥形	zhuīxíng	원추형
改锥	gǎizhuī	드라이버
冰锥	bīngzhuī	고드름
锥处囊中	zhuīchǔnángzhōng	낭중지추, 재능이 뛰어난 사람은 저절로 드러난다

椎　zhuī　척추

椎骨	zhuīgǔ	추골, 척추뼈
椎间盘	zhuījiānpán	추간판, 디스크
脊椎	jǐzhuī	척추
颈椎	jǐngzhuī	경추
脊椎动物	jǐzhuī	척추동물
胸椎	xiōngzhuī	흉추
腰椎	yāozhuī	요추

椎间盘突出症	zhuījiānpántūchūzhèng	추간판 탈출증, 디스크

堆　duī　쌓이다, 더미

堆积	duījī	퇴적
堆肥	duīféi	퇴비

雪堆	xuěduī	눈 더미
柴堆	cháiduī	장작더미
垃圾堆	lājīduī	쓰레기 더미

推　tuī　밀다

推荐	tuījiàn	추천
推进	tuījìn	추진
推论	tuīlùn	추론
推测	tuīcè	추측
推理	tuīlǐ	추리
推断	tuīduàn	추단
推算	tuīsuàn	추산
推定	tuīdìng	추정
推拿	tuīná	추나, 마사지
推敲	tuīqiāo	퇴고, 글을 다듬다
类推	lèituī	유추

推销	tuīxiāo	판로를 넓히다, 판매를 촉진하다
推广	tuīguǎng	널리 확대하다
推迟	tuīchí	미루다, 늦추다

推辞	tuīcí	거절하다
推翻	tuīfān	뒤집어엎다, 전복하다
推土机	tuītǔjī	불도저

谁 shéi / shuí 누구

중국어

谁家	shéijiā	누구 집, 어느 집, 누구
谁知	shéizhī	누가 알겠는가?
你是谁	nǐshìshéi	누구세요?
谁的	shuíde	누구의 것

维 wéi 잇다, 유지하다, 생각하다

한국어

维持	wéichí	유지
思维	sīwéi	사유

중국어

维修	wéixiū	수리하다
维护	wéihù	유지하고 보호하다
维生素	wéishēngsù	비타민
纤维	xiānwéi	섬유
三维	sānwéi	3차원, 3D
四维	sìwéi	4차원

唯 wéi 오직, 다만

한국어

唯一	wéiyī	유일
唯独	wéidú	유독
唯物论	wéiwùlùn	유물론
唯心论	wéixīnlùn	유심론